高级心理测量学丛书

U0652239

涂冬波　郑蝉金　戴步云　汪文义◎著

计算机化自适应测验理论与方法

JISUANJIHUAZISHIYING

CEYAN

LILUNYUFANGFA

北京师范大学出版集团
BEIJING NORMAL UNIVERSITY PUBLISHING GROUP
北京师范大学出版社

图书在版编目(CIP)数据

计算机化自适应测验：理论与方法/涂冬波等著. —北京：北京师范大学出版社，2017.8
（高级心理测量学丛书）
ISBN 978-7-303-22177-6

Ⅰ. ①计… Ⅱ. ①涂… Ⅲ. ①计算机应用－心理测量学－研究 Ⅳ. ①B841.7-39

中国版本图书馆 CIP 数据核字(2017)第 039565 号

营 销 中 心 电 话 010-58805072 58807651
北师大出版社高等教育与学术著作分社 http://xueda.bnup.com

出版发行：北京师范大学出版社 www.bnup.com
　　　　　北京市海淀区新街口外大街 19 号
　　　　　邮政编码：100875
印　　刷：大厂回族自治县正兴印务有限公司
经　　销：全国新华书店
开　　本：787 mm×1092 mm 1/16
印　　张：15.5
字　　数：304 千字
版　　次：2017 年 8 月第 1 版
印　　次：2017 年 8 月第 1 次印刷
定　　价：48.00 元

策划编辑：何　琳　　　　责任编辑：齐　琳　马力敏
美术编辑：袁　麟　　　　装帧设计：金基渊
责任校对：陈　民　　　　责任印制：马　洁

高级心理测量学丛书编委会

总　序

　　心理与教育测量是评价个体心理特质发展水平状态的重要手段。以项目反应理论为代表的现代测量理论的发展，为指导心理与教育测量研究及实践提供了强大的理论与技术支持。在项目反应理论基础上的参数估计、等值、信息量评价、项目功能差异甄别等技术保证了测验开发更加科学。最近十几年蓬勃兴起的认知诊断评价理论，则将测量理论与技术推向了更加精细化的评价水平上。

　　不过，在国内的心理与教育测量实践中，大多数研究和实践仍然主要是基于经典测量理论基础上的。许多试图使用现代测量理论为指导的研究者由于担心无法很好地把握该理论的原理和方法望而却步。为了让现代测量理论的发展研究成果能够更多地用于指导研究和实践工作，测量学研究者应该做出更多的努力。

　　江西师范大学心理与教育测量研究中心团队在漆书青、戴海琦、丁树良等教授的带领下，从20世纪80年代初开始对现代测量理论进行深入研究，取得了许多理论和实践研究成果，研究团队也进一步发展壮大。随着研究的深入以及研究领域的进一步拓展，加之现代测量理论受到越来越多研究者的关注，江西师范大学心理与教育测量研究中心团队顺应形势和发展需要，基于自身近30年的理论研究和实践积累，出版一套关于高级心理测量的丛书，这是心理与教育研究领域的一件有益之事，也必将进一步推动心理与教育测量理论与技术在中国的发展。

　　2012年，该团队曾经出版了一套围绕项目反应理论研究的丛书，该丛书的出版取得了很好的反响。现在，该团队在前期研究和实践的基础上，准备再出版一套关于高级心理测量的丛书，我听后感到非常高兴，且对中国在现代测量理论领域的发展前景充满信心和期待。

　　高级心理测量学丛书主要有：《计算机化自适应测验：理论与方法》《认知诊断理论》《认知诊断评价理论基础》《高级认知诊断》《Q矩阵理论及认知诊断测验的编制》以及《智慧化测量的理论与技术》等著作。这套丛书包括了当今国际上比较前沿的研究领域，涉及计算机化自适应测验、认知诊断理论和智慧化测量等，这对于推动中国的心理测量学发展及其为实践服务具有重要意义。

　　值此丛书即将付梓出版之际，作为与江西师范大学心理与教育测量研究团队交流合作多年的同行，我倍感欣慰，特作此短序以示祝贺，并希望他们在今后取得更多的研究成果和更大的发展。

张华华

于美国伊利诺伊大学香槟校区

2017年5月

张华华教授简介

专业领域：心理学、教育心理学、统计学。

美国伊利诺伊大学香槟校区（University of Illinois Urbana-Champaign）终身教授，世界著名心理测量学杂志《应用心理测量》（*Applied Psychological Measurement*）主编，世界心理计量学会 2012—2013 年主席（President of the International Psychometric Society for 2012—2013），全美教育研究学会院士（AERA Fellow）。

前　言

计算机化自适应测验（Computerized Adaptive Testing，CAT）是一种全新的测验形式，采取"因人施测""量体裁衣"的自适应测量思想，为每个被试/个体选择一份最适合她/他的测验，即为每个被试/个体选择一份具有最小测量误差（最大测量信度）的测量工具，从而真正实现自适应的测量方式。与传统纸笔测验相比，计算机化自适应测验不仅可以达到更高的测量精度，还可以减少测验长度，减轻被试测试负担等优势。计算机化自适应测验也为个体自适应学习（Adaptive Learning）提供了重要的支持。当前关于计算机化自适应测验的研究已受到国内外研究者和应用者的广泛关注。

目前国外已出版了多部关于计算机化自适应测验的学术专著，但我国大陆至今未见相关专著，这不利于计算机化自适应测验在我国的发展，更不利于计算机化自适应测验为我国实践服务，这也是我们撰写此书的由来之一。

本书在作者们多年来对计算机化自适应测验的研究及实践的基础上完成，对计算机化自适应测验的相关理论、方法、技术以及应用等方面进行了较为全面、详细地阐述，为我国在这一领域的发展提供借鉴和参考。

本书写作大纲由涂冬波和郑蝉金两位同志负责，参与本书编写的主要有以下几位同志，在此表示感谢。

第一章：郑蝉金

第二章：涂冬波

第三章：汪文义

第四章：王钰彤　罗照盛

第五章：涂冬波　韩雨婷

第六章：戴步云

第七章：高旭亮　涂冬波

第八章：刘馨婷　涂冬波

第九章：郑屹（美国亚利桑那州立大学）

第十章　第一节：王钰彤

　　　　　第二节：汪文义

　　　　　第三节：王潇濛　涂冬波

全书最后由涂冬波同志统稿。该书写作及统稿过程中得到了戴海琦教授、丁树良教授及美国伊利诺伊大学香槟校区终身教授张华华的帮助，还得到了江西师范大学心理学院各位领导及老师的支持，在此一并表示感谢！

限于时间及能力，本书仍有许多不足之处，恳请广大读者批评指正。

邮箱：tudongbo@aliyun.com

涂冬波

于江西师范大学心理统计与测量中心

2017 年 5 月

目 录
CONTENTS

第一章 计算机化自适应测验 /1

第一节 自适应测验 /2

一、自适应原则在心理测验中的应用 /2

二、自适应测验的主要特征 /4

第二节 计算机化测验 /5

一、划分标准 /6

二、四代计算机化施测系统 /10

第三节 计算机化自适应测验 /15

一、概念 /15

二、CAT 的优势 /17

三、CAT 研究现状与未来研究方向 /19

第二章 计算机化自适应测验理论基础、原理与开发流程 /27

第一节 计算机化自适应测验理论基础：项目反应理论 /28

一、项目反应理论 /28

二、项目反应模型 /28

三、项目反应理论假设 /33

第二节 计算机化自适应测验原理 /36

一、CAT 的产生 /36

二、CAT 的原理 /37

第三节 计算机化自适应测验开发流程 /39

一、准备阶段 /39

二、题库建设 /40

三、CAT 算法确定 /41

四、信度与效度验证 /43

五、正式使用与题库维护更新 /44

第四节 CAT 系统的构成及其测试流程 /45

一、CAT 系统的组成部分 /45

　　二、CAT 系统的测试流程　/46

第三章　计算机化自适应测验流程中的相关算法与技术　/47
　第一节　CAT 选题策略算法　/48
　　一、Fisher 信息量选题方法　/49
　　二、KL 信息量选题方法　/49
　　三、最大优先级指标选题方法　/50
　第二节　CAT 参数估计方法　/50
　　一、极大似然估计方法　/50
　　二、贝叶斯估计方法　/51
　　三、加权似然估计方法　/51
　第三节　CAT 曝光率控制技术　/52
　　一、条件概率方法　/52
　　二、a 分层方法　/53
　　三、动态 a 分层方法　/53
　第四节　CAT 终止策略　/55
　　一、绝对型终止策略　/55
　　二、相对型终止策略　/56

第四章　计算机化多阶段自适应测验　/59
　第一节　计算机化多阶段自适应测验简介　/60
　　一、什么是 MST　/60
　　二、MST 与题目级别 CAT 的比较　/61
　第二节　计算机化多阶段自适应测验设计　/64
　　一、阶段数的确定　/64
　　二、每个阶段中模块数的确定　/64
　　三、每个模块的项目长度　/65
　　四、统计目标与定性规范约束　/65
　　五、计分方法（能力估计）　/65
　　六、自适应策略与过程　/65
　　七、组卷　/66
　第三节　计算机化多阶段自适应测验的技术与算法　/66
　　一、路由规则　/66
　　二、自动化组卷　/68

第五章　多维计算机化自适应测验　/71

第一节　MCAT 简介　/72
一、多维项目反应理论的发展　/72

二、MIRT 与 FA 的关系　/73

三、MCAT 的产生　/73

第二节　MCAT 中常用 IRT 模型　/74
一、二级评分的多维项目反应模型　/74

二、多级评分的多维项目反应模型　/75

第三节　MCAT 能力估计方法　/76
一、极大似然估计　/76

二、贝叶斯极大后验估计　/78

三、贝叶斯期望后验估计　/79

第四节　MCAT 选题策略　/80
一、基于 Fisher 信息矩阵的选题策略　/80

二、基于 Kullback-Leibler 信息量的选题策略　/82

三、基于互信息的选题策略　/84

四、基于连续香农熵的选题策略　/84

第五节　MCAT 终止规则　/85
一、定长 MCAT 中测验长度的确定方法　/85

二、不定长 MCAT 终止规则　/85

第六章　认知诊断计算机化自适应测验　/87

第一节　CD-CAT 简介　/88
一、认知诊断测验　/88

二、CD-CAT　/92

第二节　CD-CAT 中常用认知诊断模型　/93
一、具有认知诊断功能的 IRT 模型　/93

二、规则空间模型　/94

三、统一模型　/95

四、融合模型　/96

五、RRUM 模型　/97

六、DINA 模型　/98

七、高阶 DINA 模型　/98

第三节　认知诊断计算机化自适应测验中的核心技术与算法　/100
一、CD-CAT 的选题方法　/100

二、CD-CAT 的参数估计 /107

三、CD-CAT 的终止规则 /108

四、CD-CAT 的在线标定 /110

五、CD-CAT 的总结与展望 /112

第七章　可修改答案的计算机化自适应测验 /115

第一节　可修改答案的计算机化自适应测验简介 /116

一、RCAT 优势分析 /116

二、RCAT 目前存在的问题 /116

第二节　可修改答案的计算机化自适应测验设计与方法 /118

一、基于测试设计视角的 RCAT /118

二、基于选题策略视角的 RCAT /123

三、基于模型视角的 RCAT /125

四、总结与展望 /128

第八章　双因子计算机化自适应测验 /133

第一节　双因子 IRT 模型简介 /134

一、基于探索性因素分析模型的研究现状 /135

二、基于验证性因素分析模型的研究现状 /138

第二节　BCAT 基本过程 /144

一、基于单维视角的 BCAT 过程 /144

二、基于多维视角的 BCAT 过程 /148

第三节　BCAT 选题算法 /150

一、基于单维的选题策略 /151

二、基于多维的最大 Fisher 信息量矩阵选题 /152

第四节　BCAT 在心理学应用中的优势 /153

一、拟合性 /153

二、既能反映特殊维度情况，也能反映整体情况 /154

三、减少被试的作答负担的同时保证测量的准确程度 /154

第九章　CAT 中新题参数在线标定 /157

第一节　概　述 /158

一、在线标定的概念 /158

二、在线标定的基本流程 /159

三、在线标定与最优设计 /160

四、在线标定的主要设计因素 /161

第二节 单维二级评分模型下的在线标定 /161

一、试测题选题法 /161

二、在线标定情境下的参数估计方法 /169

三、试测题嵌入位置 /172

四、试测终止规则 /173

第三节 其他模型下的在线标定 /174

一、认知诊断考试的在线标定 /174

二、多维 IRT 的在线标定 /174

三、单维多项评分模型的在线标定 /175

第十章 CAT 技术在实践中的应用 /177

第一节 Multistage-CAT 在 GRE 中的应用 /178

一、为什么选用 MST /178

二、GRE 测验的 MST 设计 /179

三、GRE 测验规范 /180

四、GRE 测验 MST 设计的评估 /180

第二节 CD-CAT 在英语听力理解中的应用 /182

一、题库建设 /182

二、选题策略 /184

三、参数估计 /185

四、真实题库下模拟实验 /185

五、真实测试效度验证 /186

第三节 CAT 在心理健康评估中的应用 /187

一、研究目的 /187

二、研究方法与过程 /188

三、研究结果 /190

四、讨论 /202

五、展望 /203

参考文献 /205

第一章　计算机化自适应测验

　　与传统的纸笔测验(Paper and Pencil Test，P&P)相比，计算机化适应测验采用"因人施测""千人千卷"的自适应测量思想。它具有高效、快捷、测量误差小等优势，深受研究者与实践者的推崇。本章重点介绍了自适应测验、计算机化测验以及计算机化自适应测验的产生背景、概念、形成过程、特征及相关算法等，并展望了计算机化自适应测验未来的研究发展方向。

第一节　自适应测验

　　自适应测验(Adaptive Testing)是一种智能化测验形式(Smart Testing)，它能够根据考生已有的作答对其进行能力估计，然后为考生选择最合适的考题。文献中有很多不同的专有名词用来描述这种测验形式，包括定制式测验(Tailored Testing)、个性化测验(Individualized Testing)、程序化测验(Programmed Testing)、序列项目测验(Sequential Item Testing)、作答权变测验(Response-contingent Testing)、计算机化测验(Computerized Testing)以及树状分支测验(Branched Testing)。这些术语反映了这种智能化测验的不同侧面。例如，定制式测验体现了智能化测验为每一位考生"量体裁衣"，提供独特的考试内容；程序化测验说明这个测验是受电脑程序控制的；序列项目测验揭示了智能化测验中——按序选定考题展示给考生的现象；作答权变测验指出了考题的选择是基于已有作答的基本事实；树状分支测验体现了由于每个考生可能在每个节点(考题)被分流到不同的路径(接受不同的考题)，因而形成了一个有趣的树状分支图。虽然存在很多不同的载体，但是计算机是最理想最普遍的载体，最能体现这种智能化测验的特点。虽然有很多不同的名字，但是它们都体现了根据考生的表现智能化地开展测验的特点，因此目前被学术界与工业界普遍接受的术语是自适应考试，而主要的施测方式是计算机化自适应测验(Computerized Adaptive Testing，CAT)。

一、自适应原则在心理测验中的应用

　　早在计算机科学诞生之前，心理学家就把这种自适应的智能化原则运用到心理测验中去了。著名的例子是智力测验中的比内智力测验。早在 1905 年(请注意在这个时期心理测验还处于早期发展阶段，传统意义中的标准化纸笔测验还没有诞生)，比内智力量表就很好地体现了根据考生具体能力调整考题的自适应变化原则。在这个量表中，根据考题难度由浅入深排列，以通过题数的多少作为鉴别智力高低的标准，并且据此提出了智力年龄的概念。比内智力量表的实施过程如下，很好地体现了这个自适应原则。

　　第一，比内智力测验有一个标定好的题库。比内智力测验中的项目按照难度从低到高排列，并且按年龄水平分组，包括 3～11 岁。每个年龄组的儿童在解答本年龄组的项目时正确作答的概率大约是 50%。

　　第二，比内智力测验由训练有素的心理学家与考生进行一对一的施测，目的是寻找与每个考生最匹配的难度水平(智力年龄)。这个过程很像跳高运动员的比赛过程。

第三，每个考生有不同的测验起点。比内智力测验开始时，施测的考官需要对考生的能力进行估计，一般都用生理年龄，但是如果有更有效的信息，可以进行调整。

第四，它有一个事先规定好的评分规则。

第五，它有一个决定考生下一道考题的选题机制。比内智力测验基于考生先前作答的表现来决定下一道考题。如果一个考生回答正确了某个年龄组中的大部分考题，那么后面的考题就有可能来自一个更高的年龄组；但是如果回答错了大部分考题，那么后面的考题就可能来自一个略低的年龄组。

第六，它有一个终止规则。比内智力测验在确定考生的最高水平（Ceiling Level）与最低水平（Basal Level）之后，就会停止测验。最高水平指的是考生全部回答错误的那个年龄组；最低水平指的是考生能够全部回答正确的那个年龄组。这个考生的真实水平就在这两个年龄组之间。

第七，考生的最终成绩由回答正确的考题决定。具体计算方法是 IQ 成绩是回答正确作答考题的加权和，权重是年龄组。

图 1-1-1 是比内智力测验的图示。考题按照智龄（Mental Age）分组，每个年龄组内的考题由那些本组考生有 50% 可能回答正确的项目组成。

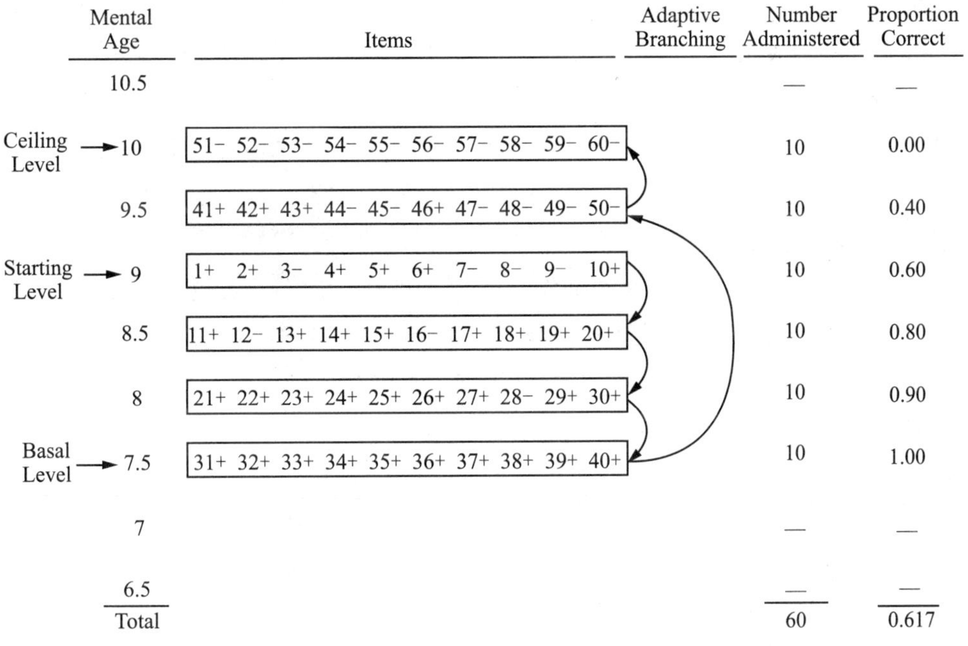

Mental Age	Items	Adaptive Branching	Number Administered	Proportion Correct
10.5			—	—
Ceiling Level → 10	51− 52− 53− 54− 55− 56− 57− 58− 59− 60−		10	0.00
9.5	41+ 42+ 43+ 44− 45− 46+ 47− 48− 49− 50−		10	0.40
Starting Level → 9	1+ 2+ 3− 4+ 5+ 6+ 7− 8− 9− 10+		10	0.60
8.5	11+ 12− 13+ 14+ 15+ 16− 17+ 18+ 19+ 20+		10	0.80
8	21+ 22+ 23+ 24+ 25+ 26+ 27− 28− 29+ 30+		10	0.90
Basal Level → 7.5	31+ 32+ 33+ 34+ 35+ 36+ 37+ 38+ 39+ 40+		10	1.00
7			—	—
6.5			—	—
Total			60	0.617

图 1-1-1 比内智力测验施测过程示意图

在这个图示中，考生从 9 岁年龄组的考题开始，他正确回答了第 1，2，4，5，6 和 10 题，错误地回答了第 3，7，8 和 9 题。因为没有全部正确或者错误回答这些问题，因此 9 岁并不是这个考生的最高组或者最低组，考试需要继续进行。

此时，考生可以接受更高或者更低一组的考题。考官决定先寻找最低组，因此考生开始回答 8 岁半组的考题。考生正确回答了 80％ 的考题。于是考官施测 8 岁组的考题，考生正确回答了 90％ 的考题；接着施测 7 岁半的考题，考生全部回答正确。因此，这名考生的最低组被确定为 7 岁半。

用同样的方式，考官继续寻找这名考生的最高水平。考官首先施测了 9 岁半组的考题，考生回答正确了 40％ 的考题；接着施测 10 岁组的考题，考生全都没有回答正确。因此，10 岁组是这名考生的最高组。

二、自适应测验的主要特征

比内智力测验实测的例子展现了自适应测验的几个主要特征。

第一，每位考生有不同难度的初始题。理论上来说，比内智力测验可以根据考官收集的考生信息，从任何一个年龄组的考题开始。在例子中，如果考官从 7 岁半到 10 岁的任何一个年龄组开始，考生会接受同样的考题，得到相同的考试结果。如果从这个范围之外的年龄组开始，只是会增加一些考题，延长考试，但是考试结果不受影响。例如，如果考试从 7 岁组开始，考生应该会答对所有的问题，就会多找出一个最低水平组。同样，如果从 10 岁半组开始，考生就会多找出一个最高水平组，因为这个年龄组的考题比 10 岁组的考题都要困难。

第二，在收集到足够的考生能力水平信息之后，考试就会终止。在比内智力测验中，如果考题不能再提供任何新的信息时，测验就会终止。比最低水平组更简单的考题，对考生来说太简单了，而比最高水平组更难的考题又太困难了。这些考题都不能提供更多的信息，因此施测它们没有任何的意义。

第三，每个考生的考题数量可能会不同。在一个设计良好的自适应测验中，一般都会规定好考生能力测量的精度水平。在收集到足够的信息之前是不会终止测验的。在比内智力测验中，这个测量精度由最高与最低水平组确定。

第四，每个自适应测验可能会使用题库中不同的考题。自适应测验的突出特点就是从预先标定好的题库中选出最符合考生能力水平的项目进行施测。在这个例子中，这个考生回答了 7 岁半组到 10 岁组的考题。另一个考生很有可能回答 5 岁组到 7 岁半组的考题，而其他的人有可能回答 8 岁组到 13 岁组的考题。

第五，在自适应测验中，考生回答的理想考题的难度在 50％ 左右，因为这个难题的题目能够提供最大的信息。在这个例子里，考生正确回答的考题比例是 60％。这种"自我调节"的选题机制会使各类考生获得比较类似的心理体验。低能力水平的考生会觉得自适应测验比传统的纸笔测验简单，因为在传统的纸笔测验中他们会遇到更多的难题。相反，高能力的考生会觉得自适应测验比传统的纸笔考试难，因为他们会遇到更多的难题。

第二节　计算机化测验

计算机化测验指的是以计算机为平台，向考生呈现考题的形式。计算机化测验有广义与狭义之分：广义的计算机化测验叫作基于计算机的测验（Computer-Based Testing，CBT），狭义的计算机化测验叫作计算机化自适应测验（CAT）。CBT 包括所有以计算机为呈现平台的测验，例如，把纸笔测验的内容直接转化为计算机呈现，那么它就是一种计算机化测验。但是显然这样简单照搬纸笔测验内容的计算机化测验只是单纯的考试平台变化，不具备自适应的智能化特点。与此不同的是，CAT 不仅有测验平台的变化，还包括在第一部分描述的自适应特点（不同初始题、自动终止等），因此成为目前最受欢迎的测验形式之一，也是本书的研究对象。在这一部分中，我们将简要地描述 CBT 的发展与特点，为以后各章提供一些背景信息。

信息技术的蓬勃发展给现代社会带来了深刻的影响。心理测量领域也被打上了现代信息技术的烙印，正在经历一场技术革命。心理测量的任务是在有关的量尺上给出测量对象的准确位置。这个任务非常复杂，需要耗费大量的人力与物力。现代电脑信息技术可以大幅提高测量中的工作效率，甚至使原来不可想象的任务变得轻松简单。一个简单的例子就是使心理测量可以变得快捷。由于计算机计算能力的大幅提升，它可以轻松地实施测验，包括呈现考题、收集作答、自动评分等，考生在信息化时代已经可以马上得到考试成绩甚至有关的诊断报告。

计算机信息化的巨大变化至少可以体现在两个方面。第一，计算能力的巨大提高。现在，一台个人计算机或平板电脑、智能手机等小型手持设备的计算能力已经远远超过 20 世纪的大型主机。著名的 ENIAC（Electronic Numerical Integrator And Calcula）可以占据一个很大的房间，可是它的计算能力却比不上一台普通的台式个人电脑。而更令人诧异的是，由于云计算的发展，在网络的帮助下，普通的智能手机或平板电脑也具有实施教育测量的能力。第二，各种个人计算机与简易手持设备的大量普及。计算机发展的早年，它以大型主机（Mainframe）的形式存在，是只有大型研究机构和企业才能负担的"奢侈品"。但是，目前个人计算机已经非常普及，甚至已经慢慢被更加便捷的智能手机与平板电脑取代，成为非常普通的日常消费品。

信息技术的革命性变革也不可避免地带来了心理教育测量的变革。早在个人计算机出现的初期，研究者就开始注重这些技术在测量中的应用。计算机化测验的研究始于 20 世纪 70 年代。自 20 世纪 80 年代以来，陆续诞生了一批大型计算机化测验的实际考试项目，包括美国士兵职业倾向成套测验(Armed Services Vocational Aptitude Battery，ASVAB)，美国教育考试服务中心(Educational Testing Service，ETS)的研究生入学考试(Graduate Record Examination，GRE)，托福(The Test of English as a Foreign Language，TOEFL)等。目前各种基于计算机技术的测验已经在教育、职业资格考试中大量涌现。计算机化测验已成为测量领域不可忽视的一个潮流。有关的研究者已经建立了一个专门的国际性组织——国际计算机自适应测试协会(International Association of Computerized Adaptive Testing，IACAT)，定期举办学术年会。

本节将借鉴 Bunderson 等人(1988)提出的计算机化测验发展阶段划分框架，系统梳理计算化测验的发展脉络，提供一个完整的历史视角。他们根据心理教育测量与计算机系统的重要特征，提出了一个计算机化考试测评的分类标准，在此基础上区分出了四代计算机化测验技术：

计算机化测验(Computerized Testing)；

计算机化自适应测验(CAT)；

连续测量(Continuous Measurement，CM)；

智能测量(Intelligent Measurement，IM)。

下面我们会详细描述他们提出的划分标准，然后介绍四代计算机化测验系统的特点。详细介绍划分标准的原因是，计算机信息化技术日新月异，给计算机测验系统的变革带来了太多的可能性，对计算机化测验系统的描述也有可能很快过时，而划分的标准具有跨时间的稳定性，是心理教育测量研究者需要掌握的重要工具。例如，Bunderson 等人描绘的四代计算机测验系统在今天看来仍然具有很强的借鉴意义，但是具体系统的描述已经显得内容陈旧，因为在心理教育测量与计算机信息化技术两个方面也都发生了重大的变革。只有掌握了这种划分的思维方式，才能更加准确地把握计算机化测验系统发展的脉搏与趋势。

一、划分标准

这个框架是由计算机化测评在测量与计算机系统在不同维度上的特点确定的。本部分详细地描述了这些维度，是了解计算机化测验系统的重要背景信息。

(一)教育测量的主要特征

教育测量可以定义为在规定的条件下，为达成某个教育目的，而为某些个体、情境或者事件确定在某个量尺上的位置的过程。这个具体定义的作用是提供了一个描述测量的六个要素：教育测量过程、确定位置、测量目的、测量对象(个体、情境与事件)、教育相关的量尺、规定的条件。

1. 教育测量过程

教育测量是一个过程，这个过程又包含了多个并行同步或者前后相继的几个子过程。主要的过程有：①测量工具的研发，具体有制定测试蓝图、编写试题、预试与组卷；②考试实施，包括获取作答、评分、报告成绩、解读结果等；③考试分析与研究，包括等值、效度研究、项目功能差异（Differential Item Functioning，DIF）等。计算机技术已经对这三个过程都产生了巨大的影响。

2. 确定位置

测量的任务是在一个教育相关的量尺上为测量对象确定一个恰当的位置。这个确定的过程可以是静态的，只涉及测量对象在某个时间点的位置；也可以是动态的，确定测量对象在多个时间点的变化情况。监测某个省某个学校学生在某个时间点的总体学业水平就是一种静态测量；而测量学生在接受某个教学计划前后的学业成就变化就是一种动态测量。第一、二代计算机化考试是静态测量，第三、四代计算机化考试属于动态测量。

3. 测量目的

长久以来，教育测量的目的是提供一个团体或者个体在某个教育相关的量尺上的相对位置，帮助教育决策，因此教育测量的主要服务对象是机构。教育机构利用教育测量的结果来提高录取分班的准确性，评估教育目标的达成情况，评价教师、教育项目以及组织的效率，用来激励学生。

个体也是教育测量的服务对象之一，包括基于测量结果的指导与治疗、监控个体的进步情况，支持教学决策。但是正式的测量还是过于昂贵，一般只能用于选拔等重大的决策中，个人服务仍然处于次要的地位，而提供个人服务的测验大多是非正式与非标准化的。因此，教育领域对成本低的、服务于个体的新型测量有较大的需求。除了指导与治疗，教育测量还可以用于描绘学习的成长曲线：它可以详细描述学习问题的程度与变化，为及时地干预教学提供信息；也可以用于指导解读学生的状况，提供建设性的意见。教育测量在监控、描述与解读学生进展中的功能与教学紧密相关，因此教学活动可以与测量紧密结合，包括教学内容的选择与顺序、学习中的教学指导方法、选择个性化的练习题等。测量的服务重点从机构到个人的转变是第一、二代与第三、四代计算机化考试的重大区别。而这个区别也与从静态测量到动态测量的转变息息相关。

4. 测量对象（个体、情境与事件）

测量的对象包括个体、情境与事件。在社会科学中，行为往往被看作个体与情境交互的结果；教育事件（如学习）也可以用同样的视角来看待，它是能力水平与教学计划交互的结果。在第一、二代计算机化考试中，标准化的任务情境是标准化试题。观察到的行为一般是考生正确作答与否；更复杂的考题会给出多个等级的分数。在第三、四代计算机化考试中，情境任务会更加复杂多样，更加接近现实生活。

计算机技术的变革对测量对象产生了重大的影响。第一，原本非常耗时费力成本高昂的测量大大降低了成本。例如，需要一对一施测的智力测验可以通过计算机施测，并且不需要专家的指导。原来需要人工模拟的任务在计算机上施测后，可以不需要耗费高昂的人工成本，因此可以更加普遍的施测，从而获得考生的学习曲线。第二，实现了很多原来不可能实施的测验。例如，心理能力时间的度量。在传统的考试中，个体的几何图形空间旋转速度是无法测量的，但是在计算机施测中，我们可以通过记录有关的时间来进行有关的测量。

5. 教育相关的量尺

教育测量中首先需要确定人们关心的测量内容，它们指的是理论构念（Constructs）等。在实施教育测量之前，需要确定这些重要的理论构念，如智力、数学能力等。

6. 规定的条件

规定的条件指的是测量发生的条件。条件的差异会导致测量结果与解读的差异。如果测量条件能够被控制，那么我们就可以称之为"标准化"的。在标准化的条件下，测量结果的外部影响被严格控制，因此测量的结果是可重复的。四代计算机化考试在控制条件中存在一定的差异，但是比较理想的标准化测试，保证了多次测量之间、不同测试对象之间的可比性。

（二）计算机施测系统

计算机化考试不仅仅需要先进的理论来构造构念，需要测量理论与技术来保证测量的可靠性与科学性，而且还需要现代信息技术来收集处理报告测量中的信息。下面我们会简略描述计算机化考试中涉及的信息技术。计算机化考试中的计算机信息技术总称为"计算机施测系统（Computerized Measuring System）"，它涵盖了硬件、软件、考试系统与测量、教学中需要的专家。现只对硬件和软件做简要说明。

硬件。一个独立工作站的硬件包括：可与外部网络连接的电脑、足够大的内存、存储系统、输入设备、显示设备、打印设备、与中心站点联络的设备。目前信息技术高度发达，智能手机与平板电脑已经能够满足这些硬件的要求。

软件。硬件必须与软件结合才能发挥作用。施测系统的软件要求包括操作系统（用于分配系统资源，提高施测系统效率）与应用软件（测试系统，用于施测、评分、记录、汇报成绩，甚至进行结果解读）。软件是指挥施测系统的"智能中心"，发挥着至关重要的作用。计算机化测试的软件有了长足的进步，能够实现多种不同的计算机化测试与计算机化自适应测验。为了适应计算机化自适应测验的需要，新的在线标定系统也陆续诞生了。软件最重大的发展是人工智能的发展，在教育测评中具体表现为知识库计算(Knowledge-based Computing)。它是大数据挖掘的重要技术之一，为第四代智能化测评提供了可能。

计算机施测系统可以承当测试中的五项工作，包括收集信息、存储信息、决策任务、行动任务与沟通联系。四代计算机化测验系统在这五项工作中的表现不尽相同。

第一，收集信息。收集信息的工作由计算机的输入设备完成。输入设备把考生输入的信息(包括个人信息、作答等)收集起来，进行编码，并且传输到主服务器。输入设备的更新换代十分迅速，从最原始的键盘输入到 Windows 类的界面(下拉菜单、鼠标等)，再到目前非常流行的触屏。语音识别技术的迅猛发展也使语音输入日益普遍。键盘输入的方式会带来一定的不公平性，因为原来有打字经验的人会更加熟悉这种方式，但是触屏与语音输入不需要专门的训练，能够消除键盘输入带来的不公平性，提高考试的信度与效度。

第二，存储信息。计算机的存储系统能够完成信息存储的任务，记录测评实施的每一个步骤，存储不同阶段产生的各种数据。与人类的记忆力类似，计算机的存储系统可以让计算机识别信号，存储已有的教学内容与设计，记录数据，分类整理数据等。计算机的存储能力也有巨大的变化。早期的内存容量只有几兆，但是目前普通的台式计算机与笔记本都拥有了 8 GB 的内存容量甚至更多，并且内存容量一直在持续增加。

第三，决策任务。决策任务由计算机的中央处理器完成，主要是根据算法完成有关的计算。例如，在计算机化自适应测验中，它表现为根据考生的作答，判断对错，更新考生的能力估计，然后计算有关的选题指标，选出一个最合适的项目。目前由于云计算的发展，很多计算的任务已经被剥离，不在考生的终端上进行，而是搬运到了中心服务器上进行。

第四，行动任务。行动任务指的是计算机的输出设备执行计算机的决策。在计算机化自适应测验中，最主要的表现是把已经选出的项目呈现给考生。根据要求，显示设备会把项目以文字、图像或者声音的形式呈现。显示设备也经历了巨大的变化，从原来笨重的 CRT 显示器，到液晶显示器，甚至出现了曲面显示、虹膜识别等先进的技术。

第五，沟通联系。沟通联系是计算机能完成的另一个重要任务。它指的是把大量的计算机联系起来，构成一个网络，这样可以提升考试施测系统的能力，更加高效地完成测试任务，甚至能够实施单个计算机无法进行的任务。计算机网络最早的形式之一是局域网。在心理教育测试领域具体的形式是基于客户机/服务器(Client/Server，C/S)和考试中心的机考模式，如 EST 的 GRE 考试。但是考试公司需要花费巨大的人力和财力，用于增设考试中心，维护和更新相关设备和系统等。而这种单纯以资格认证为主的考试公司，并不能为学习者提供多少益处，因为其认证考试结果往往是通过与不通过，并且考试地点只能是考试中心，并不能真正实现"随时随地"进行测验，更不能实现以测试促进学习的目的。比基于客户机/服务器和考试中心的机考模式略有突破的是基于互联网的测评（Internet-based Testing），ETS 的 TOEFL 考试就是采用了这种形式。但是这种形式也没有充分利用现代信息技术，它本质上只是利用互联网进行连接的客户机/服务器模式。一种更加高级的形式叫作基于网络的测评（Web-based Testing）。与目前国家的发展战略对应，基于网络的考试是"互联网＋测评（Internet Plus Testing）"的具体形式。它不仅仅是互联网连接的客户机与服务器的大网络，而是利用互联网把云技术、大数据等技术纳入测验系统。更重要的是，这些现代化的信息技术要为教学与学习服务，打造真正的自适应学习（Adaptive Learning）与智慧学习（Smart Learning）。

总而言之，计算机施测系统替代了大量的人力工作，而这些工作如果由人力完成，成本会非常高昂。目前计算机系统已经能够很好地进行评分、存储记录、查找记录、计算统计指标等。伴随着云技术、大数据、移动互联网和物联网的发展，翻转课堂、微课、慕课、手机课堂、教育 APP、电子书包、创客运动、教育云等一系列新技术、新理念、新模式出现，Bunderson 等人描绘的第四代测验系统已经离我们越来越近，并且被注入了更多丰富的内涵（云计算、大数据等概念在 20 世纪末并未形成）。可以预言，围绕计算机化自适应测验为核心打造的心理教育测量正在迎接一场新革命。

二、四代计算机化施测系统

（一）计算机化施测系统的具体分类

根据计算机系统与教育测量六个方面的不同特征，提出了这个计算机化测验的四代论。表 1-1-1 简要概括了这四代计算机化测验在这些方面的主要特征与区别。

表 1-1-1　四代计算化测验特征与比较

代次	计算机化测验（CT）	计算机化自适应测验（CAT）	连续测量（CM）	智能测量（IM）
计算机化施测系统特征	计算机控制施测；实时评分与报告；存储包含大量项目的题库	在计算机化测验的基础上增加了自适应选题算法的运算功能	与 CAT 相同，增加了计算机辅助教学	在 CM 基础上增加了知识推断
测量理论基础	多种理论，但是以经典测量理论为主	项目反应理论	各种认知诊断模型	专家系统（评分专家、教学专家等）

续表

代次	计算机化测验(CT)	计算机化自适应测验(CAT)	连续测量(CM)	智能测量(IM)
教育测量功能				
过程	测试、评分、记录、结果报告		与 CAT 相同，增加了结果解读	与 CM 相同，但是解读更加详细复杂
定位	静态	静态	动态	动态
教育目的	机构用途为主	机构用途为主	个人用途为主	个人用途为主
量尺	多种量尺，但是大部分都是非正式量尺	单维或者多维的项目反应理论模型量尺	多维模型	同连续测量
对象	个体、情境、事件	个人、标准化任务、事件	个人、参照性任务、事件	同连续测量
控制程度	高	比计算机化考试灵活	在 CAT 基础上增加了对教学的控制	与 CM 相同，但是用户有了更大的控制权

第一代计算机化测验也称为"线性计算机的考试"（Linear Computer-based Testing）。把纸笔测验的内容直接转化为计算机呈现，那么它就是一种计算机化考试。显然，这样简单照搬指标考试内容的计算机化考试只是单纯的考试平台变化，不具备自适应的智能化特点。

第二代计算机化测验叫作计算机化自适应测验。它不仅仅把考试的平台从纸笔变成了计算机，并且能够实现自适应测验的智能化功能。与第一部分描述的比内智力测验的重大区别是，计算机化自适应测验利用现代化的信息技术手段，通过软件程序自动实现起点的选择（考生能力的粗略估计）、考题的自适应选择、考试的终止等，可以看出计算机化自适应测验是自适应考试理念与现代信息技术的完美结合。它是目前主流的计算机化测验形式，也是本书最重要的研究内容。

第三代计算机化测验叫作连续测量，它关注的是学生学习进展情况的测评。在一门课程的学习过程中，教师与学生都需要了解学习的进展情况，从而能够采取针对性的措施。这些信息可以通过在学习过程中多次采取测评的方法获得，连续测评这个名称也因此而获得。除了多次测评的特点，这种测评还需要实现与学习过程的结合，不对学习过程产生过分的干扰。例如，测试时间过长或者测试次数过多就会减少学生的学习时间。一般来说，课程设计专家会确定每门课程学习过程中需要测评的关键点（Milestones）。另外，需要特别指出的是，这类测评出现于在 20 世纪 90 年代，支撑这类测评的测量学理论是项目反应理论。但是这种理论往往与终结性评价相联系，用于高利害考试中。目前与连续测试目标相符的心理测量理论认知诊断模型（Cognitive Diagnostic Modeling，CDM）已经日益成熟，相应的利用这种理论进行计算机化自适应测验也应运而生，称为认知诊断计算机化自适应测验（Cognitive Diagnostic CAT，CD-CAT）。CD-CAT 作为计算机化考试的新发展，也是本书的研究对象之一。

第四代计算机化测验叫作智能测量，主要由计算机科学的科研人员提出，主要实现评分、诊断信息、学习建议的智能化。与第二、三代计算机化测验相比，智能测评不仅仅涉及测评过程的智能化，更加强调测验结果使用的智能化。某种意义上说，它是第三代测评的升级加强版，更加强调测评与学习过程的无缝结合，实现从传统的为测验而学习（Learning to Test）到为学习而测评（Testing for Learning）的转变。在这样的学习与测评环境中，学生的学习计划与流程不是由课程设计专家来决定，而是通过智能化的测评来实现自适应学习或者智慧学习。

这个分类框架已经提出了近 30 年。从目前的计算机化测验研究与应用的现状来看，这个分类框架在发表的时候不仅仅是在计算机化测验大发展时期的一个"初步的总结"，更像是一个对未来的发展预测。此后，CAT 中的几个重要研究问题陆续出现，特别是几个重大的实际应用项目（ASVAB、GRE 等）展示了 CAT 的优势，也提出了更多更新的研究问题。这些重要的研究问题包括选题法中的项目曝光问题（Leung，Chang & Hau，2002；Chang，Qian，& Ying，2001；Chang & Ying，1999；Sympson & Hetter，1985），内容平衡（Cheng，Chang，Douglas & Guo，2009；Cheng，Chang & Yi，2007；van der Linden & Chang，2003），多维 IRT CAT（Wang & Chang，2011；Wang & Chang，2009；Veldkamp & van der Linden，2002；van der Linden，1999）和 CAT 的数学原理（Chang，2014；Chang & Ying，2009）等。这些研究大大加深了测量界对计算机化测验的理解，并且使计算机化测验成为心理测量领域的一个热门的分支，成为高利害测验的重要形式之一。

连续测量可以看作 CD-CAT 的一个初级版本。它利用计算机化测验的施测优势，在学习过程中的几个关键点进行多次测评，但是它与 CD-CAT 有两个区别：第一，它更加强调监测（Monitoring）的功能，而不是提供教学意见；第二，它缺乏实现诊断功能的心理测量理论的支持。Bunderson 等人（1988）就指出当时的连续测评并没有完全实现，因为它没有实现多维的测量。但是这个空白可以被认知诊断理论填补。各类 CDM 已经成熟，目前已经出现基于 CDM 的大型题库，研究者也已经开始着手研究 CD-CAT 的选题法以及测量精度，非统计约束（项目曝光度、内容平衡），同时获得总分与诊断信息等问题。详细综述参见（Zheng，2015）。

第四代计算机化测试是智慧学习的原型，其目标是实现诊断与学习的一体化，为个性化学习（包括补习计划与资优生学习计划）提供教学意见。Bunderson 等人（1988）中使用的例子是由计算机领域提出的专家辅导系统（Expert Tutor Systems），同时他们也指出由于计算机界与心理测量界的隔阂，这些系统缺乏心理测量理论的支撑，而心理测量学家也似乎不能为这些系统提供足够的支持。Snow 和 Mandinach（1991）也注意到了这样的现象。两者的结合才是智能测评的关键。CD-CAT 是解决这个问题的方法之一，它可以作为一个智能化学习的驱动引擎或者是导航员，利用智慧测评来制定个性化学习的流程。

（二）四代计算机化施测系统的特征总结

1. 计算机控制过程

四代计算机化施测系统的计算机功能要求非常类似。它们都要求计算机控制的测试过程，快速的评分与分数报告，都能够充分利用计算机优势呈现新型的项目，采用新的作答收集方法，都要求能够存储大量的信息用于测试，还有计算机的网络化功能。第一代计算机化测验不要求具备一个可以进行快速计算的处理器，因为它不需要针对每一个项目计算有关的选题指标。第三代计算机化测验系统增加了计算机化辅助教学中的呈现、收集作答与信息处理功能。在第四代计算机化测验系统中，测验已经融入教学，成为教学自然的一部分，避免了对教学的干扰。基于大数据方法的人工智能有可能实现更加复杂的评分、解读与学习建议任务。

2. 测量理论

它们的测量理论基础也存在差异。第一代测验系统主要以经典测量理论为主，或者没有使用任何的测量理论。设计实施第一代测验系统的人往往都没有经过必要的心理测量训练，只是对计算机交互比较熟悉。他们不关心甚至不知道信度、效度、计算机化测验与纸笔测验等价性的测量问题，往往只要测试具有较高的表面效度就足够了。第二代已经高级的计算化具有坚实的测量学理论支撑。第二代已经使用各种项目反应理论来计算客观的信息函数指标来选择项目，为每位考生进行"定制式"的测评。第三代利用各种认知诊断理论模型提供更加详尽的诊断信息。第四代则需要利用考虑如何把大数据技术与各种测量理论模型的结合，甚至需要提出更加高级的模型把两者统合起来。

3. 测量功能的总结

各代之间在考试施测过程上没有很大的差异，主要差异体现在计算机系统参与结果解读的程度。在第三代连续测量中，计算系统具有一定的解读功能。第四代测验系统需要知识网络的深度学习才能实现人类教师所能进行的复杂解读。

值得指出的是第一、二代系统一般来说进行静态测评，而第三、四代系统则强调动态测评。这与测评的目的紧密相关。第一、二代系统主要为机构提供服务，因为采用的心理测量模型（经典测量理论与单维项目反应理论）也主要是获得对能力的总体评估，用于机构的选拔、排序等目的。而第三、四代系统则强调为个人服务，提供有利于学习与发展的具体信息。

各代使用的量尺也存在一定的差异。第一代系统使用多种非正式的量尺，第二系统开始使用具有基于项目反应模型的量尺，第三、四代系统使用的量尺一定是适用于分析复杂学习内容的、基于多维模型的复合量尺。

控制程度指的是标准化测量发生的规定的客观条件。第一、二代系统的计算机可以在很大程度上控制视觉听觉刺激材料的呈现方式与顺序、作答的形式、作答的时间等。第三代系统增加了对教学的控制，淡化了教学与测评之间的区别。第四代测评更加人性化，学生可以控制学习的进程，但是这给测评的标准化带来了一定的挑战。

过去的几十年，我们目睹了计算机硬件与软件、网络技术的飞速发展。信息革命给教育测量带来了革命性变化。在这些信息技术得到广泛应用之前，教育测评涉及的信息收集、信息存储、决策、决策执行与信息沟通都必须由人力通过多种形式完成，如试卷运输与分发、答题纸的收集与运输、人工阅卷等。计算机与网络可以打破时间与空间的限制，把这些工作部分甚至全部自动化，大大提高了测评的效率，降低了测评的成本。

第一代计算机化测验系统能够完成的工作，全部可以由人力完成，但是计算机化测验系统可以完成得更快更好更准确，刺激材料的呈现也变得更加多样有趣，更加逼真。第二代计算机化测验系统大大提高了测评本身的效率。预先标定好的题库发挥了重要作用，它使我们可以根据考生水平选择项目。它也可以根据呈现方式与时间、测评内容的动态调整来自动化地实施测评。

第三代计算机化测验系统体现了一种与过去测评文化、教育研究传统截然不同的思维。测评与课程之间的区别开始消失；测评自然嵌入课程，渐渐变得"微创"甚至"无创"。测评的开发逐渐要与课程的开发融合。这一代测验系统以参照性任务为基础，能够针对要求的内容掌握情况进行连续细致地监控与反馈，可以描绘每个学生的成长曲线，因此教师与系统可以获得更具指导性的教学建议。

第三代计算机化测验系统不能完全充分实现自适应学习的功能。这个只能由第四代测验系统完成。第四代测验系统可以借助知识网络计算与推断，更加细致地描绘个体学习成长的曲线，实现复杂项目的自动评分，以及测评结果的深度解读。目前的趋势是实现全智能化的课程，即智慧学习。在这个新时代，旧的测量理论可能会被慢慢淘汰，而适应大数据时代的新型模型可能会慢慢浮现。

总而言之，目前心理测量学界已经完全实现了第二代计算机化测验，第三代计算机化测验已经初见成效，但是心理测量学仍然需要进一步发展，其最终的目标将是成为在一个由计算机科学、认知心理学、教育心理学、课程设计与心理测量学联合打造的智慧学习环境中的重要驱动引擎。

第三节　计算机化自适应测验

计算机化自适应测验是利用现代化的信息技术手段实现自适应技术的测验形式。第二节已经指出，它是第二代计算机化测验，也是发展最为成熟的自适应测验形式，第三代与第四代可以视为第二代计算机化考试在心理测量理论与考试结果应用方面的拓展。本节将详细介绍计算机化自适应测验的概念、优势、研究现状与未来研究方向等方面。

一、概念

计算机化自适应测验根据考生前面的作答选择能够最大化地提高测量精度的项目。从考生的角度来看，考试的难度与其能力是匹配的。如果考生能答对中等难度的项目，后面的项目可能就会更难一些。如果他们的作答不好，就有可能做更简单一些的项目。因此计算机化自适应测验的突出优点就是提高了考试的效率，只需要更少的题就能达到传统纸笔测试的测量精度。一个计算机化自适应测验本质上就是下面这样一个迭代算法。

第一步，根据对考生能力的现有估计，在所有可能的项目中寻找最佳项目；

第二步，把选定的项目呈现给考生，考生给出作答；

第三步，根据考生的作答，更新考生的能力估计值；

第四步，检查是否符合终止规则。如果符合，考试结束；反之，重复以上三个步骤。

为了实现这个迭代算法，一个计算机化自适应测验系统应当包括以下五个缺一不可的基本元素：事先标定的题库、初始题选择、选题法、能力估计方法与终止规则。

（一）事先标定的题库

CAT 需要从一个题库中选择项目呈现给考生。这个题库中的项目都需要用心理测量学模型标定，把它们放在一个共同的标尺上。最常用的心理测量学模型是项目反应理论（Item Response Theory，IRT）。在 20 世纪 70 年代，大部分 CAT 研究都是采用了经典测量理论（Classic Test Theory，CTT）。此后由于 IRT 研究的大发展，IRT 取代了 CTT。目前，两种新的测量理论也渐渐流行起来：多维项目反应理论（Multi-dimensional IRT，MIRT）与认知诊断理论（Cognitive Diagnosis，CD），因此也产生了基于这两种新理论的 CAT，称为多维 IRT 的计算机化自适应测验（MIRT-CAT）与认知诊断的计算机化自适应测验（CD-CAT）。

（二）初始题选择

CAT 选题的基本依据是考试不同进程中当前的能力估计值。但是在施测之前，一般很难得到考生能力的估计，因此需要一些特殊的方法来处理此时的能力粗略估计问题。一般来说有两大类方法：第一类是通过其他渠道获得的考生已有信息，如性别、年级等背景变量（九年级的考生一般来说比七年级的考生能力更高，九年级考生应该选择较难的项目而七年级考生选择相对容易的项目）。第二类就是假定考生具有中等能力水平，选择中等难度的项目。

（三）选题法

选题法的主要任务是要构造一个指标，选出一个对能力估计值最有测量效率的项目。目前最常用的选题指标叫作信息函数。顾名思义，这个函数值最大（或者最小）的项目能够提供最多的信息。选题法中涉及很多信息函数，但是可以大致分为两大类：一类是来自统计学的 Fisher 信息函数；另一类是来自计算机科学的信息函数，包括 Shannon 信息函数、Kubek-Leibler 信息函数以及互信息函数（Mutual Information）等。同时，选题法也不仅仅涉及测量效率的问题，也涉及心理与教育测量中各种实际的限制，如与考试安全相关的项目曝光率问题、内容平衡问题、正确作答的排序问题等。选题法是最能展现自适应测验智能化特点的元素，因此它一直是 CAT 研究的核心问题与热点。

（四）能力估计方法

考生做完一道题之后，CAT 需要对考生的能力进行更新。这需要一种统计方法来完成这个目标。能力估计的主要方法包括极大似然估计与贝叶斯估计，而贝叶斯估计又包含两种具体的估计方法：EAP（Expectation A Posteriori）与 MAP（Maximum A Posteriori）。极大似然估计与贝叶斯估计之间存在一定的联系。如果采用均匀分布的先验，那么 MAP 与极大似然估计是等价的。两者的重要区别在于，极大似然估计是一种无偏估计，但是在作答都是正确或者错误时，这种估计方法就会失效，需要依赖贝叶斯估计。讨论 CAT 能力估计方法的最重要的文献是 Test Scoring（Thissen & Wainer，2001）。

（五）终止规则

CAT 里的选题法会一直选出项目给考生，更新考生的能力，直到题库里的项目枯竭，因此需要制定一定的终止规则。终止规则一般都建立在考生能力的测量精度是否达到了某种水平。在 CAT 中一般用测量的标准误（Standard Error of Measurement）来衡量能力测量的精度。在测量精度达到某个预设值时，CAT 就会停止测试，因此，CAT 的一个优势是可以使每个考生的测量精度相同。

二、CAT 的优势

计算机信息技术的发展给教育测量带来了巨大的变化。计算机化测评具有一些传统纸笔测评无法比拟的优势。

（一）项目的呈现更加标准化

计算机可以精确地控制考生可以看到听到的具体内容，也可以非常精准地控制项目呈现的时间。计算机可以控制施测条件、指导语、程序的完全标准化，但是人工施测很难达到这样的标准化。再以指导语为例，计算机的指导语可以做到跨越时间、地点的完全一致。计算机施测可以避免人工施测中的某些问题，如某些考生不听指令提前看题等问题。

（二）提高考试安全

计算机化测验没有纸笔的考题或者答案，因此可以避免纸版考试中考题或者答案被泄露的问题。在计算机系统中，可以通过多重加密防止考试材料泄露。这些考试材料也可以通过加密的形式存储，使没有密码指令的人无法看到或者打印考试材料。考题的答案也可以通过随机排列等方式防止现场作弊的发生。

（三）丰富的呈现功能

纸笔测验的呈现方式的优缺点都非常明显。它们可以很好地呈现文字与简单的图片。纸笔测验也能呈现照片等复杂的图片，但是成本非常高昂。纸笔测验不能记录考生的作答时间，不能以动态的形式呈现图像、动画与一系列动作。纸笔测验中声音材料的呈现也非常困难，施测人员必须接受专门的训练；现场的操作与实施非常复杂。在计算机化测验中，计算机显示器是统一的项目呈现设备。虽然它受到显示设备像素、显卡、内存大小等因素的影响，但是它能够呈现文字、图像、声音、视频等多种形式的刺激材料，实施成本低廉，呈现的效果也远远好于纸版的呈现方式。

（四）新形式项目的出现

显示功能的强大不仅仅是改变了呈现质量，也对测量项目本身产生了深远的影响。纸笔测验中的项目形式相对单一，但是计算机显示功能大大拓展了测验的内容与形式。例如，在格式塔能力测验中，计算机可以逐步增加测验刺激材料的细节，直到考生识别图案。在视觉概念与记忆测验中，可以通过计算机同漫画的形式展示图片序列。在知觉速度测验中，控制图片显示的时间与速度。在听觉能力中，计算机可以向考生呈现通过数字合成技术生成各种声音刺激材料。这些测试内容与形式在纸笔测验中很难实施，甚至无法实施。

(五)减少考试时间

有大量的研究已经表明，即使只是简单地把纸笔测验转化为计算化测验(第一代计算机化测评)也能大幅地降低测验施测的时间。Olsen 曾研究发现在进行加州考试项目(California Assessment Program)时，计算机化组与纸笔组的各种统计学指标(平均数、标准差、信度与测量误差等)基本相当，但是计算机化组的考试时间大大低于纸笔组。在答题纸上作答需要找到并且涂画相应的选项，比直接用键盘输入答案要花费更多的时间。

(六)作答收集与编码更加便捷

计算机化测验在作答的收集与编码方面存在很明显的优势。对于选择题，一般的答题纸都需要考生在相应的项目中找到相应的选项，然后填图对应的字母或者圆圈。考生在这个过程不仅仅耗时费力，而且增加了犯错的概率。但是在计算机化测验中考题是一个一个呈现的，考生不必查找对应的题号与选项。对于问答题或者写作，计算机化测验可以避免不同书写风格带来的偏差。作答也可以直接用于后续的避免处理，例如，可以直接使用自然语言处理技术提取关键信息。但是纸笔作答需要统一收集运输扫描等流程。

在有些开放式问题中，计算机可以提供更加符合考生作答习惯的作答方式。例如，有些问题会要求考生指出或者画出文本中的某些文字、图片中的某个部分。特别是在触屏技术飞速发展之后，计算机提供了互动性更强、更加友好的方式进行。在纸版测评中实施这些任务会给作答的编码带来很大的困难。另外，由于语音识别技术的发展，考生可以用语音输入的方式进行作答，这就大大拓展了需要口头表达的考试内容。例如，语言考试中的口语水平测试、音乐中的声乐水平测试。口头作答的方式也为测试某些特殊人群打开了方便之门，如视觉困难人群、不具备书写能力的文盲群体等。

(七)减小测量误差

计算机化测验大大减小了各种测量误差。仅仅就取消答题纸而言，考生不仅仅可以提高作答速度，也可以减少填错答案、漏答、更改答案时没有完全消除错误答案的标记等问题。计算机化测验是一个一个呈现项目的，因此，考生集中注意力解决眼前的问题，而不被其他的项目分散注意力或者因部分难题造成畏难心理，因此计算机化考试可以提高低能力、注意力持续时间短的考生的表现。

计算机化考试也可以减少与考试过程有关的误差。计算机化测验作答是通过键盘、鼠标或者触屏的方式输入的，已经是电子化的数据。而纸笔测验的作答需要扫描的程序，这个过程会引入一些转化的误差，因为扫描本身就是一项专业性非常强的技术。另外，在计算机化测验中，答案更改、常模更新、评分规则的变化都非常简单，但是纸笔测验中必须要更改相应的纸版内容。再者，计算机化测验可以避免试卷、作答丢失，学生作答的答案画得模糊，扫描设备各种机械故障（扫描像素的设定等问题），答案错误带来重复劳动等。在纸笔测验中，这些实施的问题都是经常遇到的，需要大量的人力物力来处理。

(八)记录作答反应时，提供更加丰富的作答信息

计算机可以非常准确记录考生作答的每一个项目、分测验与测验的时间。但是这个任务在纸笔测验中几乎无法实现。充分挖掘反应时提供的信息可以大大丰富我们对考生的评价。目前反应时已经成测评中的一个研究热点之一，重要的问题包括如何对反应时进行建模，如何利用反应时来提高能力估计的精度，如何提高计算机化自适应测验的选题效率，如何探测考生的各种不良作答策略（作弊、泄题、动机弱等）。

(九)实时的准确评分、结果报告与解读

正如上文论述的计算机减少考试误差的好处。计算机可以快速地评分，计算分测验分数与总分。因此，考生可以在测验结束几分钟之后拿到一份成绩报告单与结果解读。但是纸笔测验一般至少需要一周到一个月不等的时间来完成评分撰写报告结果的任务。很多标准化考试被认为没有任何教学指导意义，因为考试与成绩反馈之间的时间过长。

(十)电子化存储

由于作答信息收集方式的改变，计算机能够直接产生数字化的存储，避免了大量题本的物理运输、处理与存储。电子化的存储方式大大降低了传输过程中发生错误的概率。为了满足考试分析、二次教育研究以及存档的需求，这些数据可以快速便捷地传送。

三、CAT 研究现状与未来研究方向

自 CAT 研究诞生 40 年以来，心理教育测量研究者的研究已经成绩斐然，CAT 也成为心理教育测量领域一个成熟的分支，成为专业学术杂志与会议的重要议题，甚至有了专门的国际性研究协会。这个部分我们将对 CAT 研究的过去与现状从测量模型、考试实施、考试分析三个方面来进行梳理总结，并对未来的重要研究问题进行一些预测。

(一)测量模型

CAT 研究初期（20 世纪 70 年代），CAT 是一种与传统纸笔测验完全不同的形

式，具有开创性。因此有关的研究处在萌芽阶段，在主题内容技术等方面非常有限。第一，最重要的研究重点是能力估计的统计信度；第二，只研究 CAT 形式，而忽略了其他的形式；第三，只研究二分的项目，而忽略了多级计分模型；第四，只研究单维模型。CAT 研究还没有开始研发新的项目类型与评分规则（如纸笔测验无法呈现与评分的项目类型）。这些新题型与评分规则都可以增加考试的效度与可考查的内容。

20 世纪 90 年代廉价而强大的电脑开始出现，极大地促进了第一批大型 CBT 项目的产生，如 ASVAB、GRE 中的部分考试，以及 TOEFL。这些大型项目在实践中遇到大量的技术难题，其中大部分都是非常有趣兼具挑战性的研究性课题。同时，计算机与多媒体技术的结合大大开阔了测试研究者与开发者的思路，激励他们尝试新的测验形式与作答形式。例如，使用视频来呈现项目，收集考生的语音作答等。

CBT 的兴趣已经不再仅仅局限于统计层面，不仅关注信度，也开始关注效度，如考题内容的平衡等。计算机不仅仅可以实现自适应，还可以呈现更复杂的项目，如复杂的视听材料（过程模拟、场景的演变等）。计算机也可以实现考生与测验之间更高级的互动。例如，考题可以是一个模拟的病人，考生需要对其进行诊断、询问、开药等活动。开放题的计算机化评分也变得更加可能，如 ETS 研发的自动评分系统。但是同时，题库的开发与维护变得更加复杂，也比最初设想的昂贵。考试安全已经日益成为一个重要的问题。测试工业界一方面希望通过立法来设立更严格的项目管理制度，另一方面也希望开发出小样本与缺失数据下的各种考试质量控制技术（参数估计方法、项目功能差异、被试拟合等）。

1. 研究主题

（1）CAT 题库。最优题库的内容与项目参数是什么分布？能否帮助测试编制者开发出具有理想统计学性质的项目？

（2）在线标定。在线标定收集到的数据一般来说是确实数据。什么是最优的取样设计？项目内容与形式能否提供一些项目参数（特别是难度参数）的先验信息，这样可以减少样本容量的要求？

（3）曝光控制。怎样的曝光控制方式才是有效的？怎样减少由曝光控制带来的测量精度的损失？

（4）作答速度。CAT 中考生作答的考题不一样，那么如何避免由此带来的作答速度效应？

（5）质量控制。CAT 中获取的作答信息较少，给项目功能差异、参数漂移、作答异常的探查带来了困难。现有的技术在 CAT 中还可以使用吗？还有什么新的质量控制技术？

2. 突破性研究

以下研究主题是更加长久的研究主题，能够促进下一代 CAT 的形式。

(1)CBT 与认知诊断模型的结合。

(2)复杂项目或者作答的测量模型建模(如基于电脑模拟的测试)。

(3)提高考试公平的各种方法(按照文化背景来选题)。

(4)多维测量模型。

(5)信息选题法与能力估计误差之间的交互作用。

(6)项目自动生成。

(二)考试实施

20 世纪七八十年代的研究集中在 IRT 模型、选题法、终止规则，项目与能力参数的估计方法。现在 CAT 要面对更新的技术难题，包括：项目的研发、更新，用一个更宽泛的名词，叫作"题库维护"；项目前测(获得各种项目参数)；项目与考试安全。这些新问题都是在一些考试机构实施 CAT 后发现项目提前曝光影响了分数的效度(Validity)。

这三个技术难题高度相关：大题库可以提高考试安全，但是大题库的开发十分昂贵，因此对项目开发与质量控制的成本与收益需要进行监控。同时，为项目参数估计与质量控制收集数据的过程也是项目曝光的过程，可能会引发安全问题。因此，需要大量的研究来降低项目开发成本，降低项目曝光率。

1. 研究主题

如果以下八个问题能够回答，那么 CAT 与 CAT 的实施效率将大幅提高：项目研发、项目统计指标、有效题库的维护、项目曝光、成本/收益分析、公平、在不同施测条件下的考生行为与考试平台选择。

(1)项目研发。能够提升项目编制者的培训？项目可以克隆吗？这些克隆项目有类似的项目统计指标吗？可以开发出项目生成的程序吗？自动评分可以促进开放题在 CBT 中的推广吗？在 CBT 中选择题仍然占据主流地位，从选择题转向使用开放题的实际困难是什么？克隆题会不会加剧考试培训对考试的信效度带来的威胁？

(2)项目统计指标。获得足够小估计误差的项目各项统计指标需要多大的样本？这些估计误差对能力估计的影响有多大？项目编写者能否参与获得这些统计指标？如果可以，最有效的获取方式是什么？通过纸笔测验获得的项目统计指标是否适用于 CBT？在纸笔测验中获得的统计指标中，哪一个对 CBT 最没有参考价值？有没有方法使考生在实际考试中发挥出自己的最好水平？

(3)有效题库的维护。什么结构与组织形式才是最优题库？题库使用的时间是多长？一个题库的分数需要与一个参照题库进行等值吗？一个安全题库的最大项目曝光度是多少？题库中的项目应该如何进行轮休才能既保证题库安全又能获得最大的使用周期？如何探查被泄露的题？在考试过程中探查到了被泄露的题，有什么方法进行补救？另一个与题库项目使用率最大化有关的问题是如何可以开发出高效的算法，它可以使用题库中所有项目但是对能力估计不会产生重大的负面影响。

（4）项目曝光。一个考生知道一个题库中部分项目会产生多大的影响？应该如何度量项目曝光，什么是高曝光率或者低曝光率？曝光可以或者应该定义为什么时间看到项目，而不是被看到的频率？在考虑项目曝光的情况下，选题法选出的项目仍然能够保证内容平衡的要求吗？

（5）成本/收益分析。将考试效度与CBT其他的优势相比，实施CBT需要的成本是否值得？CBT的成本会对某些特殊群体造成重大影响吗？有没有降低CBT成本的新办法？相对于纸笔测验，CBT的增值是什么？

（6）公平。CAT中考生的考题不同，数量与难度也不同，这些会带来公平问题吗？如果内容平衡要求发生变化，那么不同时间点的分数具有多大的可比性？在CAT中如何探查项目功能差异？CAT考试中考生如何作弊？如何防止作弊？

（7）在不同施测条件下的考生行为。CBT中不能进行多次猜测、改答案，或者暂时放弃难题。因此，在CBT中，考生的作答策略有什么不同？这些CBT中受欢迎的作答策略在不同人群或者不同心理发展阶段的人群中也受欢迎吗？不同的作答策略会导致不同的考试长度吗？

（8）考试平台选择。初期独立的台式计算机或者计算机的局域网是CBT的主要考试平台。目前通过互联网进行考试的"基于网络的测评"出现，并且产生了一些新的技术挑战。考试安全还可以保证吗？如何认证考生的身份？如何确保不同考试平台之间的质量与可比性？

2. 突破性研究

考试实施有可能在以下五个方面产生突破。

（1）高质量项目的低成本快捷开发方法。衡量项目质量的关键指标是效度，但是目前考试工业界的现状是开发效度高的项目耗时费力、成本高昂。由于"机经"等集体作弊形式，考试公司解决考试安全的基本解决方法就是降低项目的使用次数，但是由此造成了研发成本居高不下。对于某些涉及记忆的考试，简单改变项目的外在特征就很有效果。另一种可能就是开发能够自动生成项目的算法。对于考察知识技能明确的学科，自动生成算法的研发比较简单明确。例如，算术问题或者其他略微复杂一点的数学问题。但是涉及高级认知功能与内容领域（如历史、文学等）的算法开发就变得非常复杂。根据良好项目进行模仿克隆（Cloning）也许是一个颇有前途的方向，但是仍然需要研究人员进行有关的研究。

(2)项目统计指标准确性(大被试样本)与减小项目曝光之间的平衡。解决这个问题有多种可能性。例如,利用题库中已有的项目,来推断同一内容领域、同种技能的新项目的统计属性。或者,把专家意见与数据相结合,这样可以降低对数据量的需求。这就要求找出与项目统计属性相关的影响因素,然后对项目编写人员进行专门的培训。第三种可能性就是优化被试取样方法。这个方面仍然需要大量的探索。

(3)CBT 的设计。CBT 中有很多考试形式,从完全自适应考试到完全不进行智能化调整的线性 CBT 考试,中间的形式包括多阶段自适应考试,随机平衡测验等形式。

(4)新题型与新测试内容的开发。CBT 不仅可以减少考试时间、提高考试安全性、实时的分数报告等,而且可以测试纸笔测验不能测试的新技能,或者更好的测试。所以一个突破点就是开发开放题,用视听觉来呈现考题等。目前只是刚刚开始这些可以提高考试效度的新技术。但是这些新形式也要求开放题的自动评分、题组模型等,可能会影响 CBT 的设计。

(5)CBT 系统设计与实施的指导性原则。许多小的考试机构没有能力或者资源进行复杂的 CBT 研究,但是他们也想知道如何实施 CBT。因此有关的设计与实施指导原则具有很高的实际价值。

(三)考试分析

考试分析、评分、分数报告及考生表现的相关因素的研究是 CBT 的基础性工作。目前有关的研究包括复杂项目的自动评分与作答反应时。

1. 复杂项目的自动评分

目前,用于表现型测试的开放题日益流行起来。开放题一般都是人工阅卷,所以与选择题相比,开放题的评分成本较高,也非常耗时。很多成本与时间来自评分活动的各个环节,包括评分者到阅卷地点、评分标准的制定(整体评分或者采点评分规则)、评分者的训练与质量控制、阅卷活动、标准设定、分数报告等。实施表现型测试题的 CBT 也更加复杂。计算机最显著的优势是实时评分、提高测量效率,但是表现型测试项目似乎与此背道而驰,因为它无法实现实时评分。复杂项目的自动评分是解决这个难题的重点。一旦实现重大突破,那么 CBT 就可以施测满足教育者需要的开放式项目,使项目更加贴近现实情境。自动评分也可以促进新题型的开发,提供更多的测试信息。具体的研究问题包括:

(1)高效自动评分算法是什么样的?开发这样的算法需要多少人力资源?如何降低学习素材(专家人工打分的材料供机器学习评分规则的)的需求量?分数量尺对自动评分是否存在影响?这些因素会受到项目类型与测量技能的影响吗?

(2)衡量自动评分的标准是什么?机器评分与人工评分的一致性是最重要的

标准吗？机器评分比人工评分具有更高的信度吗？分类树（Classification Tree）等方法能否准确地对考生进行分类？在作文写作中，分类树能否很好地区分具有某些特征的作答，提高作文自动评分的准确性？

（3）自动评分与人工评分的混合使用能否产生更高的信度与效度？例如，人机组合是否会比两个人工或者两台机器阅卷更加准确？哪种方式更加节约成本？公众更容易接受哪种方式？如果人机组合，那么人工介入的基本规则是什么？

（4）回归类、复杂规则类的算法是复杂表现型项目自动评分的最好方法吗？其他方法（如回归类与复杂规则类的混合算法）可以提高自动评分的精确性吗？不同复杂项目、领域与考试类型（高利害还是诊断）需要多大的准确性？评分回归模型中最优特征的类型是什么？需要多少个特征？最优特征与数量在统一测试领域内的可推广度有多大？

（5）目前各类项目中，最适用于自动评分的项目类型是什么？自动评分算法的可推广度有多高？自动评分还有什么其他的外部效度问题？

（6）诊断功能能否有效地与自动评分结合？在写作自动评分中，能否实现对写作的程序性技能与语法技能进行评价，这样可以实现写作评分的效度研究？能否开展多维的自动评分，提供诊断信息？

2. 作答反应时

我们需要进一步探讨如何对测验中收集的信息进行更好地挖掘。作答的反应时间是我们可以利用的附加信息。这个领域的重要研究主题包括：

（1）研究反应时间在能力估计中的附加值以及阅读与作答中的不同反应时间可能反映出来的加工技巧。在计算心理测量学指标时，反应时能否对数据降噪起到任何作用？不同考生群体之间（高低、性别、种族）存在反应时差异吗？

（2）反应时建模。将反应时信息用来推断考生在数学推理、写作与具体领域（生物、历史等）使用的认知技能。反应时模型会加深我们对这些技能的认识吗？是否存在反应时与技能之间的调节变量？反应时模型与能力模型能否探查不同人群或者技能之间的差异？

（3）利用反应时监控考生作答速度模式来提高考试的效度。通过作答反应时的模型，我们可以探测快速猜测等行为，从而减少考试焦虑、考试技巧等无关因素的影响。是否存在与最优作答相关的反应时模式，不同领域的最优反应时模型是否存在一致性？不同人群之间的反应时差异能够部分地解释人群能力表现的差异吗？

本章概括性地介绍了自适应测验的计算机化测验的基本概念、主要特征、历史变革与现状；同时，详细地总结了计算机化自适应测验的历史、现状与重要研究问题。不难看出，计算机化测验涉及教育、心理测量与信息技术的变革以及几者之间的互动，虽然历史不算很长，但是内容丰富多变。本章提及的一些重点与热点会在后面的章节中进行进一步更加详尽地总结与评述。

思考题：

1. 自适应测验有什么特征？

2. 计算机化测验有哪些分类及各类有什么特征？

3. 计算机化自适应测验包括哪些基本元素（或算法）？

4. 计算机化自适应测验有什么优势？

5. 你觉得计算机化自适应测验未来的发展方向有哪些？

第二章 计算机化自适应测验理论基础、原理与开发流程

　　CAT 优势的充分实现离不开现代测量学理论、计算算法及相关技术的支持。本章介绍了 CAT 的理论基础——项目反应理论、CAT 的基本原理、CAT 开发的基本过程、CAT 涉及的算法以及 CAT 的测试流程。

第一节　计算机化自适应测验理论基础：项目反应理论

一、项目反应理论

项目反应理论(IRT)也被称为潜在特质理论(Latent Trait Theory，LTT)，它假设被试观察的项目反应结果由被试潜在特质(或潜在能力)与测验项目共同决定，被试在某项目上答对或答错是受被试潜在能力和项目特征(如项目难度)等共同影响；项目反应理论采用项目反应函数(Item Response Function，IRF)来模拟、解释、预测被试潜在能力及项目特征是如何影响被试在特定项目上的作答反应结果，同时综合被试在所有测验项目上的作答反应结果以及项目反应函数来估计被试的潜在能力和项目参数。

经典测量理论(Classic Testing Theory，CTT)中，测验总分常被用于估计被试的潜在能力，也即 CTT 一般把可观察的测验总分作为被试潜在能力的估计值，并根据测验总分的高低来判定被试能力水平的高低。CTT 假设，被试观察分数(X)主要受两个因素影响，一个是被试的能力真值(T，即真分数，相当于被试的潜在能力)，另一个是误差分数(E，即测量误差)，它们之间的数学函数表达式为

$$X = T + E 。 \tag{2.1.1}$$

从式(2.1.1)中可以看出：第一，CTT 假设被试的观察分数与被试真分数及测量误差分数存在简单相加的函数关系。第二，CTT 是在测验整体层面解释被试潜在能力是如何影响被试测验总分结果的。第三，CTT 没有直接考察测验项目特征(如项目难度)是如何影响被试在项目以及测验上的得分的，即公式(2.1.1)没有项目参数。显然，测验总分即观察分数(X)作为被试潜在能力的估计值是比较粗糙的，它并没有深入分析不同测验/项目对观察分数的影响，并会导致不同测验下的分数无法比较。第四，CTT 一般只能对所有被试计算一个笼统的测量误差(E)，也即一个笼统的测量信度，从而无法深入分析测验对不同被试测量误差的不同。而项目反应理论则试图突破 CTT 的以上不足。

二、项目反应模型

与 CTT 一样，项目反应理论也采用数学函数来解释、预测被试的潜在能力与被试作答反应间的关系。但与 CTT 不同的是，IRT 是基于更为细致的项目层面来进行建模，同时深入考察项目特征这一重要影响因素。在 IRT 中，这种用来描述、解释被试在测验项目上的作答反应的数学函数被称为项目反应模型(Item Response Model，IRM)。心理测量学者们根据测验项目记分方式、测量的维度等

特征开发出了不同类型的项目反应模型,如二级评分模型、多级评分模型、多维模型等。

(一)二级评分 IRT 模型

二级评分项目是指被试在项目上的观察反应得分只有两种,答对或答错,即被试在该项目上要么得 0 分,要么得满分;而用于分析二级评分项目的数学模型(项目反应模型)则称为二级评分项目反应模型。这种模型适合分析单项选择题、填空题等二级评分的题型。较为常用的三参数 Logistic 模型(3PLM)如下:

$$P(X_{ij}=1 \mid \theta_i, a_j, b_j, c_j)=c_j+\frac{1-c_j}{1+\exp[-Da_j(\theta_i-b_j)]}, \quad (2.1.2)$$

其中 X_{ij} 指被试 i 在项目 j 上的观察得分;

P_{ij} 指被试 i 在项目 j 上的答对概率;

θ_i 指被试 i 的潜在能力值,即能力参数;

a_j 指项目 j 的区分度参数;

b_j 指项目 j 的难度参数;

c_j 指项目 j 的猜测度参数;

D 是一常数,取值 1.702。

若假设项目不存在猜测度,即 $c_j=0$,则 3PLM 可以简化为两参数 Logistic 模型(2PLM),即

$$P(X_{ij}=1 \mid \theta_i, a_j, b_j)=\frac{1}{1+\exp[-Da_j(\theta_i-b_j)]}。 \quad (2.1.3)$$

若在 2PLM 基础上,假设所有项目区分度相等,则 2PLM 可以简化为单数 Logistic 模型(2PLM)或拉希模型(Rasch Model),即

$$P(X_{ij}=1 \mid \theta_i, b_j)=\frac{1}{1+\exp[-D(\theta_i-b_j)]}。 \quad (2.1.4)$$

根据 3PLM,可得不同能力被试在项目 j 上的答对概率曲线,即项目特征曲线(Item Characteristic Curve,ICC),如图 2-1-1 所示。

(二)多级评分 IRT 模型

多级评分项目是指被试在项目上的观察反应得分超过两种,即被试在该项目上的得分可以是 0 分或满分,也可以是介于 0 分和满分之间的分数,即被试在项目上的得分形式多于两种;而用于分析多级评分项目的数学模型(项目反应模型)称为多级评分项目反应模型。这种模型适合分析简答题、证明题、作文题、Likert 型量表等多级评分的题型。IRT 领域中常用的多级评分 IRT 模型主要有:

- 等级反应模型(Graded Response Model,GRM)(Samejima,1968);
- 分部评分模型(Partial Credit Model,PCM)(Masters,1982);

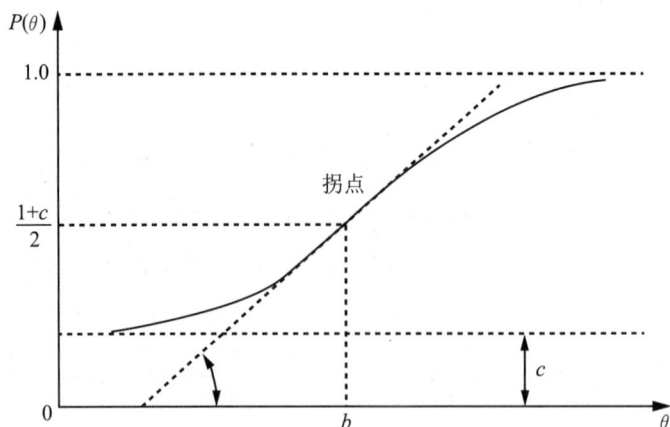

图 2-1-1　3PLM 的项目特征曲线(ICC)

- 拓广分部评分模型(Generalized Partial Credit Model，GPCM)(Muraki，1992)；
- 评定量表模型(Rating Scale Model＜RSM)(Andrich，1978)；
- 称名反应模型(Nominal Response Model，NRM)(Bock，1972)。

在 IRT 领域，基于多级评分 IRT 模型的开发主要有两大思路(Thissen & Steinberg，1986)：一种是离差模式(Difference Model)，另一种是除总模式(Divided-by-total Model)。

1. 基于离差模式的多级评分 IRT 模型

离差模式中，被试得 t 分的概率表现为两个累积概率(Cumulative Probability)的离差，如 Samejima(1968)的等级反应模型(GRM)属于离差模式。

在 GRM 中，被试得 t 分的概率被定义为被试得 t 分及 t 分以上的概率减去被试得 $t+1$ 分及 $t+1$ 分以上的概率，即

$$P(X_{ij}=t)=P(X_{ij}\geqslant t)-P(X_{ij}\geqslant t+1)，\tag{2.1.5}$$

其中

$$P(X_{ij}\geqslant t)=\frac{1}{1+\exp\left[-Da_j(\theta_i-b_{jt})\right]}。\tag{2.1.6}$$

b_{jt} 指被试在项目 j 上得 t 分的难度。显然 GRM 中，如果项目 j 满分值为 m_j，则该项目有 m_j 个难度值。比如 $m_j=3$ 时，则该项目有 3 个难度，分别为得 1 分的难度 b_{j1}，得 2 分的难度 b_{j2} 和得 3 分的难度 b_{j3}。GRM 中的难度参数满足

$$b_{j1}\leqslant b_{j2}\leqslant b_{j3}\leqslant\cdots\leqslant b_{jm_j}，\tag{2.1.7}$$

即被试得越高分的难度是越大的，难度是单调递增的。

为了保证概率 $P(X_{ij}=t)$ 不为负，GRM 限定

$$P(X_{ij}\geqslant 0)=1，\tag{2.1.8}$$

即被试得 0 分及 0 分以上的概率为 1，以及限定

$$P(X_{ij} \geqslant m_j + 1) = 0, \tag{2.1.9}$$

即被试得（满分＋1）分以上的概率为 0。这时，GRM 满足

$$\sum_{t=0}^{m_j} P(X_{ij} = t) = 1。 \tag{2.1.10}$$

当 $m_j = 1$ 时，则由公式（2.1.5）和（2.1.6）可得

$$
\begin{aligned}
P(X_{ij} = 1) &= P(X_{ij} \geqslant 1) - P(X_{ij} \geqslant 1+1) \\
&= P(X_{ij} \geqslant 1) - 0 \\
&= P(X_{ij} \geqslant 1) \\
&= \frac{1}{1 + \exp\left[-Da_j(\theta_i - b_{j1})\right]},
\end{aligned} \tag{2.1.11}
$$

即当项目满分为 1 分（或项目为二级评分）时，GRM 可以简化为 2PLM，也就是说 2PLM 是 GRM 的一个特例。

与 Logistic 模型一样，GRM 也可在二维坐标轴上描述不同能力被试在项目各个分数上的概率曲线，即运算特征曲线（Operating Characteristic Curve，OCC），如图 2-1-2 所示。

图 2-1-2 是一个满分为 3 分的项目，被试在该项目上的得分有四种类型，即 $t = 0$、1、2 和 3 分。图 2-1-2 可知，能力越高的被试得 0 分的概率越低，而得满分 3 分的概率越高；能力越低的被试得 0 分的概率越高，得满分 3 分的概率越低；而对于中间段能力的被试，得 2 分和 3 分的概率倾向越高。

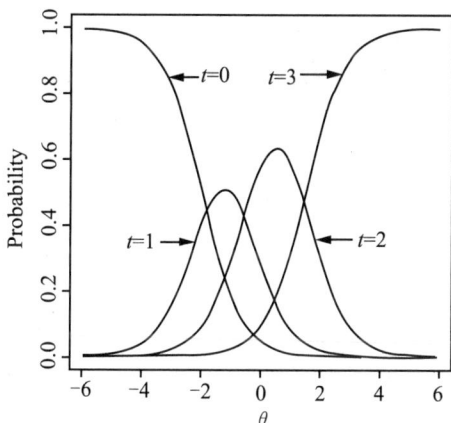

图 2-1-2　等级反应模型的运算特征曲线（OCC）

2. 基于除总模式的多级评分 IRT 模型

除总模式中，被试得 t 分的概率被定义为部分除以总体的关系，如 Masters（1982）的分部评分模型（PCM）属于除总模式。在 PCM 中，被试得 t 分的概率表

现为部分与整体的比值，即

$$P(X_{ij} = t) = \frac{\exp \sum_{v=0}^{t} (\theta_i - \delta_{jv})}{\sum_{h=0}^{m_j} \exp \sum_{v=0}^{h} (\theta_i - \delta_{jv})}。 \tag{2.1.12}$$

我们以一个实例 $\sqrt{7.5/0.3 - 16} = ?$ 来说明 PCM 是如何来构建项目反应函数的。被试要正确完成该项目需要三步（假设该题满分为 3），即

第一步，$7.5/0.3 = 25$ ⋯⋯⋯1 分

第二步，$25 - 16 = 9$ ⋯⋯⋯2 分

第三步，$\sqrt{9} = 3$ ⋯⋯⋯3 分

用 δ_{jt} 来表示项目第 t 步的难度，记住 δ_{jt} 的含义与 GRM 中的 b_{jt} 的含义不同，b_{jt} 指得 t 分的难度。PCM 中，δ_{jt} 不一定满足单调递增性，因为有的项目第一步非常难，而最后一步可能非常容易，因此 PCM 强调的是项目每个步骤的难度，而 GRM 强调的是被试得各个分数的难度（满足 $b_{j1} \leqslant b_{j2} \leqslant b_{j3} \leqslant \cdots \leqslant b_{jm_j}$），图 2-1-3 和图 2-1-4 为两个模型难度的区别。

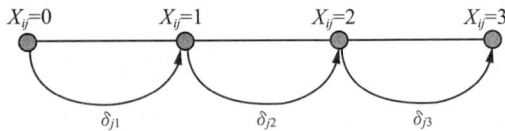

图 2-1-3 分步评分模型 PCM 项目步难度（Item Step Difficulties）参数

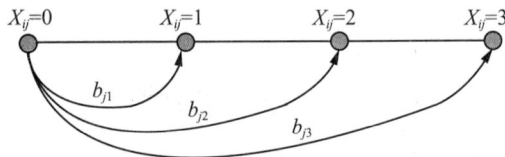

2-1-4 等级反应模型 GRM 项目难度（Item Difficulties）参数

记被试从第 $(t-1)$ 步正确跳到第 t 步的概率为 $\Phi(t)$，记被试得 t 分的概率为 $P(t)$，则有

$$\Phi(t) = \frac{P(t)}{P(t-1) + P(t)} = \frac{1}{1 + \exp[-(\theta_i - \delta_{jt})]}, \tag{2.1.13}$$

即被试答对第 t 步的概率 $\Phi(t)$ 只受到被试能力 θ 和项目第 t 步的难度 δ_{jt} 影响，而与其他步骤的难度 $\delta_{jk}(k \neq t)$ 无关。

则根据公式（2.1.13）可得

$$\begin{cases} \varPhi(1) = \dfrac{P(1)}{P(0)+P(1)} = \dfrac{1}{1+\exp\left[-Da_j(\theta_i-\delta_{j1})\right]}, \\[3mm] \varPhi(2) = \dfrac{P(2)}{P(1)+P(2)} = \dfrac{1}{1+\exp\left[-Da_j(\theta_i-\delta_{j2})\right]}, \\[3mm] \varPhi(3) = \dfrac{P(3)}{P(2)+P(3)} = \dfrac{1}{1+\exp\left[-Da_j(\theta_i-\delta_{j3})\right]}, \\[3mm] P(0)+P(1)+P(2)+P(3)=1。 \end{cases}$$

求解上式方程组，可分别求解出 $P(0)$、$P(1)$、$P(2)$ 和 $P(3)$ 的数学表达式，即

$$P(X_{ij}=t) = \frac{\exp\sum_{v=0}^{t}(\theta_i-\delta_{jv})}{\sum_{h=0}^{m_j}\exp\sum_{v=0}^{h}(\theta_i-\delta_{jv})}, \tag{2.1.14}$$

上式即为分部评分模型的项目反应函数，同时限定 $\sum_{v=0}^{0}(\theta-\delta_{jv})\equiv 0$。

需要指出的是，分部评分模型只考虑了项目难度参数对被试反应概率的影响，并没有考虑区分度在项目反应过程的作用。鉴此，Muraki(1992)对分部评分模型进行拓广，把项目区分度也加入项目反应函数中，提出了拓广分部评分模型（GPCM），GPCM 项目反应函数为

$$P(X_{ij}=t) = \frac{\exp\sum_{v=0}^{t}a_j(\theta_i-\delta_{jv})}{\sum_{h=0}^{m_j}\exp\sum_{v=0}^{h}a_j(\theta_i-\delta_{jv})}。 \tag{2.1.15}$$

除了分部评分模型和拓广分部评分模型外，评定量表模型以及称名反应模型等也均属除总模式的多级评分 IRT 模型，限于篇幅，对这些模型的介绍不再一一展开，感兴趣的读者可参考相关文献。

三、项目反应理论假设

项目反应理论采用数学函数(项目反应模型)来解释被试在项目上的作答反应，而这些函数的建立是基于一定的假设之下。

(一)能力单维性假设

不论是 Logistic 模型，还是 GRM 或 PCM 等，这些项目反应模型中涉及的被试能力(θ)维度只有一个，即测验测量的维度为单维。如果测验测量为多维时，以上模型的项目反应模型都无法准确解释、预测被试不同维度的能力是如何影响被试在项目上的作答的，因此以上模型仅适用于测量单维情境。

但在实际中，被试要正常完成一个项目/任务往往会涉及多个能力(测验维度为多维)，那如何进行 IRT 分析呢？随着测量技术的不断发展，学者们已提出了多维项目反应理论，从而使 IRT 模型从只能处理单维数据拓展到了多维数据，关

于多维项目反应理论的介绍可参考本书第五章。

能力单维性假设只是针对单维 IRT 模型，而对于多维 IRT 模型则无须这条假设，因此读者需要辩证地看待 IRT 的这条假设。

(二)局部独立性假设

局部独立性假设在估计项目参数和被试参数时会涉及。我们知道，IRT 模型中，能力参数(θ)和项目参数(a, b)都是未知参数，是需要进行估计的；而实际中能获取的是一群被试在测验每个项目上的得分情况或得分矩阵(该得分矩阵中行为被试，列为项目，中间的元素代表某被试在某题上的实际观察得分)，因此 IRT 需要根据该已知的得分矩阵去估计未知的项目参数和被试参数。IRT 在估计这些未知参数时，构建了似然函数(Likelihood Function)，即被试具有这种观察到得分矩阵的联合概率。接下去以一个实例来说明似然函数的构造：

若 3 个被试在 4 个项目上的得分矩阵 U 为

$$U = \begin{bmatrix} 1 & 1 & 0 & 0 \\ 0 & 1 & 1 & 0 \\ 1 & 1 & 1 & 0 \end{bmatrix}。$$

记 P 为答对的概率，Q 为答错的概率，则可以给出每个被试在每个项目上的反应概率，即

$$P = \begin{bmatrix} P_{11} & P_{12} & Q_{13} & Q_{14} \\ Q_{21} & P_{22} & P_{23} & Q_{24} \\ P_{31} & P_{32} & P_{33} & Q_{34} \end{bmatrix}。$$

第 1 位被试在 4 个项目的得分矩阵 $U_1. = (1100)$，该被试在每题上作答反应概率为 $P_1. = (P_{11}, P_{12}, Q_{13}, Q_{14})$，那么被试具有 $U_1. = (1100)$ 这样一种观察得分联合概率(似然 L)为多少呢？如果假设被试在不同题目上的反应概率间相互独立(P_{11}, P_{12}, Q_{13}, Q_{14} 彼此独立)，则联合概率为

$$L_1. = P_{11} \times P_{12} \times Q_{13} \times Q_{14}。$$

延伸可得被试 i 在 m 个项目上的得分似然为

$$L_i = \prod_{j=1}^{m} P_{ij}^{u_{ij}} Q_{ij}^{1-u_{ij}} 。 \tag{2.1.16}$$

同理，如果假设不同被试间的得分相互独立，即与不同被试在测验上的得分模式无关，则可得 N 个被试在第 j 个项目上得分的似然函数为

$$L_j = \prod_{i=1}^{N} P_{ij}^{u_{ij}} Q_{ij}^{1-u_{ij}} 。 \tag{2.1.17}$$

根据公式(2.1.16)及公式(2.1.17)可得，所有被试在所有项目上的得分的似然函数为

$$L = \prod_{i=1}^{N} \prod_{j=1}^{m} P_{ij}^{u_q} Q_{ij}^{1-u_q} 。 \tag{2.1.18}$$

公式(2.1.18)即为 IRT 模型的似然函数，IRT 模型的参数估计基本上都是建立在似然函数的基础之上，如最大似然估计方法（Maximum Likelihood Estimation，MLE）是在令似然函数 L 最大的情况下来估计未知的被试能力参数与项目参数的。

综上，IRT 模型对似然函数构建是建立在局部独立（Local Independence）的假设基础上，即在给定特定能力 θ 条件下：

• 在给定被试 i 的能力条件下，被试 i 答对第 j 题与第 j'（$j\neq j'$）题的概率相互独立，即 $p(X_{ij}=1\mid\theta_i)$ 与 $p(X_{ij'}=1\mid\theta_i)$ 相互独立。

• 被试 i 与被试 i'（$i\neq i'$）答对项目 j 的概率相互独立，即 $p(X_{ij}=1\mid\theta_i)$ 与 $p(X_{i'j}=1\mid\theta_i')$ 相互独立。

当然，在实际测量领域中，以上局部独立的假设有时难于满足，比如一道大题由几道小题构成，而若下一道小题的正确完成的前提是上一道小题也正确完成，那么这时被试答对这两道小题的概率就不再满足独立性假设；又比如英文阅读理解题，由于这些题共用一篇短文，而被试对短文材料越熟悉，那该被试在该短文中不同题目间的答对概率也难于满足独立性假设。

为了处理局部独立性假设违背的测量情境，学者们将有相依（Local Dependence，LD）的题目作为一个独立的题组，从而开发出可以处理项目相依的题组反应模型（Testlet Response Model，TRM），关于题组反应理论的介绍读者可参考相关文献。

独立性假设只是针对传统 IRT 模型，而对于题组反应模型则无须这条假设，因此读者同样需要辩证地看待 IRT 的这条假设。

(三)单调递增性假设

单调递增性假设是指随着被试能力的增加，被试答对项目的概率越大。这一点可以从 Logistic 模型的项目特征曲线中反映出来（详见图 2-1-1），这种假设在能力测验中比较普遍，如智力测验、学业成就测验中一般都满足这种假设。这时，我们可以采用 Logistic 数学函数来解释或预测不同能力被试在项目上的答对概率。但在非能力测验（如态度测验、人格测验等）中，单调递增性假设难于满足。现以一个项目例子加以说明，有这样一道试题：

> • 我觉得我的长相一般：_____　A. 是的　B. 不是

如果用 θ 代表被试的长相水平，θ 越高代表被试长相越好，反之越差。那么长相水平为 θ_i 的被试在这个项目上选择"是的"选项的概率有大呢？如果采用类似图 2-1-1 中的 Logistic 模型来处理的话，则认为 θ_i 越高（长相水平越高）的人，选择"是的"选项的概率越高，这种解释显然与实际不符。我们知道，长相水平越高（θ_i越高）或长相越低（θ_i越低）的被试，选择"是的"选项的概率都偏低，而只有长相水平一般（θ_i为中间值）的被试选择"是的"选项的概率会比较高，参见图2-1-5。显然，这时被试在项目上的反应概率违背了单调递增性假设。针对这种情况，学者们开发了展开模型（Unfold Model，UM），展开模型中其项目特征曲线（ICC）可以不是单调递增曲线，感兴趣的读者可参考相关文献。

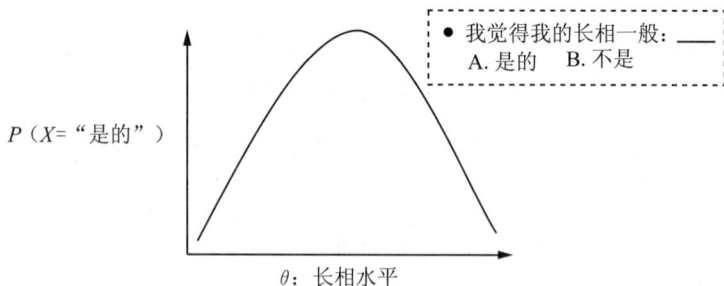

图 2-1-5　ICC 非单调性的例子

单调递增性假设只是针对传统 IRT 模型，而对于展开模型则无须这条假设，因此读者也需要辩证地看待 IRT 的这条假设。

第二节　计算机化自适应测验原理

一、CAT 的产生

假设需要测量三个物体的长度（如书本、桌子和树木），请问你会使用什么样的测量工具（直尺、米尺、皮尺……）？如果测量三个物体都使用同一个测量工具（如直尺或皮尺），请问该测量工具对这三个物体的测量误差是一样的吗？显然，测量误差不仅不是一样的还有可能差异较大。例如，用直尺测量树木的误差明显要大于测量书本的误差，而用皮尺测量书本的误差显然会大于测量树木的误差。因而在实践中，人们往往会根据物体（长度）本身的特征选择不同的测量工具。例如，用直尺测量书本长度、用米尺测量桌子长度、用皮尺测量树木的长度……以保证对每个物体的测量误差尽可能小。

同理，如果需要测量三个被试的能力（高、中、低），若使用同样的测量工具（如同一份试卷或量表），则该测量工具对该三个被试的测量误差可能不相同甚至差异很大，因而也需要根据不同被试能力的特点选择最适合他/她的测量工具。

传统的纸笔测验强调"千人一卷",所有被试完全采用相同的测量工具(同一份试卷或量表),从而可以实现不同被试间分数的直接比较,这种做法表面上实现了"公平公正",但实际上由于被试的测量误差各不相同且可能相差很大,反而影响了测验的"公平公正"。

计算机化自适应测验(CAT)的产生有望改善这一状况,它强调"因人施测""量体裁衣"的自适应测量思想,从题库中为每个被试选择一份最适合他/她的测量工具(题目),即选择对每个被试具有最小测量误差(最大测量信度)的测量工具,从而真正实现了自适应的测量方式;同时,与传统纸笔测验相比,CAT不仅可以达到更高的测量精度,还有可以减少测验长度、减轻被试测试负担等优势。

二、CAT的原理

计算机化自适应测验的实现离不开相应的测量理论的支持,经典测量理论(CTT)由于无法实现项目参数间的等值从而不能支撑CAT的实现,而项目反应理论(IRT)的产生才使CAT的思想得以实现,因此一般认为项目反应理论是CAT的理论基础;同时CAT的实现还离不开具有相同量尺参数的大型题库(关于题库本章第三节有详细说明)。

CAT测试一般采用序贯测量方式,即根据被试的当前能力值,序贯从题库中选择与该被试当前能力相匹配的试题,被试每做完一道题都需要与前面所有做过的试题一并进行能力估计,并根据该被试新估计的当前能力估计值再从题库中挑选一道,依此循环,直至测试终止。参见图2-2-1。

实现CAT的自适应选题,离不开相应的选题算法,当前测量学者们开发了多种自适应的选题算法,如难度匹配法、最大信息量法、按a分层法等。现以难度匹配法为例来说明CAT的基本原理(参见图2-2-2)。

图2-2-2中两位被试(A和B)参加CAT测试,由于一开始对两位被试的能力不清楚,CAT一般试探性从题库中随机选择一题(或几题)给被试作答。对于被试A,CAT随机选到一道偏容易的试题给被试作答,被试A答对该题,CAT接着挑选比上一题稍难的第2题给被试A做,答对第2题,CAT挑选比第2题更难的第3题供被试A作答,答对第3题,CAT接着挑选比第3题难的第4题,答错第4题,CAT再选择比第4题容易的第5题,依此循环。随着做题数量的不断增加,被试能答对/答错多大难度的题目倾向收敛(参见图2-2-2)。从图2-2-2可看出,被试A大概能答对难度约为1.2的题目,超过该难度倾向答错、低于该难度倾向答对,由此可判断被试A的能力值大约为1.2。从图2-2-2还可看出,被试B能答对难度约为-1.2的题目,超过该难度倾向答错、低于该难度倾向答对,由

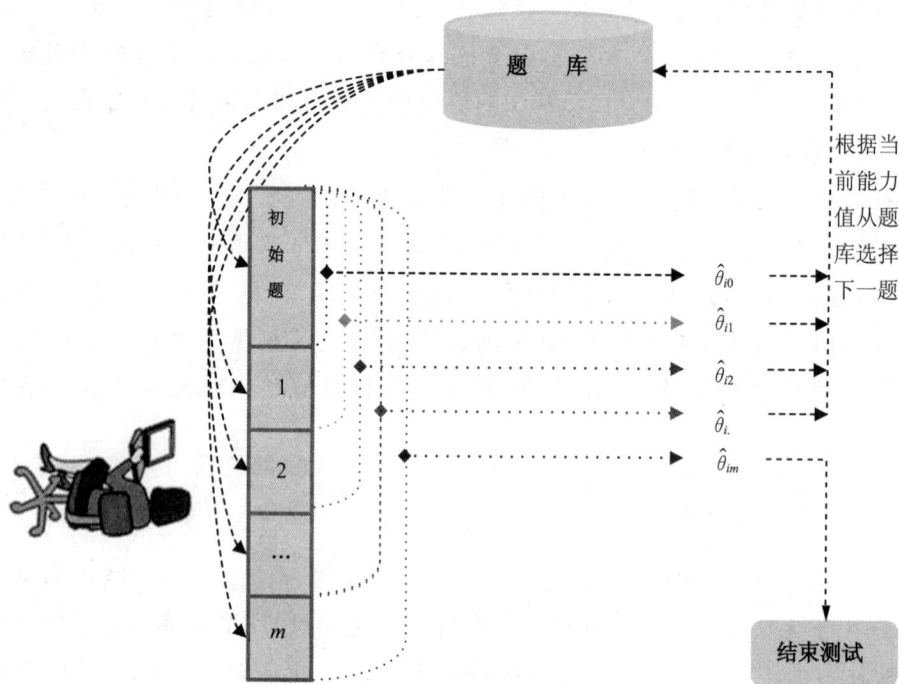

图 2-2-1　CAT 过程

此可判断被试 B 的能力值大约为－1.2。当然 CAT 多半是根据被试在 CAT 上所有项目的作答情况综合对被试能力值进行更为精确的估计。

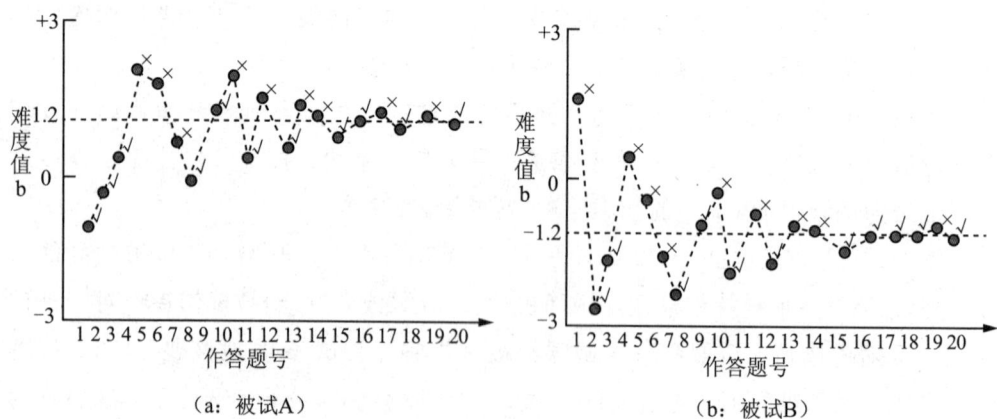

（a：被试A）　　　　　　　　（b：被试B）

图 2-2-2　CAT 原理示意图

如果采用其他选题策略（如最大信息量法等），CAT 的原理基本相似，这里不再详细展开。

第三节　计算机化自适应测验开发流程

计算机化自适应测验的开发是一项庞大复杂的工程，它至少涉及以下五个基本过程：准备阶段、题库建设、CAT 算法确定、信度与效度验证以及正式使用与题库维护更新等（图 2-3-1）。

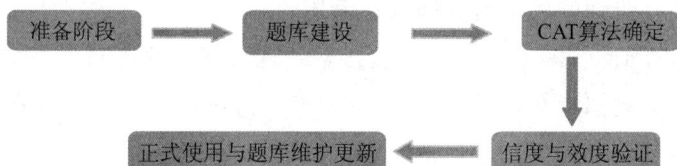

图 2-3-1　CAT 开发流程

一、准备阶段

为了更好地开发 CAT 系统，相关的先期准备与调研工作显得十分必要。

(一)技术团队准备

良好的技术团队是保障 CAT 开发工作顺利开展的前提条件。CAT 开发的技术团队应包括：心理与教育测量专家、题目内容领域专家以及计算机专家等。心理与教育测量学家主要负责测量模型（IRT 模型）的开发或选用、等值设计与组卷、参数估计与等值算法、CAT 算法等；题目内容领域专家主要负责 CAT 拟测量的潜在特质及其结构、试题开发、测量结果的解释等；计算机专家负责数据库开发、CAT 测试系统开发、题库的维护等。因此，开发一个 CAT 系统前，应保证具有以上相关技术团队。

(二)实验性预分析：可行性分析及 IRT 模型的选用

在 CAT 开发前，应对要开发的 CAT 的具体领域进行调查与实验性预分析，从而判断该 CAT 的可行性以及为具体 IRT 模型的选用提供基础。例如，要开发大学生英语能力的 CAT 系统，那么应先对现有大学英语能力测验数据进行相关分析，如测验维度分析、项目相依性分析、项目质量分析、计分方式分析、项目功能差异分析（DIF）、信度分析以及模型－资料拟合检验分析等，从而判断是否适合采用 IRT 模型来指导 CAT 开发？如果适合，那么结合实际情况，应具体采用哪种 IRT 模型（如单维模型 VS 多维模型、二级评分模型 VS 多级评分模型、题组反应模型 VS 项目反应模型、计时模型 VS 非计时模型等）。

二、题库建设

大型题库是 CAT 的基础，也是 CAT 开发的难点所在。CAT 的题库不是简单地将试题拼凑在一块(这个称为"题集"或"题堆")。CAT 对题库的要求较高，它应具备以下特征：

- 题库测量内容及其分布符合测量目标要求(如测量维度、内容分布等)；
- 每题具有明确的测量内容领域、考核的认知能力层次等；
- 每题都有 IRT 模型参数(如难度参数、区分度参数等)；
- 每题的参数都定义在同一量尺上(入库前需进行等值设计与等值转换)；
- 每题的测量学特征符合测量学要求(如有高区分度，无 DIF 等)；
- 试题量大(如超过 300 题)。

高质量的大型题库是保证 CAT 的科学性以及 CAT 优点充分展现的基础，CAT 题库的开发与传统 CTT 理论下的题库开发具有本质性的区别，它至少涉及以下环节(图 2-3-2)。

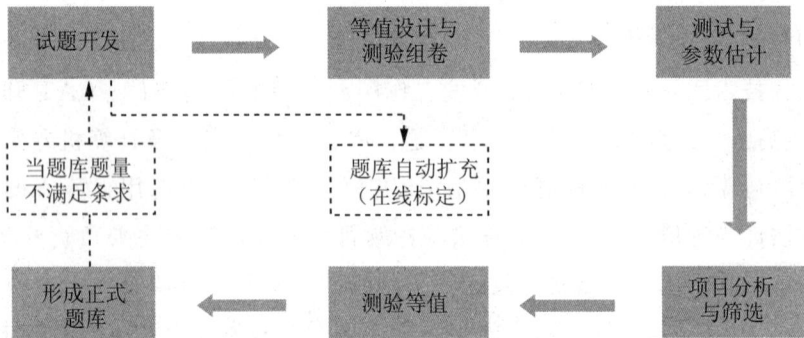

图 2-3-2　题库建设的基本步骤

(一)试题开发

试题开发离不开相关内容领域的专家，试题的开发一般有两条路径：一是对已有试题的修改或直接使用，二是根据测量要求由相关内容领域的专家开发编制新的试题。那么到底要开发多少道试题呢？如果计划最终 CAT 的题库要有 300题，那么最初编制的试题数应该要远超过 300 题(如 450 题)，因为内容领域的专家无法保证所编制的每道试题都符合测量学要求(如高区分度等)，并符合相关测试标准(如教学大纲等)。

(二)等值设计与测验组卷

为了保证所有试题参数都建立在同一量尺上，需进行测验等值设计，并据此进行测验组卷。在实践领域中，目前采用较多的等值设计方案是基于 IRT 的锚测验(Anchor Test)非等组设计，即两份不同的测验中有部分相同的试题(锚测验)，然后通过锚测验这个中间媒介实现两份测验间的项目参数等值。

(三)测试与参数估计

将经过等值设计并组好的多份试卷对被试进行测试，以获取测试数据。为了保证 IRT 分析的科学性，每份试卷测试的被试人数尽量不少于 1000 人。然后，采用 IRT 相关模型对测试数据进行参数估计及 IRT 分析。

(四)项目分析与筛选

根据上步估计的项目参数(如难度与区分度参数)以及 IRT 分析(如模型－资料拟合检验分析、DIF 分析等)，需对项目进行筛选，淘汰不符合测量学要求的试题，符合以下条件之一的试题应考虑淘汰。

- 项目测量的维度不符合单维(如项目在多个维度上均具有高的负荷)；
- 项目区分度过低(如 $a<0.5$)；
- 项目难度值奇异(如 $|b|>10$)；
- 模型－资料不拟合；
- 存在项目功能差异(DIF)；
- 其他考察因素。

(五)测验等值

采用 IRT 的等值方法(如项目特征曲线等值法)实现不同测验间的项目参数等值，从而保证项目参数定义在同一量尺上。

(六)形成正式题库

经以上五步，把最终符合测量学要求且项目参数等值在同一量尺上的试题组成题库。如果这时题库中的试题数量未达到要求，则应考虑再开发新试题，并经以上五步，直至题库题量符合要求；或者采用项目在线标定(On-line Item Calibration)技术，在实际使用过程中实现题库的自动扩充，关于在线标定技术，读者可参考本书第九章内容。

三、CAT 算法确定

实现"因人施测"的自适应(Adaptive)需要相关的 CAT 算法为支撑，CAT 算法主要包括以下内容。

(一)选题策略

CAT 需根据被试特点选择适合被试的项目，在能力测量的 CAT 中，则需要根据被试能力的高低选择相应难度的题目测量被试，如能力高的被试可以选择难的项目，能力低的被试选择容易的项目，从而达到被试能力水平与难度相匹配的自适应。目前在 CAT 领域中，测量学者们开发了大量的选题策略供实际使用者使用。

（二）能力参数估计

由于事先不知道被试的能力水平，所以 CAT 一般先选择几道中等难度的题目给被试做，并根据被试对这几题的作答情况来估计被试当前的能力值，然后再根据当前估计能力值从题库中选择难度与该能力相匹配的题目给被试，每新做完一题都需要与原来做完的所有题放在一起重新估计被试的能力值，依此循环，直至达到 CAT 终止的规则。在这个循环过程中，需要不断估计被试的能力参数，目前使用较多的能力参数估计方法有极大似然估计（MLE）、极大后验估计（MAP）、贝叶斯期望后验估计（EAP）等。

（三）曝光率控制

由于 CAT 的库题数量有限，当被试越多时，项目被使用的次数就会越多（尤其是高区分度、质量较好的项目），即项目的曝光率也越高。曝光率越高，则测验的安全性越差，而且过度曝光的题目的测量性能（如难度参数）会发生改变，进而影响到 CAT 的测量精度。因此对于一些 CAT 来说（尤其是高利害的 CAT），需要采取一些技术来降低曝光率，从而提高题库使用的均匀性，提升 CAT 测试的安全性及测量精度。

（四）终止策略

终止 CAT 测试的方法一般有两种，一种是定长（Fixed Length），即当被试完成了 m 题（如 $m=25$）则结束测试；另一种是不定长（Variable Length），指固定测量误差（或测量信度），即如果某被试在 CAT 测试过程中达到某一设定的测量精度，则停止测试。这种策略的特点是被试的测量误差（或测量信度）相近，但每个被试使用的题量不等。

以上 CAT 算法的确定需综合考虑多种因素：已有实证数据的分析结果，Mont Carlo 模拟实验结果，测试对象特征、测验目标要求甚至是相关法律、文件要求等，关于以上 CAT 各种算法的详细介绍，读者可参见本书第三章。

四、信度与效度验证

(一)CAT 信度验证

CAT 的信度验证,一方面可借鉴经典测量理论(CTT)的信度验证方法,如重测信度,考察同一批被试两次不同时间 CAT 测量结果的一致性程度;复本信度,将 CAT 题库随机分成两半(复本题库),考察同一批被试在两个 CAT 复本题库下测量结果的一致性程度。这种基于 CTT 方法下的信度,一般只能分析所有被试一个笼统的信度值,但无法具体分析 CAT 对不同被试的测量误差(测量信度)的不同。

CAT 信度验证的另一种思路,是以 IRT 为基础的测验信息量(Information,I),通过信息的大小来考察测量误差及测量的信度。IRT 中,信息量与测量误差的数学关系式为

$$SE(\theta_i) = \sqrt{\frac{1}{I(\theta_i)}}, \tag{2.3.1}$$

而测量误差与测量信度成如下反比例函数关系(假定被试能力均值为 0,标准差为 1)

$$SE(\theta_i) = s_\theta \sqrt{1-r_{xx}} = \sqrt{1-r_{xx}}, \tag{2.3.2}$$

则由公式(2.3.1)和公式(2.3.2)可得 CAT 对能力为 θ_i 的被试的测量信度为

$$r_{xx} = 1 - \frac{1}{I(\theta_i)}。 \tag{2.3.3}$$

也即,可通过被试在 CAT 测试的信息量来计算该被试的测量误差和测量信度。例如,对能力为 θ_i 的被试的信息量为 25,则 CAT 对其的测量误差为 0.2,对其测量的信度为 0.96,参见表 2-3-1 和图 2-3-3。

表 2-3-1　信息量与信度及测量误差的关系

$I(\theta_i)$	$r(\theta_i)$	$SE(\theta_i)$
5	0.80	0.447
6.7	0.85	0.386
10	0.90	0.316
20	0.95	0.224
25	0.96	0.200

注:I 指测验信息量,r 指信度,SE 指测量误差。

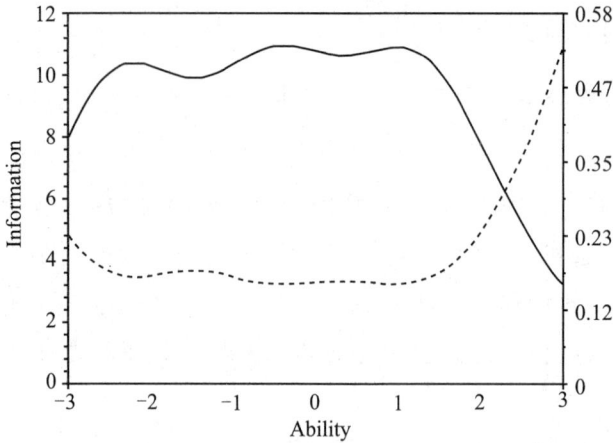

图 2-3-3　测验对不同能力被试的信息量及测量误差

与经典测量理论下的信度相比，基于 IRT 的信度可以具体分析 CAT 系统对不同能力被试(θ_i)的测量信度及测量误差，从而可以细致考察 CAT 对每个被试测量的准确性，这也为 CAT 的自适应选题提供了重要的技术支持（如挑选对被试具有最大信息量即最小测量误差、最大测量信度的试题给被试做）。

(二)CAT 效度验证

CAT 的效度验证多半采用经典测量理论的方法验证，如效标关联效度，即 CAT 测量结果与某一效标之间的关联程度。这方面内容读者可参考相关经典测量理论的文献。

五、正式使用与题库维护更新

在 CAT 系统建成之后，经大量试测、破坏性实验及用户体验和意见征求且效果良好之后，可以考虑正式使用 CAT 系统，并在使用过程中根据出现的问题及时修正与完善。

随着时间的推移，CAT 题库中，有的试题可能内容陈旧或过时，有的试题被使用的次数过少或没有，而有的试题则被过度使用（曝光率高）等，这些都对题库的维护与更新提出了新要求：一方面需要对已有题库中的题目进行适度的调整、修改甚至删除；另一方面还需根据形式要求，不断向题库中增加新的、质量优秀的试题，从而使题库能不断适应新的环境及满足新的实际需求。

但我们知道，CAT 题库中所有试题都必须具有 IRT 参数，更为重要的是这些参数还需等值到同一量尺上。然而，题库中修改前与修改后的试题的测量学特征（如难度）会发生改变；新增加的试题的参数未知等。因此这类试题不能简单地直接入库，需要经过测试及等值等过程，从而保证修改了的试题以及新增加的试题具有 IRT 参数并且与题库参数定义在同一量尺上。

随着测量技术的发展，目前学者们已提出了多种 CAT 中新题参数的在线标定技术，即在实际 CAT 使用过程中，自动实现对新增加的试题或题库中修改了的试题进行项目参数标定，从而省去了组卷测试以及等值等烦琐工作，大大节省了对题库维护更新的成本，本书第九章将对 CAT 项目参数在线标定作详细介绍。

第四节　CAT 系统的构成及其测试流程

一、CAT 系统的组成部分

一般来讲，一个完整的 CAT 系统应该由题库模块、算法模块、测试系统模块、分数报告模块以及管理系统模块等几部分组成（如图 2-4-1），在 CAT 的测试过程中这些模块协同工作。

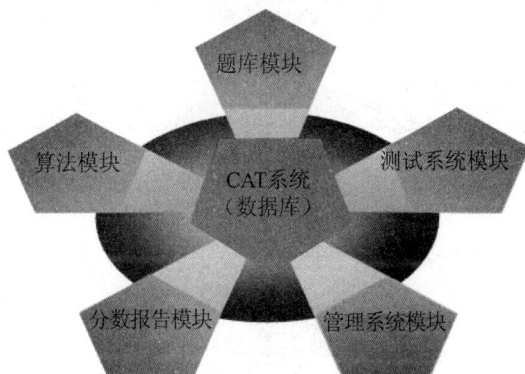

图 2-4-1　CAT 系统

题库模块：具有同一量尺的 IRT 参数、质量优良、数量众多的试题组成。题库模块一般包括试题库和项目参数库等。

算法模块：涉及 CAT 的参数估计算法、选题策略算法、终止策略算法、项目在线标定算法等。

测试系统模块：涉及试题的呈现形式、记录并存储被试作答反应、对被试作答进行评分等。

分数报告模块：根据 IRT 对能力估计结果以及结合测验目的，报告被试的分数系统，如能力分数、常模分数，以及分数系统呈现形式，有的可能还包括定性的文字描述以及建议等。

管理系统模块：负责整个 CAT 系统正常运行的管理，如题库的基本管理与维护、被试及其基本信息的管理、测试人员及其信息管理等。

二、CAT 系统的测试流程

CAT 系统的测试流程如图 2-4-2 所示。

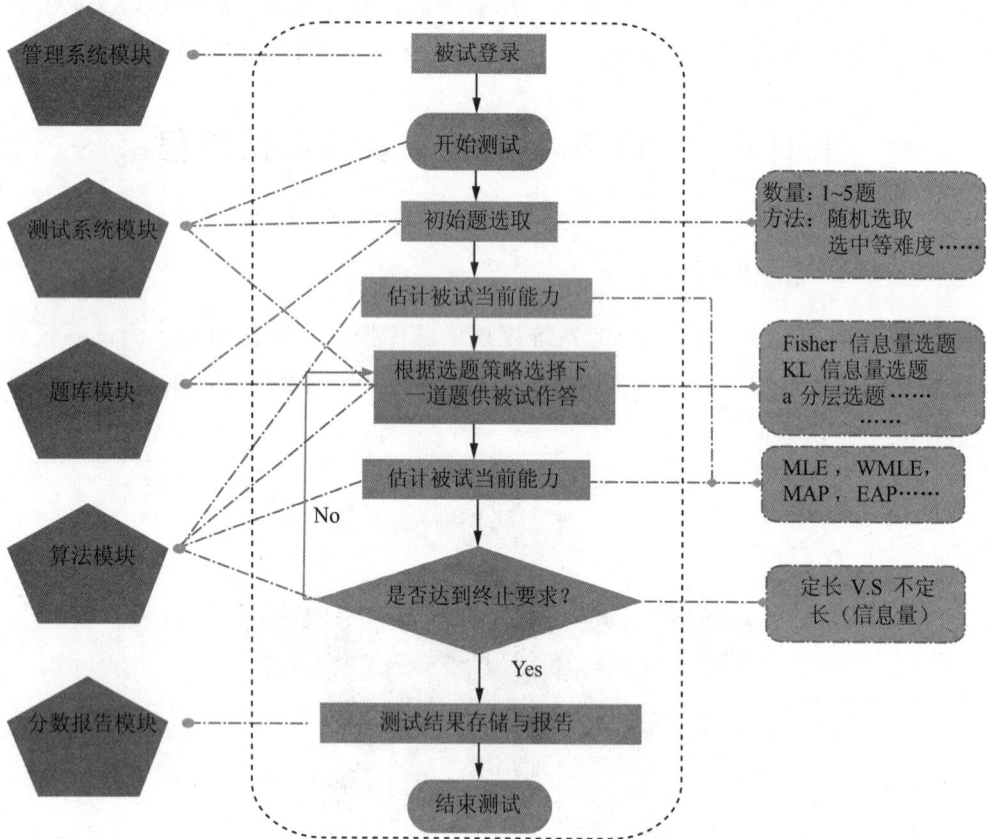

图 2-4-2　CAT 系统测试流程

思考题：

1. 如何理解 IRT 的各条假设？

2. IRT 中项目反应模型有哪些？各模型分别有什么特征？

3. CAT 的题库建设应注意什么？

4. 简述 CAT 的算法。

5. CAT 中如何评价其信度与效度？

6. CAT 系统一般由哪几部分组成？

第三章　计算机化自适应测验流程中的相关算法与技术

CAT 的算法与技术是保证 CAT 实现的核心部分，也是 CAT 建设的难点所在。本章重点介绍了 CAT 的选题策略算法、参数估计方法、曝光率控制技术以及 CAT 终止策略，为研究者及应用者提供基础及借鉴。

第一节 CAT 选题策略算法

计算机化自适应测验(CAT)是一种适应被试能力水平的测验(Chang & Ying，2007)。CAT 根据被试已经作答题目上的表现，从题库中序贯选择适合被试潜在能力水平的题目给被试作答。避免能力高的被试作答太多容易的题目；能力低的被试作答太多难的题目。相对于纸笔或非自适应的机考，CAT 具有很好的优势：第一，被试只需作答更少(一半)的题目，测试时间更短，就可以获得纸笔测验同样的精度；第二，在计算机自动评分技术的支持下，可以即时报告学生分数，并提供关于学生能力、知识和技能等丰富的诊断信息，有助于辅助教学；第三，多媒体技术甚至虚拟化技术让题型新颖，使测验情景更具真实性，能够测量纸笔测验难以测量的多个方面的能力；第四，建立在客观测量理论基础之上，结合最新的项目选择算法或试卷实时生成技术，使测验的质量和安全性更高。

在我国，计算机化自适应测验也运用到了军队入伍考试中，通过自适应考试淘汰一部分有心理缺陷的人，每年淘汰一个师左右的人员。承接此科研任务的中国人民解放军第四军医大学，获得了全军重大技术贡献奖，在 2010 年 1 月 14 日完成的"中国军人医学与心理选拔研究"成果，荣获国家科技进步一等奖。测评是建立在相应的测量理论、方法和技术之上，才能保证测评结果的客观性、全面性与有效性。

CAT 必须以现代测量理论之项目反应理论为基础。与经典测量理论相比，项目反应理论具有以下优点(戴海琦，2010；丁树良，罗芬，涂冬波，等，2012；漆书青，戴海琦，丁树良，2002)：项目反应理论深入测验的微观领域，将被试特质水平与被试在项目上的行为关联起来并将其参数化、模型化，这是自适应测评客观化和量化的前提；IRT 模型项目参数的估计独立于被试样本，这是为自适应测评建立大型题库的重要理论依据；项目难度参数与能力参数是定义在同一个量表上的，这一特点为自适应测评奠定了基础；Fisher 局部信息量和相对熵(Kullback-Leibler，KL)全局信息量，可以度量被试能力点估计测量误差和区间信息量，这是自适应测评构建选题算法的理论基础。

在单维项目反应理论基础之上，下面给出一个用于分析 0—1 评分的单维项目反应理论模型：

$$P_j(\theta) = P(u_j = 1 \mid \theta) = c_j + \frac{1 - c_j}{1 + \exp[-a_j(\theta - b_j)]},$$

其中 $P_j(\theta)$ 表示在能力 θ 条件下，被试在项目 j 上的正确作答概率，$Q_j(\theta) = 1 - P_j(\theta)$ 表示错误作答概率，a_j，b_j 和 c_j 分别为项目 j 的区分度、难度和猜测参数。给定项目反应理论模型，本章主要介绍 CAT 实现过程中主要涉及的 CAT 选题策略算法、CAT 参数估计方法、CAT 曝光率控制技术和 CAT 终止策略等。

　　CAT 根据被试已经作答题目上的反应，序贯从题库中选择适合被试能力水平的题目给被试。到底采用什么方法或准则进行选题，使得 CAT 的高效性得以发挥，这是 CAT 实现过程中要重点考虑的问题。本节主要介绍三类常用的选题算法，分别是：Fisher 信息量选题方法、KL 信息量选题方法和最大优先级指标选题方法。

一、Fisher 信息量选题方法

　　由于能力的渐近分布为 $N(\hat{\theta}, [I(\hat{\theta})]^{-1})$（Chang，1996），即均值为能力的极大似然估值 $\hat{\theta}$，而协方差是在能力 $\hat{\theta}$ 处的 Fisher 信息量的倒数。因此要准确估计 $\hat{\theta}$，就要使 $\hat{\theta}$ 的误差小，即能力为 $\hat{\theta}$ 的测验 Fisher 信息量 $[I(\hat{\theta})]^{-1}$ 越小越好。若被试已经作答了 n 个项目，对应的能力估计值为 $\hat{\theta}_n$，最大信息量选题方法所选择的题目为

$$j_{n+1} = \arg\max_j \{ I(\hat{\theta}_n) + I_j(\hat{\theta}_n), \ j \in R \}, \tag{3.1.1}$$

其中 R 表示题库中某被试尚未作答的题目集合（剩余题库），$I(\hat{\theta}_n)$ 表示被试已作答的所有题目的信息量之和，$I_j(\hat{\theta}_n)$ 表示题目 j 上的信息量。

二、KL 信息量选题方法

　　当测验长度较长时，Fisher 信息量才能用于度量较接近的能力真值的能力估计处的测量误差，因此 Fisher 信息量被称为局部信息量（Local Information）（Chang & Ying，1996）。而在测验初期，能力估计值与真值相差比较大时，能力估计值处 Fisher 信息量用处不大，并不能用于衡量能力真值处的测量误差。因此，Chang 和 Ying（1996）提出基于 KL 的全局信息量（Global Information）选题方法，该方法所选择的题目为

$$j_{n+1} = \arg\max_j \{ KL_j(\hat{\theta}_n), \ j \in R \}。 \tag{3.1.2}$$

　　上式中题目 j 上的全局信息量 $KL_j(\hat{\theta}_n)$ 和相对熵计算公式分别为

$$KL_j(\hat{\theta}_n) = \int_{\hat{\theta}_n - \delta_n}^{\hat{\theta}_n + \delta_n} KL_j(\hat{\theta}_n \mid \theta) \mathrm{d}\theta, \tag{3.1.3}$$

$$KL_j(\hat{\theta}_n \mid \theta) = P_j(\hat{\theta}_n) \ln \frac{P_j(\hat{\theta}_n)}{P_j(\theta)} + Q_j(\hat{\theta}_n) \ln \frac{Q_j(\hat{\theta}_n)}{Q_j(\theta)}, \tag{3.1.4}$$

其中 δ_n 可取 $3/\sqrt{n}$（Chang，2015；Chang & Ying，1996；Wang & Chang，2011）。

除了 Fisher 和 KL 信息量选题方法外，还有简化 KL、香农熵、互信息、最小化误差、最大最小特征值(E-Optimality)等选题方法(Segall，1996；van der Linden，1999；Wang & Chang，2011；Wang，Chang & Boughton，2011；Yao，2013)，可应用于单维项目反应理论模型。

三、最大优先级指标选题方法

优先级指标(Priority Index)计算公式如下：

$$PI_j = \prod_{d=1}^{D} (w_d f_{jd})^{c_{jd}},$$ (3.1.5)

其中 c_{jd} 为约束矩阵中的元素，c_{jd} 指示题目 j 所在的内容领域、答案选项、题型、选中状态(用于曝光控制)等约束指标；$f_{jd} = (X_k - x_k)/X_k$ 为缺额(Quota Left)比率；w_d 为权重。该选题方法如果还要考虑测验精度，则可与前面两种选题方法结合使用。还有研究(Su，2016；Yao，2013)将最大优先指标方法(Cheng & Chang，2009)应用于多维项目反应理论模型。

第二节　CAT 参数估计方法

在 CAT 实现过程中，如何对被试作答反应进行"记分"而获得被试的能力估计值？这不仅与自适应选题算法密切相关，也涉及被试能力分数的即时报告。因此，在自适应测验中，根据被试当前所有作答反应，需要采用相应的能力估计方法(Segall，1996；Wang，2015)，以得到最新的被试能力估计值。下面简要介绍三类能力估计方法，分别是：极大似然估计方法、贝叶斯估计方法和加权似然估计方法。

一、极大似然估计方法

若被试作答 n 个项目，得分向量为 $\boldsymbol{u}$，给定项目反应理论模型和局部独立性假设，可计算似然函数和对数似然函数分别为

$$L(\theta \mid \boldsymbol{u}) = \prod_{j=1}^{n} P_j(\theta)^{u_j} Q_j(\theta)^{1-u_j},$$ (3.2.1)

$$l(\theta \mid \boldsymbol{u}) = \sum_{j=1}^{n} \left[u_j \ln P_j(\theta) + (1 - u_j) \ln Q_j(\theta) \right]。$$ (3.2.2)

对数似然函数对能力 θ 的一阶微商为含能力 θ 的非线性方程组，需要使用迭代算法估计能力 θ。给定对数似然函数的二阶微商为

$$H(\theta) = \left[\frac{\partial^2 l(\theta \mid \boldsymbol{u})}{\partial \theta^2} \right]。$$ (3.2.3)

牛顿-拉夫逊算法(Newton-Raphson algorithm)的迭代公式为

$$\hat{\theta}^{(t+1)} = \hat{\theta}^{(t)} - \delta^{(t)} = \hat{\theta}^{(t)} - \left[H(\hat{\theta}^{(t)}) \right]^{-1} \frac{\partial l(\theta \mid \boldsymbol{u})}{\partial \theta} \bigg|_{\hat{\theta}^{(t)}} \text{。} \tag{3.2.4}$$

如果使用信息量 $I(\theta) = -E[H(\theta)]$ 替代二阶微商,就可以得到费歇尔迭代方法(Fisher Scoring Approach)的迭代公式为

$$\hat{\theta}^{(t+1)} = \hat{\theta}^{(t)} - \delta^{(t)} = \hat{\theta}^{(t)} + \left[I(\hat{\theta}^{(t)}) \right]^{-1} \frac{\partial l(\theta \mid \boldsymbol{u})}{\partial \theta} \bigg|_{\hat{\theta}^{(t)}} \text{。} \tag{3.2.5}$$

二、贝叶斯估计方法

若给定能力的先验分布 $f(\theta)$,通常假设为标准正态分布。观察到得分数据之后,更新的能力后验分布为

$$f(\theta \mid \boldsymbol{u}) = \frac{f(\boldsymbol{u}, \theta)}{f(\boldsymbol{u})} = \frac{f(\boldsymbol{u} \mid \theta) f(\theta)}{f(\boldsymbol{u})} = \frac{L(\theta \mid \boldsymbol{u}) f(\theta)}{f(\boldsymbol{u})}, \tag{3.2.6}$$

其中 $f(\boldsymbol{u})$ 为 $\boldsymbol{u}$ 的边际分布。按照能力后验分布,对能力 θ 求期望,可得能力 θ 的期望后验估计为

$$\hat{\theta} = E(\theta \mid \boldsymbol{u}) = \int \theta f(\theta \mid \boldsymbol{u}) \mathrm{d}\theta \text{。} \tag{3.2.7}$$

还可以按最大后验估计方法估计能力,牛顿-拉夫逊算法的迭代公式为

$$\hat{\theta}^{(t+1)} = \hat{\theta}^{(t)} - \delta^{(t)} = \hat{\theta}^{(t)} - \left[\frac{\partial^2 \ln f(\theta \mid \boldsymbol{u})}{\partial \theta^2} \right]^{-1} \bigg|_{\hat{\theta}^{(t)}} \frac{\partial \ln f(\theta \mid \boldsymbol{u})}{\partial \theta} \bigg|_{\hat{\theta}^{(t)}} \text{。} \tag{3.2.8}$$

若能力的先验分布为 $N(\mu, \sigma^2)$,此时有

$$\frac{\partial^2 \ln f(\theta \mid \boldsymbol{u})}{\partial \theta^2} = H(\theta) - \sigma^{-2}, \tag{3.2.9}$$

对应的信息量 $I(\theta) = -E[H(\theta)] + \sigma^{-2}$。

三、加权似然估计方法

由于极大似然估计方法得到的能力估计有偏差,为了得到无偏估计量,可以采用两种方法(Warm, 1989; Firth, 1993; Wang, 2015; Wang & Wang, 2001),一种是直接修正性(Corrective)方法:

$$\hat{\theta} = \hat{\theta}_{MLE} - B(\hat{\theta}_{MLE}), \tag{3.2.10}$$

其中极大似然估计量的偏差为下式在 $\hat{\theta}_{MLE}$ 处的值(Warm, 1989),即

$$B(\theta) = -\frac{1}{2 \left[I(\theta) \right]^2} \sum_{j=1}^{n} \frac{1}{P_j(\theta) Q_j(\theta)} \frac{\partial P_j(\theta)}{\partial \theta} \frac{\partial^2 P_j(\theta)}{\partial \theta^2} \text{。} \tag{3.2.11}$$

另一种方法是预防性(Preventive)方法,其牛顿-拉夫逊算法的迭代公式为

$$\hat{\theta}^{(t+1)} = \hat{\theta}^{(t)} - \delta^{(t)} = \hat{\theta}^{(t)} - \left[\frac{\partial S(\hat{\theta}^{(t)})}{\partial \theta} \right]^{-1} S(\hat{\theta}^{(t)}), \tag{3.2.12}$$

其中 $S(\theta) = \partial l(\theta \mid u) / \partial \theta - I(\theta) B(\theta)$，相比极大似然估计方法，将得分函数（Score Function）由对数似然函数修改为 $S(\theta)$。

第三节　CAT 曝光率控制技术

最早的选题算法是基于洛德提出的最大信息量选题方法，测验效率高，但项目曝光率极高。1985 年，Sympson 和 Hetter 第一个提出用条件概率方法来解决项目过度曝光问题，其基本思想是在项目选择和最终分配之间加设一个曝光控制参数（Exposure Control Parameters），用来决定项目最终施测的概率。条件概率方法可有效控制过度曝光的项目，但并不能有效提高不太使用项目的使用率，后来有研究提出了一系列的改进方法，如按区分度 a 分层选题策略（Chang & Ying，1999）和综合区分度 a 和难度 b 分层的选题策略（Chang，Qian & Ying，2001）。还有吸取 a 分层思想的动态分层方法。下面简要介绍条件概率方法、a 分层方法和动态 a 分层方法。

一、条件概率方法

条件概率法（Sympson & Hetter，1985），它是一种利用条件概率对项目曝光率进行控制的方法，其基本思想就是在项目选择和最终分配之间，设置两个概率和阈值来进行动态控制项目曝光。这两个概率分别是 $P(S)$ 和 $P(A \mid S)$，其中 $P(S)$ 表示采用某种选题策略时某个项目被选择的概率；$P(A \mid S)$ 表示被选题策略选中的项目被分配给被试的概率。$P(A \mid S)$ 被称为曝光控制参数，这是因为：$P(S)$ 往往由选题算法、题库和施测对象的分布所决定，基本上是不变的；由条件概率计算公式，可计算某一个项目被分配给被试的概率为 $P(A) = P(S) P(A \mid S)$，如果某一项目已经被选题策略选中，那么要不要分配这个项目给被试则取决于 $P(A \mid S)$。

$P(A \mid S)$ 往往通过模拟实验动态进行调整。如在既定的题库下，按照一定的选题算法和施测对象分布（如能力分布为正态分布），多轮模拟 CAT 施测过程，动态调整 $P(A \mid S)$，直到项目的最大曝光率不超过某一个预设值 r 为止。具体来说，在每次模拟研究结束时，可得到各个项目被选题策略选中的概率 $P(S)$，各个项目被分配给被试作答的概率 $P(A)$。对于那些较少被选中的项目，即 $P(S) \leqslant r$，在下一轮模拟过程中，这些项目的曝光控制参数 $P(A \mid S)$ 可以设置为 1，仍可保证 $P(A) = P(A \mid S) P(S) \leqslant r$，以增加这些项目的曝光率；对于那些频繁被选中的项目，即 $P(S) > r$，可以将曝光控制参数 $P(A \mid S)$ 设置为 $r/P(S)$。直到所有项目的曝光率 $P(A)$ 不超过某一个预设值 r 为止，整个模拟过程终止，并将最终得到的曝光控制参数 $P(A\mid S)$ 用于类似模拟情景的真实测验情景。

二、a 分层方法

基于局部信息量的 Fisher 信息量选题方法，趋于选择区分度较高的项目，一方面，会造成低区分度项目很少使用（Chang，Qian & Ying，2001；Chang & Ying，1999）；另一方面，在测验长度较短的 CAT 中，若被试前几道题连续做错，极易造成能力低估（Chang & Ying，2008），并且考虑到条件概率方法并不能有效提高不太使用项目的使用率。张华华等人提出了著名的一系列 a 分层选题方法（Chang，Qian & Ying，2001；Chang & Ying，1999；Cheng，Chang；Deng，Ansley & Chang，2010；Leung，Chang & Hau，2002；Yi & Chang，2003），涉及 a 分层方法、b 分块 a 分层方法、层优化方法、a 分层方法与条件概率方法或优先级指标结合的方法等。a 分层方法是在测验前期能力估计不准的条件下，使用区分度小的项目，而在测验后期使用区分度大的项目，又称"升 a 方法"。若题库容量为 N，欲将题库分成 L 层，下面简要给出 a 分层方法和 b 分块 a 分层方法的步骤。

a 分层方法的步骤：先将所有项目依区分度大小升序排列，将前 L 个区分度最小的项目作为第一组；将区分度为第 L+1 到第 2L 的项目作为第二组，依次类推；然后将各组中区分度最小的项目抽取出来，放在第一层子题库中；将各组中区分度次小的项目抽取出来放入第二层子题库；依次类推，最后将各组中区分度最大的项目放入第 L 层子题库。这样，各层项目在区分度的平均值是上升的。进入 CAT 测验时，各个被试是在第一层子题库中选择与当前能力估计值相匹配的项目；到一定时候，则进入第二层子题库选题，最后才在第 L 层子题库选题。

b 分块 a 分层方法的步骤：先将题库中所有项目按 b 从小到大排列，相邻 L 个构成一个块（Block），然后每块中又按 a 排列，各块中 a 值最小者放在第一层；次小者放在第二层；依次类推，最大者放在第 L 层。于是每一层中项目难度分布与整个题库难度分布相似，但各层区分度的平均值从小到大变化。丁树良等人（丁树良等，2012）关于各层项目数分配方案、层跳转规则、动态平滑分层方面开展了一些研究。还有研究者将 a 分层方法推广到多维项目反应理论模型（Lee，Ip & Fuh，2007）。

三、动态 a 分层方法

针对前文所述的 Fisher 信息量选题方法效率高，而 a 分层方法不考虑层内项目区分度大小顺序，有研究者引入曝光因子的计算机化自适应测验选题策略（程小扬，丁树良，严深海，朱隆尹，2011），建立了一种新的选题策略。在 Fisher

信息量选题方法的基础上引入项目 j 的控制曝光因子（Exposure-control Factor），记为 $ecf(j)$，以及 $ecf(j)$ 的调节因子 λ_j 和区分度 a_j 的幂函数 $a(j, T, k)$，这里 $ecf(j) = \dfrac{m_j}{\overline{m}}$，$a(j, T, k) = a_j^{\frac{2(T-k)}{T-1}}$，新的选题策略如下：

$$f_j = \frac{I_j(\hat{\theta})}{[\lambda_j \cdot ecf(j) \cdot a(j, T, k)]} \text{。} \tag{3.3.1}$$

当对第 m 个考生施测时，$\hat{\theta}$ 表示该考生当前能力估计值，m_j 表示项目 j 已使用次数，$\overline{m}$ 为当前题库中所有项目的平均次数，即 $\overline{m} = \sum\limits_{j=1}^{M} \dfrac{m_j}{M}$，$M$ 为题库项目总数。式中的 T 表示分 T 个阶段选题，k（k 取值为 $1, 2, \cdots, T$）表示当前 CAT 实施中选题所处的阶段，我们取项目 i_0 作为下一个施测题，其中

$$i_0 = \arg \max_{j \in R_a} f_j \text{。} \tag{3.3.2}$$

这里 R_a 是尚未对该被试施测的项目集，也可以称为该被试的剩余题库（陈平，丁树良，林海菁，周婕，2006；刘珍，丁树良，林海菁，2008）。即对于被试 α 在 CAT 的作答过程中，题库中当前尚未抽取给被试 α 作答的所有项目。

仔细观察公式(3.3.1)，$ecf(j)$ 位于分母之中，当 m_j 越大时，$ecf(j)$ 也越大，而 f_j 则减小，说明该项目被调用的次数越多，则其在后面被选中的概率降低；而 m_j 越小时，$ecf(j)$ 也越小，而 f_j 则增大，说明该项目被调用的次数越少，则其在后面被选中的概率增加。如此才能达到更均匀地调用项目的目的。当然在实际施测的过程中，为避免 m_j 为 0 的情况，我们用 $m_j + \varepsilon$（ε 为足够小的正数）来代替 m_j，用 $\overline{m} + \varepsilon$ 来代替 $\overline{m}$，称公式(3.3.1)中的 λ_j 为项目 j 的曝光因子参数，它的作用是调节 $ecf(j)$ 对选择项目的影响。λ_j 也处于分母之中，我们为它取如下两种情况的值：

(1)$\lambda_j = 1$，这时相当于 λ_j 不施加影响。

(2)λ_j 的取值与 $ecf(j)$ 有关。一般来讲，$ecf(j)$ 越大，则 λ_j 取较小的值，$ecf(j)$ 越小，则 λ_j 取较大的值。λ_j 在 $ecf(j) > 0.5$ 时取不小于 1 的值，否则取小于 1 的值。λ_j 参数设置表可参见表 3-3-1。

表 3-3-1　λ_j 的取值与 $ecf(j)$ 的关系

$ecf(j)$值所在的区间	$[3, +\infty)$	$[2, 3)$	$[1.5, 2)$	$[0.5, 1.5)$	$[0.3, 0.5)$	$(-\infty, 0.3)$
λ_j 的取值	3	2	1.5	1	0.5	0.3

新选题策略有三个特点（丁树良，罗芬，徐冬波，等，2012）：第一，建立一个信息量的函数而不是直接使用信息量，以整合 Fisher 信息量选题方法和 a 分层方法的优点。第二，采用分阶段地调用不同的信息量函数的方法。由于区分度是

信息量函数的自变量之一，使得每个被试在前期调用区分度相对较低的项目，而在后期调用区分度较高的项目，故该方法自始至终都自动地受到区分度的调节，而不像 a 分层方法那样，考虑各层之间的区分度，但 a 分层方法无法考虑各层内部项目的区分度，这可弥补 a 分层的这一缺陷。第三，加入控制曝光机制，当某个项目在考试过程中被频繁调用时，利用该机制使该项目在以后的测验中更难被选中，反之当某项目使用较少时，则利用该机制增加被选中的机会，通过这样的在线控管，均衡整个题库项目的曝光率，提高题库的利用率。直接把项目调用的频度作为选题策略表达式的一部分，目的是让每一个项目的使用频度尽量与题库中所有项目平均使用次数接近，试图既有效降低高曝光率项目曝光，又能提升低曝光率项目的使用概率，从而达到曝光均匀的目的，这不同于条件概率方法等的方法只是控制高曝光率项目的使用，因此它可能要比上述的其他方法在曝光率控制方面更加有效。与传统的 Fisher 信息量选题方法、a 分层方法、条件概率方法、随机法等比较发现，引入曝光因子能大大降低项目的曝光率，特别是引入曝光因子的最大信息量法，它会使考试的安全性得到极大提高，当然测验长度也会有所增加，但比 a 分层方法要好，能力估计的准确性差异不大。在此仅介绍动态 a 分层方法的一种，更多方法可参见丁树良发表的相关文章。

第四节　CAT 终止策略

CAT 终止策略主要可以分为两大类：一类是定长 CAT，即当被试测试的题量达到某一固定题量（如 20 题）则终止测试；另一类是非定长 CAT。非定长 CAT 一般分两类，一类是以测验的能力估计标准误的绝对度量标准；另一类是题库中剩余项目所能减少测量误差的边际标准，这两类方法各有优劣（毛秀珍，辛涛，2015）。在此主要介绍非定长 CAT 的终止策略。

一、绝对型终止策略

有研究者（Wang，Chang & Boughton，2013）基于 Fisher 信息量给出了一系列绝对终止策略。下面介绍单维项目反应理论中常用的最大信息量终止规则。如果作答了 n 个项目后，能力的极大似然估计量的渐近分布为 $N(\hat{\theta}_n,[I(\hat{\theta}_n)]^{-1})$。能力估计的方差等于信息量的倒数，由此得出最大信息量终止规则（对应最小化能力估计方差规则）如下：

$$T=\inf\{n\geqslant1: I(\hat{\theta}_n)\geqslant c\}, \tag{3.4.1}$$

如果要使能力估计标准误小于 0.2，可设置 $c=25$。

二、相对型终止策略

因为 CAT 的长度与选题策略和题库有关，为了解决作答大多的项目而精度提高幅度很小的问题，有研究者提出了可用于单维或多维项目反应理论模型的预测标准误减少量（Predicted Standard Error Reduction，PSER）终止规则（Yao，2013）。该规则具有以下优势：在题库中的项目不能较大提高估计精度时，不再增加测验长度而直接终止测验；增加一个或更多项目，可以较大地提高估计精度；估计精度与预设精度差异不太大。

该规则根据当前能力估计标准误规定测验终止和继续的条件：①如果某个能力维度或领域的当前标准误与上一估计标准误减小量小于临界值 α，则不再选择考察该维度或领域上的项目，即使预先设定的标准误未达到；②如果某个能力维度或领域的当前标准误与上一估计标准误减小量大于临界值 β，即使预先设定的标准误已经达到，仍然继续选择考察该维度或领域上的项目（并调整相应权重）；③如果某个能力维度或领域的当前标准误不小于上一估计标准误，并且当前标准误与预先设定的标准误之差小于临界值 α，则不再选择考察该维度或领域上的项目；④如果某个能力维度或领域的当前标准误不小于上一估计标准误，并且当前标准误与预先设定的标准误之差大于 2β，则继续选择考察该维度或领域上的项目（并调整相应权重）。常设置 $\beta > \alpha$，如 $\beta = 0.05$ 和 $\alpha = 0.03$。

在本章结束之际，最后简要介绍 CAT 一般会用的其他方法或技术，如等值技术、组卷技术（方法）和在线标定方法。

（1）等值技术。测评离不开题库维护和建设，网上许多题库充其量只能算"题堆"，这些题库仅仅只是把题目累积起来。什么叫题库，题库中的项目参数必须具有可比性，否则测验结果就不可以比较。这就要求题库建立在项目反应理论基础之上，借助连接设计（Linking Design），将题库中的题目进行组卷、施测，然后估计项目参数，并通过等值方法（如项目特征曲线等值法）进行项目参数等值获得统一量尺上的项目参数，才能进行 CAT 施测。另外，为了进行年级增值评估，还需要垂直等值技术。

（2）组卷技术（方法）。在介绍等值技术时，涉及自动化生成试卷技术。比如，你有一张原始卷和一个题库，可能需要按照你的原始卷从题库中自动抽卷，并组成很多试卷，这些试卷要求与原始卷的质量及难易度一样。题库平台中必须开发相应的智能组卷算法，在各种各样约束条件下，快速生成满足要求的试卷。张华华团队已经成功开发了应用于汉语语言考试（HSK）的快速智能组卷算法和程序（Chen，2015；Wang，Zheng，Zheng，Su & Li，2016），以及能在测试时根据被试能力水平实时而动态生成试卷的算法（Zheng & Chang，2015）。这些算法或技术可很好地提高测验质量和安全性。

(3)在线标定方法。除了采用需要等值方式建立题库,还可以通过CAT方式获得项目参数和Q矩阵等。起初可以根据教师的认识,由教师来对试题进行标注试题参数和所考查的知识,标注好了之后,我们用结合数据和数学模型进行模拟,对试题参数进行修正并进行新题批量标注。在确定模型性能之后,开始进行新题标注以自动扩充题库。即在自适应测试中,在学生作题时不知不觉地把新题目放上去,学生做完之后,再把这些题收回来,不作为学生计分,而只是对那些题目的参数进行估计。有了这些数学模型和方法,自适应测验就可以智能化地运行,并进行题库增量扩充(Chen & Wang,2015;Makransky,2010)。

思考题:

1.CAT选题策略有哪些?各有什么特点?

2.CAT中常用的参数估计方法有哪些?各有什么特点?

3.CAT曝光率控制技术有哪些?

4.如何理解CAT的终止策略?

第四章　计算机化多阶段自适应测验

为了克服 CAT 中出现的一些问题(如序列测试、局部独立性假设、被试不允许返回检查及修改答案、曝光率高、难于满足非统计约束等)，学者们提出了计算机化多阶段自适应测验(Multi-stage Testing，MST)。本章介绍了 MST 概念、特点及优势、MST 测验设计以及 MST 的相关技术与算法；重点讨论了 MST 的路由规则及其自动化组卷的算法。

第一节　计算机化多阶段自适应测验简介

计算机化多阶段自适应测验(MST)并不是一个全新的概念。早在 CAT 出现之前，就已经有了非计算机形式的 MST(Mead，2006)。但是这种 MST 却因 CAT 的出现而暗淡失色。如今在使用 CAT 的过程中，暴露出越来越多的问题。比如，在 CAT 中测验组卷有时无法达到最佳状态，因此必须放弃一些复杂的内容要求。软件设计的漏洞和缺陷也会导致不理想的组卷结果。此外，还有一些考试内容要求难以量化。而 MST 组卷的特殊性，能够有效解决这些问题，因此又出现在人们的视野里。

一、什么是 MST

什么是 MST? MST 是预先构建好题目集合，以集合作为单元进行管理和评分，这些集合被称为模块(Module)或题组(Testlet)(Luecht & Nungester，1998；Wainer & Kiely，1987)。这些模块是较短的线性测验，并提供一定比例的测验信息量，以此减小测量误差。模块中的题目可围绕一个或几个共同题干(如文章和图表)，也可彼此互不关联。

MST 的自适应点出现在题目集合水平上，是基于被试的累积表现选择下一个模块的。这使它的自适应点少于 CAT，但又多于传统纸笔测验。MST 结合了纸笔测验的元素和 CAT 的自适应特性，综合了两者的优点，克服了许多缺点，是两者的妥协者。MST 测验形式已经被运用到大型评价考试中，如美国的注册会计师统一考试和研究生入学考试。

下面用一个简单的三阶段 MST 来示例多阶段测验过程(图 4-1-1)。MST 通常从一个较短的阶段一测验或路由测验(Routing Test)开始，该测验用来估计被试的能力初值，为之后的能力估计和题目选择做准备。此阶段的题目难度应该足够广，才能适合各种能力的被试。当被试做完阶段一的题目后，初步估计出被试的当前能力，然后为其选择随后阶段中与之能力匹配的模块。当被试的能力被估计为较低时，给其分配模块 1(容易)的题目；当被试能力被估计为中等时，给其分配模块 2(中等)的题目；以此类推给其分配模块 3(困难)的题目(Hendrickson，2007)。阶段二测验中每个模块的难度划分更为精细，可对被试进行更精确的区分。阶段二测验结束后，估计出较精确的能力值，再根据这个能力值为被试选择阶段三的模块。

当三个阶段的测验都完成时，整个测验就完成了，此时可根据最终的能力值来判断被试的能力。整个测验仅有两个自适应点，分别是阶段一进入阶段二和阶段二进入阶段三时的自适应点。第二个自适应点要注意一个问题，若被试接受阶段二的模块1(容易)，进入阶段三时不能直接跳转到模块6(困难)，或被试接受阶段二的模块3(困难)，进入阶段三时不能直接跳转到模块4(容易)。因为这样的极端跳转会引起较大的测量误差，并且这种情况在正常测验中也不会出现。图 4-1-1 中的一个完整流程被称为一个面板(Panel)。在一次测验中应有多个平行面板可供选择，以此来减小题目的曝光率。

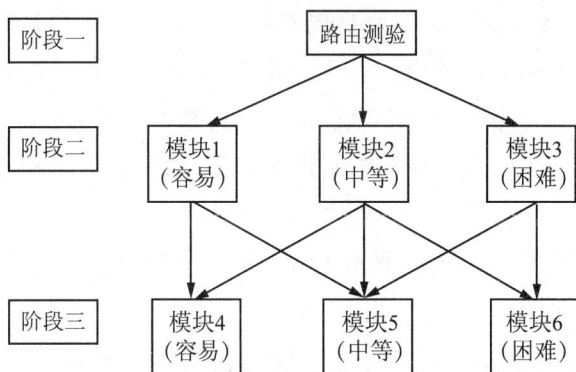

图 4-1-1 三阶段 MST 测验

计算机化多阶段自适应测验有许多不同形式，并且这些形式的名称也有所区别。这些不同形式主要有：掌握水平测验(Computerized Mastery Testing, CMT)，计算机自适应序列测验(Computer-Adaptive Sequential Testing, CAST)，多种形式结构(Multiple Form Structures, MFS)，捆绑式多阶段自适应测验(Bundled Multistage Adaptive Testing, BMAT)(Armstrong, Jones, Koppel & Pashiey, 2004; Lewis & Sheehan, 1990; Luecht, 2003; Luecht & Nungester, 1998)。

二、MST 与题目级别 CAT 的比较

在 CAT 的应用过程中，人们已经体会到它的很多优点，如"因人而异"、测验时间较短等。但其依然有很多问题，如违反单维性及局部独立性假设的情况、题目曝光率等。MST 中，由于每个模块中的题目在测试开始前都设计和组装好，并作为一个整体进行管理，因此测验开发者便可更好控制整个测验的结构和内容。通过这样的控制管理，即可消除 CAT 中存在的许多问题。

(一)题目顺序和情境效应

在 CAT 中，有时会由于题目顺序或情境效应，对作答结果产生影响。运用 MST 虽不能完全消除影响，却能大大减小其发生的可能性。在 MST 中，题目均以集合的形式存在。当有许多内容单元或跨分类内容的题目时，集合便凸显出其

优势。因为这些集合是预先构建好的，测验开发者能检查题目的具体内容，防止题目间有提示，以确保题目适用性。例如，几何考试中，用统计算法无法精确检测出题目的内容，这时就需要人工检查，是否有过多考查三角形的题目，而缺少考查圆的题目。

(二)单维性和局部独立性

CAT 要求所有题目必须满足单维性和局部独立性假设，否则会对参数估计带来较大影响。MST 每一阶段的模块都包含很多题目，这些题目间或许没有关联，或许建立在一个共同刺激以及同一内容情境下(如图表、阅读理解)，需要把这些题目作为一个整体，作为一个多级项目来进行处理。这时每个模块中题目间的独立性就不再需要强调了。尽管模块中题目的局部依赖性不是必须消除的，但是若使用多级计分模型将会使测量结果更加精确(Yen，1993)。由此可见，解决了单维性和局部独立性的问题，MST 的估计结果将更加准确，并且信度也更高。

(三)非统计特性

在 MST 中，测验开发者可以提前检查题目内容及其统计特性，同时也能检查非统计特性的分布，如认知水平、题目形式、字数及答案位置等。这些问题在 CAT 最初的观念中均被忽略。通过对这些非统计特性的限制，可进一步减小被试猜测率，提高能力结果估计精度。

(四)题目曝光率

传统 CAT 对于同等能力的被试，根据项目信息函数和测验信息函数选择题目。由于高区分度的题目具有较大信息量，为达到指定测验信息量，选中这些题目的概率就很大，因此增大了部分题目曝光率，造成试题泄露(Kim，Chung，Dodd & Park，2012)。然而 MST 却能很好控制题目的曝光率。因为测试前，测验开发者可以设计限制模块中题目的使用率。例如，对于同样路径的被试，在同一阶段内同样难度的模块，可选择平行模块，防止过度使用高区分度题目，进而有效控制题目曝光率(Edwards & Thissen，2007)。

MST 中有一种一致题目曝光率的 MST(Uniform Item Exposure Multi-form Structure，uMFS)(Armstrong，Jones，Koppel & Pashley，2004)。控制题目曝光率后，原始 MST 会发生两个变化：第一，阶段一中的模块数和接下来阶段中的水平数一样多，并且被试被随机分配到阶段一的模块里，因此每个阶段甚至每个题目都将被暴露于 $1/L$ 的被试(L 表示每个阶段中的模块数，每个阶段中模块数都相同)。第二，正确归置每个模块中的题目，选择划界分数，决定模块分支，进而正确区分被试，从而达到一致性目标(Michael，David & David，2012)。一个三阶段三水平的 uMFS 如图 4-1-2 所示。

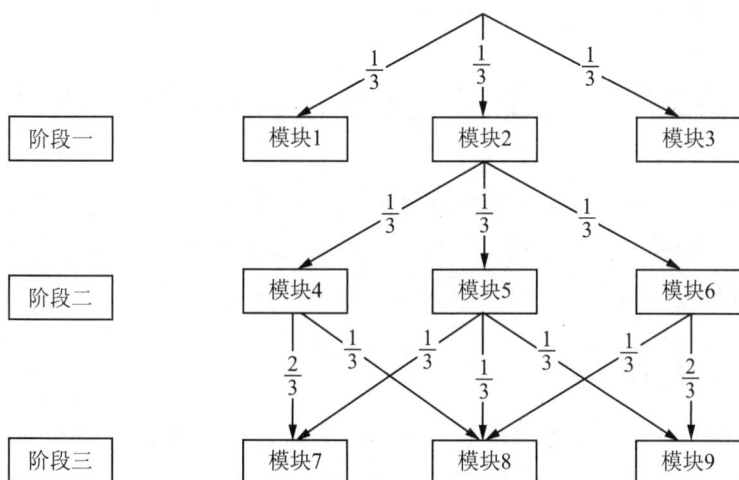

图 4-1-2　三阶段三水平 uMFS

(五)被试可检查题目

CAT 不允许被试浏览或者检查题目,因为这会给能力估计带来问题。被试完成的题目都是根据其能力即时生成的,若被试未完成前一道题目,则无法生成下一道题目。若被试想修改之前题目的答案,一旦修改就会改变能力值的估计,进而接下来的题目都会随之改变,这样不但对题目生成和能力估计带来问题,也会增长测验时间。所以 CAT 中,不允许被试浏览和检查题目。

然而 MST 却很好地解决了这个问题。由于 MST 的自适应点只出现在不同阶段之间,因此阶段内允许被试浏览或检查题目,并修改错误答案。这样可使被试在每一阶段尽可能得到高分,减轻焦虑,保持最佳作答状态。

(六)数据处理

在 MST 中,更少的自适应点可以更快得到结果,并且减少了路径选择的需求。与 CAT 相比,这种方法更加高效(Wainer & Mislevy,1990)。在 CAT 中,被试作答结果矩阵通常为稀疏矩阵,这会给结果估计带来很大困难,许多传统技术都无法解决这个问题。然而 MST 中将这些稀疏矩阵看作块矩阵,统计分析时将更易于处理。

(七)等值

使用 CAT 时,首先需要建立一个大型题库,并且必须保证所有题目都在同一量尺上,这样题目参数才具有可比性,因此需要对题目进行等值。在 CAT 中,不同被试很少会作答完全相同的一套试题,因此形成了稀疏作答矩阵,对新题参数(题库扩充)的估计和等值不太精确和便利。在 MST 中,大量被试会完成相同模块的题目,此时可根据被试作答直接对题目进行等值,提升了等值精确性和便利性(Armstrong，Kung & Roussos，2010)。

第二节　计算机化多阶段自适应测验设计

MST 设计涉及以下几个技术环节：阶段数的确定、每个阶段中模块数的确定、每个模块的项目长度、统计目标与定性规范约束、计分方法(能力估计)、自适应策略与过程、组卷等。现对以上技术环节一一展开。

一、阶段数的确定

构建 MST 时，首先考虑需要构建多少个阶段。大多数研究和应用中，通常使用3~4 个阶段。更多的阶段或每一阶段内更多样化的模块难度会使测验的自适应性和灵活性更佳。但是增加阶段数会提升组卷的复杂性，却对测验最终的精度没有很大提升(Luecht & Nungester，1998)。当测验所含阶段数较少时也会出现问题。例如，两阶段测验，仅有一个阶段一和一个阶段二。由于只有一个自适应点，当被试得分处于划界分数附近时，就有更大的可能出现路径错误。两阶段测验应考虑建立一个"恢复路径(Recovery Routine)"，即被试从前一阶段到下一阶段出错时，应及时改正错误，减少下一阶段模块选择的错误。使用更多的阶段可以减少出现这种错误的可能性。Patsula 和 Hambleton(1999)比较了多种不同的 MST 设计，他们发现这些设计之间仅有很小的差别。但是这些测验设计在测量精度和效能方面表现出较大的差别。测验的阶段数越多就越接近于 CAT。

因此构建测验时，测验开发者应选择合适的阶段数。阶段数过少无法精确测量出被试能力。阶段数过多不但无法提升测量精度还会加大组卷难度和题目浪费，并面临和 CAT 同样的问题，如路由出错、多自适应点增长测验时间等。

二、每个阶段中模块数的确定

大多数研究和应用是阶段一使用一个模块，在随后的阶段中增加模块数量。通常情况，每一阶段的模块数不超过 8 个，平均值为 5 个。随着阶段数的提升，增加更多难度的模块数，可使测验更具有自适应性和灵活性。同样，增加模块数也增大了组卷复杂性，并对测验最终精度没有很大提升(Luecht & Nungester，1998)。一般情况下，每一阶段最多 4 个模块，并且每个模块 3 个平行水平，这样的组合比较合适(Armstrong，Jones，Koppel & Pashley，2004)。

因此在构建测验时，测验开发者要合理制定每一阶段内的模块数。有两种可选择的模块数：一种是随着阶段增加，阶段内的模块数也增加，以此提升能力估计精度；另一种是每一阶段的模块数都相同，这种情况主要用于一致题目曝光率

MST 的情况(图 4-1-2)。测验开发者可根据自己的需求进行选取。

三、每个模块的项目长度

已有的研究和应用中,模块的题目数为 1～90 个不等,大多为 5 个。不同阶段中模块的长度可根据实际情况而定。一些测验在阶段一中有较多题目,而随后阶段中题目数量较少。增加阶段一中模块的长度对减小估计误差有显著效果(Kim & Plake,1993)。模块长度较短但自适应点较多时,也可达到较高的测量精度。开发测验时,可以根据实际需要适当增加阶段一的模块长度或自适应点数量,以提升测验的测量精度。

四、统计目标与定性规范约束

测验开发者可以在阶段水平或整个测验水平上对题目选择进行约束。无论哪种情况,都要考虑内容和统计约束,以及这些目标特征之间的平衡。统计目标的选择是关键性问题。测验开发者要决定题目的难度和范围,若使用 IRT 模型,还要考虑目标信息量和目标特征曲线。这时的目标是使测验信息量达到最大。阶段一中模块的统计特征对整个测验精度都有很大影响(Kim & Plake,1993)。若阶段一中题目难度设置合理,将为最终的能力估计提供有力保障,使后续阶段的能力估计结果更加准确。

在题目设置上,测验开发者还要考虑内容平衡、题目间的独立性与依赖性等多种因素。由于 MST 中题目的构建和组合可通过专家预先进行检查和调整,因此综合考虑以上这些因素即可排除测验中的诸多潜在问题。

五、计分方法(能力估计)

MST 如何根据上一阶段的结果得到下一阶段的相应模块,这就涉及计分问题。通常可以使用正确次数得分(Number Correct,NC)或 IRT 潜在特质估计的方式计分。若使用 IRT 理论,还要选择合适的模型进行参数估计。通常使用的模型有逻辑斯蒂克模型、正态肩形曲线模型和等级反应模型(Birnbaum,1969;Bock,1972;Samejima,1968)。对于共用题干的题目(如阅读理解),则可以使用多级 IRT 模型计分。由于 MST 每个模块中的题目可作为题组来处理,因此也可使用题组反应模型计分。由 Wainer,Bradlow 和 Du(2000)开发的题组反应理论(Testlet Response Theory)可进一步解决这个问题。

六、自适应策略与过程

自适应发生在测验的不同阶段之间。根据前一阶段被试的作答结果,估算出临时的能力值，然后根据这个值为其选择下一阶段合适难度的模块，以此类推直到完成全部测验，并估计出最终的能力值。

测验过程中若是自适应点过少，则无法准确估计出被试能力。若增加自适应点，将使 MST 面临和 CAT 一样的问题。因此要配置适量的自适应点，使测验简洁又精确。

七、组卷

MST 的题目需通过组卷后才可以应用。组卷过程中应满足统计目标和定性规范，组卷完成后还需要由专家对其进行审定。虽然对这些模块可采取手工组卷，但是由于组卷复杂性且试题量较大，大多数测验都选择自动化组卷技术（Automated Test Assembly，ATA）（Breithaupt ＆ Hare，2007）。这种 ATA 进程可以通过一些算法过程或者商业软件来实现。

MST 中 ATA 的设计存在一些潜在难题，如题库大小、算法满足目标函数的潜力等。这些目标在测验开始前均已实现。因此，这种系统化的组卷方式使测验更加标准化，也可更好地达到统计目标。实现 ATA 的方法有标准化加权绝对离差算法（Normalized Weighted Absolute Deviations Heuristic，NWADH），0－1 线性规划（Linear Programming，LP）等（Linden ＆ Adema，1998；Luecht，1998；Luecht ＆ Nungester，1998）。

第三节　计算机化多阶段自适应测验的技术与算法

在 MST 中，当测验开发者设定好测验的基本要求如阶段数、模块数等时，如何将被试路由至下一阶段的模块中，以及如何组卷形成整个测验就成为其关注的重要问题。本节将分别从这两个方面来进行介绍。

一、路由规则

在 MST 测验中，当被试完成一个阶段的模块后，如何选择下一阶段的模块，这就要根据路由规则来进行选择了。根据阶段内不同模块的划界分数在测验开始之前是否预先设定好，可以将路由规则分为两种，静态路由规则和动态路由规则（Weissman，2014）。静态路由规则是在测验开始之前就已经划分好路由到不同模块的划界规则。当测验开始时，根据被试在前一阶段作答的情况，与下一阶段不同模块对应的划界区间进行比较，将该被试路由到与之相对应的模块。例如，正确次数得分（Number-correct，NC）和潜在特质（θ）。这种路由规则存在一定的缺陷，比如在划界分数附近的被试可能存在路由不准确的问题。动态路由规则是在测验进行的过程中动态决定的,而不是事先就决定好的。这种路由方式会考虑被试在阶段一模块中被试的表现情况,然后结合阶段二中不同模块的特性来做出路由决定,选择下一阶段中的模块。静态路由规则实现起来更为简单、方便,而动态路由规则却更加有效。

(一)静态路由规则

静态路由规则是在测验开始前已经预设好的,这种路由规则的关键在于划界分数的设定。如图 4-1-1 中所示的 MST 测验,假设被试 i 完成路由模块后的临时能力估计值为 θ_1,设定 s_1 和 $s_2(s_1 < s_2)$ 为阶段二的两个划界分数。若 $\theta_1 < s_1$,则被试 i 被路由至模块 1;若 $\theta_1 > s_2$,则被试 i 被路由至模块 3;否则,路由至模块 2。

使用静态路由规则时,被试的能力估计值通常是基于 NC 值的,因此划界分数值也被表达为 NC 值。决定 NC 划界分数值,通常先标定 θ 量尺上相应的点,然后将该 θ 值映射到 NC 值。NC 的划界分数的确定主要有以下两种方式,第一种是根据被试个体决定的,第二种是根据群体特征分布来决定的。

根据被试个体决定的路由规则可以使用近似极大信息量法(Approximate Maximum Information,AMI)。这种方法使用累积测验信息函数(Test Information Functions,TIFs),选择对被试产生最大信息量的模块,并且给出当前的临时分数,进而进行划界分数的确定和模块的选择。AMI 方法对相邻的模块进行成对估计,其使用类似于 CAT 的最大信息量准则,在 θ 量尺上找到两个模块之间的最佳决策点。也就是说,根据 TIFs 的交叉点,作为选择决策点范围。例如,图 4-1-1 所示的一次测验中,需要找到阶段二的两个路由点:θ_1,根据(路由测验+模块 1)和(路由测验+模块 2)TIFs 曲线的交点;θ_2,根据(路由测验+模块 2)和(路由测验+模块 3)TIFs 曲线的交点。两个路由点一旦决定了,就可以根据路由模块的测验特征计算相应的估计分数,即计算

$$x_1 = \sum_{i \in \text{路由模块}} P(\theta_1; \zeta_i), x_2 = \sum_{i \in \text{路由模块}} P(\theta_2; \zeta_i)。 \tag{4.3.1}$$

其中,$P(\theta_d; \zeta_i)$ 是某个特定 IRT 模型(如两参数 IRT 模型)的项目反应函数。值得注意的是,路由点 θ_1 和 θ_2 以及近似的 NC 点 x_1 和 x_2 对于不同的模块可能会不同,除非 TIFs 和相关的测验特征曲线对于重复的模块在多个面板中完全一样(Luecht,Brumfield & Breithaupt,2006)。

根据群体特征分布决定的路由规则可以使用定义人口间隔法(Defined Population Intervals,DPI)。这种方法可指定群体中相关被试的比例。例如,对于图 4-1-1中所示的测验,如果需要群体中被试的比例近似相等的使用三种主要的路径(如路由模块+模块 1+模块 4,路由模块+模块 2+模块 5,路由模块+模块 3+模块 6),即通过每条路径的人数为 33%。由此可以发现,能力分数 θ 与能力的累

积分布的 33% 和 67% 是两个点相关。假设 θ 服从标准正态分布（$\mu=0$，$\sigma^2=1$），则路由点应该是 $\theta_1=-0.44$ 和 $\theta_2=0.44$，该值可以从标准正态分布表中查出。由此，近似 NC 路由分数随即也就可以得到（Luecht，Brumfield & Breithaupt，2006）。

（二）动态路由规则

动态路由规则在测验开始之前没有预先设定的划界分数点，而是在测验进行过程中，将被试的作答结果所得到的能力估计值与下一阶段的模块进行比较，选择最合适的模块继续进行测验。

一种典型的动态路由规则是 Proximity 方法。该方法是为了达到被试能力和模块的匹配，力求寻找该被试能力与模块平均难度差异最小的模块。首先需要计算待路由阶段各模块的平均难度，然后把该被试临时能力值与各模块平均难度相比较，哪一模块平均难度与被试能力估计值差异最小，就路由到哪一模块。这种方法的优势是，不需要事先设定路由划界分数点和路径数量，因而更加简单易行。

二、自动化组卷

自动化组卷（Automated Test Assembly，ATA）是使用数学最优化程序从题库中选择一个或者一组题目，服从多种与内容相关的约束以及其他的定性特征。以下介绍两种常用的 ATA。

（一）0－1 规划算法

0－1 规划算法（0－1 programming）可用来同时组装多个平行测验，并且这种算法可以满足绝对的目标和相对的目标（van der Linden，2005）。共同目标函数包含测验信息函数，根据组卷的信息量与目标之间的离差，以及多种平行测验之间的差异。最优化问题可能包括一个定长测验信息量的最大化，期望测验时间，内容约束和互斥项目规范。这一系列问题可以按照以下方式来建模。

首先，最大化。

$$\sum_{i=1}^{I} \sum_{k=1}^{K} I_i(\theta_k) x_i。 \tag{4.3.2}$$

其次，满足以下约束条件。

内容范围：

$$C_r^{(1)} \leqslant \sum_{i \in V_{c_r}} x_i \leqslant C_r^{(2)}, r=1,2,\cdots,R。 \tag{4.3.3}$$

测验长度：

$$\sum_{i=1}^{I} x_i = n。 \tag{4.3.4}$$

测验期望时间：

$$\sum_{i=1}^{I} t_i x_i \leqslant Tu \text{。} \qquad (4.3.5)$$

互斥项目：

$$\sum_{i \in V_e} x_i \leqslant 1, e = 1, 2, \cdots, E \text{。} \qquad (4.3.6)$$

变量范围：

$$x_i \in (0, 1), i = 1, 2, \cdots, I \text{。} \qquad (4.3.7)$$

其中，θ_1，θ_2，$\cdots$，θ_k 是能力量尺上 K 个有代表性的值，x_i 表示项目 i 是否包含在测验里，I 是题库中题目的总数，Vc_r 是属于内容 r 的题目集合，V_e 是属于互斥项目集合（Luecht，1998；Luecht & Nungester，1998；Luecht，Brumfield & Breithaupt，2006）。

（二）启发式算法

启发式算法（Heuristic Methods）将测验组卷分解为一系列局部最优化问题，每次选择一个题目添加到测验当中，直到满足测验要求的题目数量为止。这种启发式也属于贪婪启发式（Greedy Heuristics）（van der Linden，1998）。判别函数通常是基于"中心"准则（如 TIF），且受到各种"次要"条件约束（如内容范围）。因为启发式算法是顺序的选择题目，测验组卷早期有更多满足测验要求的题目，随着组卷过程的进行，题库大小逐渐缩减，测验组卷后期满足要求的题目数量也随之减少。因此，启发式算法必须包含其他策略来平衡组卷的质量。

策略一，为每一个测验迭代选择题目来代替立即组装整个测验。测验接收题目的顺序可能是螺旋式的、随机的，或者根据当前 TIF（或其他指标）目标的误差范围决定的。策略二，这种策略允许初始组卷的时候可以"贪婪"，但是随后进行一个"交换"步骤在模块之间进行题目交换来获得更小的模块间差异。

基于启发式算法的 ATA 可以包含多方面的非统计约束。例如，加权离差模型（Weighted Deviation Model，WDM）和标准化加权绝对离差启发式（Normalized Weighted Absolute Deviation Heuristic，NWADH），可将所有的约束作为目标，并且将目标（标准化）离差的加权总和作为标准（Swanson & Stocking 1993；Luecht，1998；Zheng，Wang，Culbertson & Chang，2014）。

WDM 方法，通过以下公式来实现最小化离差的加权总和：

$$\sum_{j=1}^{J} w_j d_{L_j} + \sum_{j=1}^{J} w_j d_{U_j} \text{。} \qquad (4.3.8)$$

其中，d_{U_j} 是测验组卷和约束 j 上限之间的差异，d_{L_j} 是测验组卷和约束 j 下限之间的差异，w_j 是对约束 j 的加权。

NWADH 方法，也使用约束目标的加权离差，但是它将每一个约束的离差标准化，因此它们都在一个共同的量尺上。用 u_i 表示与题目 i 相关属性的值（如项目信息量），用 T 表示相应的目标。当为测验选择第 k 个题目时，剩余题库中每一个待选题目 t 的局部标准化绝对离差计算如下：

$$e_t = 1 - \frac{d_t}{\sum_{t \in R_{k-1}} d_t}, t \in R_{k-1}, \tag{4.3.9}$$

$$d_t = \left| \frac{T - \sum_{i=1}^{I} x_i u_i}{n - k + 1} - u_t \right|, t \in R_{k-1}。 \tag{4.3.10}$$

其中 R_{k-1} 是测验已选择 $(k-1)$ 个题目后题库中剩余题目的集合。离差 d_t 计算了待选题目对目标 T 的贡献和每个剩余题目对达到目标平均贡献之间的绝对差异。e_t 表示标准化绝对离差，其值最小的题目将被选中加入测验。

在对线性测验进行组卷的时候，满足多重约束以及算法的复杂性和灵活性之间存在一个权衡。0—1 规划算法不能确保产生一个结果，但是能够获得的结果都严格满足所有约束。启发式算法通常可以用较少的计算强度产生一个结果，但是不确保所有的约束都可以满足。在实践中，通常有一些非统计特性（如内容分类）与题目难度有关，这使得每一个路径都满足所有规定的约束变得更加困难（Zheng，Wang，Culbertson & Chang，2014）。在这种情况下，有必要放宽部分路径的某些约束条件。启发式算法提供了这种灵活性，在约束条件不可全部满足的情况下产生较为合适的结果。

思考题：

1. CAT 有哪些不足？

2. 与 CAT 比，MST 有哪些优势与不足？

3. MST 设计包括哪些环节？

4. MST 的路由规则有哪些？其特点如何？

5. MST 自动化组卷有哪些算法？各有什么特点？

第五章 多维计算机化自适应测验

多维计算机化自适应测验（Multidimensional CAT，MCAT）以多维项目反应理论为基础，克服了传统CAT的单维性假设，可以同时报告被试多个能力值，提供的信息更为丰富；与CAT相比，MCAT的算法与实现显得更为复杂。本章介绍了MCAT的简介、MCAT中常用IRT模型、MCAT能力估计方法、MCAT选题策略及MCAT终止规则。

第一节　MCAT 简介

一、多维项目反应理论的发展

随着项目反应理论(IRT)在实际工作的广泛运用，人们也渐渐发现，传统IRT 的单维性假设与许多心理或教育测验的实际是不相符的(Reckase，2009)。测验数据的多维性与人在完成一项测验任务时需要多种能力的共同配合是相符的，很少有测验只测量单一维度能力或特质。传统的单维项目反应理论(Unidimensional IRT，UIRT)只能提供一个能力维度/结构上的信息，当应用 UIRT 分析多维数据时，会导致对被试能力的错误推断，这种错误主要发生在那些次维度上能力不同的被试身上。其主要原因是难度和维度在 UIRT 中被混淆了，从而导致在整个所估的单维能力量尺上多维组合的不一致性(康春花，辛涛，2010)。因此，从传统的单维项目反应理论拓展为多维项目反应理论(Multidimensional IRT，MIRT)显得十分必要。为此，心理测量学家们开展了相关研究，如早期的 Bock和 Aitkin(1981)、Reckase 和 Mckinley(1982)等知名心理测量学家做了大量关于MIRT 的基础性的研究和探索。目前，多维项目反应理论、认知诊断、计算机化自适应测验被视为现代心理测量理论的三大发展方向。

多维项目反应理论的发展源于项目反应理论和因素分析(Factor Analysis，FA)(Reckase，2009)，但兼具项目反应理论和因素分析的双重优点。近几年MIRT 的研究越来越受人们重视，涉及的领域也非常广泛，如 MIRT 的参数估计(DeMars，2009；de la Torre，2008，2009；Jiang，2005；Zhang & Stone，2008；Bolt & Lall，2003)；MIRT 与验证性因素分析(CFA)的比较研究(Finch，2010)；MIRT 的测验等值(Yao & Boughton，2009)；MIRT 的 CAT 研究(Finkelman，Nering & Roussos，2009；Li & Schafer，2005)；MIRT 在心理测验中的应用(Marveled，Glas，Landeghem & Damme，2006；Kacmar，William et al.，2006)等。

MIRT 引入多维能力和多维项目区分度参数，进而模拟测验题目和被试间的交互作用(Reckase，2009)，采用概率函数模型来表征具有特定多维能力被试正确答对特定项目的概率。MIRT 可以同时估计被试的多个特质/维度上的能力值，并考虑各能力维度间的关系，因此对于多维心理测验数据，MIRT 可以更有效估计被试及测验项目的测量学参数。因此，根据 MIRT，研究者可以在多个特质/维度上分别进行推断和评价，也可以对测验项目在每个维度上的测量学特征进行深入分析，以检测测验项目所需属性/技能的详细结构(Gorin & Embretson，2006)，所以 MIRT 不论对被试的分析/评价还是对测验项目的分析/评价都更为精确和细致，这对于心理测验编制及开发具有重要意义，值得借鉴和推广（涂冬波等，2011）。

二、MIRT 与 FA 的关系

理论上，MIRT 是单维 IRT(UIRT) 与 FA 的结合。与因素分析一样，MIRT 也分为探索性的 MIRT 与验证性的 MIRT 两类，都可以用于处理分析测验多维的测量情境。但 MIRT 与 FA 又存在一些本质上的区别：

第一，FA(不论是 EFA 还是 CFA)是线性模型，即基于项目间的线性相关为基础进行的分析；而 MIRT 是非线性模型，多半采用 Logistic 曲线模型（具体模型详见本章第二节）。

第二，MIRT 往往被称为全息项目因素分析（Full-Information Item Factor Analysis，FIIFA），因为 MIRT 直接充分利用了项目得分原始数据的所有信息；而 FA(含 EFA 和 CFA)不是基于项目得分原始数据的直接分析，仅是从项目得分原始数据中提取出项目得分间的方差－协方差矩阵或相关矩阵并对之进行分析，在这种数据提取的过程中流失了原始得分的很多信息，因此 FA 不属全息项目因素分析。

第三，MIRT 模型中的区分度参数和难度参数与 FA(含 EFA 和 CFA)的因素负荷存在数学函数转换关系（Lord & Novick，1968；Takane & de Leeuw，1987）。因此，可以根据 MIRT 模型项目参数计算出 FA 的因素负荷；反之，我们无法根据 FA 的因素负荷反推出 MIRT 的区分度参数和难度参数。

第四，MIRT 可以估计出每个被试的潜在多维能力值，从而实现对被试潜在特质的评价；而 FA 无法估计出每个被试的潜在多维能力值。

三、MCAT 的产生

在过去的几十年中，CAT 取得了巨大发展。与纸笔测验相比，CAT 在测量精度、测验效率、测验耗时、测验工具标准化、测试时间等方面具有许多不可替代的优势。但传统 CAT 一般都建立在单维能力 IRT 基础上，对于多维能力的测量缺少更为有效的方法。

随着多维项目反应理论发展，人们觉得有必要在传统 CAT 的基础上进一步发展多维自适应测验（MAT，MCAT），这方面早期较有代表性的研究人物有 Bloxom 和 Vale(1987)，Tam(1992) 和 Segall(1996)。由于 MCAT 兼顾 MIRT 和 CAT 的双重优点，因此具有更为广泛的应用和发展前景。

MCAT 与传统单维 CAT(UCAT)一样，都涉及题库建设、初选题选取、选题策略、参数估计、终止策略等核心环节。但与 UCAT 相比，MCAT 由于能力的多维性，在选题策略、参数估计等方面显然更为复杂。为了让读者更好地了解 MCAT 及其一些相关环节，本章重点介绍当前 MCAT 中常用 IRT 模型、参数估计算法以及自适应选题策略等。

第二节　MCAT 中常用 IRT 模型

一、二级评分的多维项目反应模型

Reckase 和 Mckinley(1982)在回顾以往大量 MIRT 模型的基础上，提出了当前最实用的三参数 Logistic 多维项目反应模型。该模型的项目反应函数为

$$P(U_{ij}=1 \mid \boldsymbol{\theta}_i)=c_j+\frac{1-c_j}{1+\exp\left[-D(\boldsymbol{a}_j^T\boldsymbol{\theta}_i+d_j)\right]}, \tag{5.2.1}$$

其中

$\boldsymbol{\theta}_i=(\theta_{i1}, \theta_{i2}, \cdots, \theta_{ip})$：被试 i 的 p 维能力向量；

$\boldsymbol{a}_j=(a_{j1}, a_{j2}, \cdots, a_{jp})^T$：项目 j 的 p 维区分度向量；

c_j：项目猜测度参数；

d_j：与 MIRT 难度相关的参数，它不同于单维 IRT 的难度参数 b_j，但两者间存在某种函数转换式。

因此对于测验为 p 维的 MIRT 模型而言，每个被试有 p 维能力，每个项目有 p 维区分度，但每个项目只有一个猜测度参数 c_j 和一个与项目难度相关的参数 d_j。

为了与单维 Logistic 模型相对应，学者们(Reckase, 2009；Zhang & Stone, 2008)提出了多维区分度指标 MDISC(Multidimensional Discrimination)，用于评价 MIRT 的项目整体区分度，并根据 MDISC 指标将 MIRT 中的 d_j 参数转换为单维 IRT 的难度参数 b_j，具体计算公式如下：

$$MDISC_j = \sqrt{\sum_{k=1}^{p}(a_{jk})^2}, \tag{5.2.2}$$

$$b_j=\frac{-d_j}{MDISC_j}。 \tag{5.2.3}$$

$MDISC_j$ 和 b_j 分别代表基于 Logistic 多维模型的项目整体区分度参数和难度参数，它们与 Logistic 单维模型的区分度和难度参数意义一致。$MDISC_j$ 越大，说明项目 j 对多个维度的整体区分度越高，反之越低；b_j 越大，代表项目越难，反之越容易。

公式(5.2.1)中，若令 $c_j=0$，则三参数 Logistic 多维模型简化为二参数 Logistic 多维模型，参见公式(5.2.4)；若令 $c_j = 0$ 和 $\boldsymbol{a}_j = (1, 1, \cdots, 1)$，则公式(5.2.1)简化为单参数 Logistic 多维模型或多维 Rasch 模型，参见公式(5.2.5)。

$$P(U_{ij} = 1 \mid \boldsymbol{\theta}_i) = \frac{1}{1 + \exp\left[-D(\boldsymbol{a}_j^T \boldsymbol{\theta}_i + d_j)\right]}, \tag{5.2.4}$$

$$P(U_{ij} = 1 \mid \boldsymbol{\theta}_i) = \frac{1}{1 + \exp\left[-D\left(\sum \boldsymbol{\theta}_i + d_j\right)\right]}. \tag{5.2.5}$$

二、多级评分的多维项目反应模型

(一)多维等级反应模型

多维等级反应模型是在单维等级反应模型(GRM)的基础上拓展而来的。与单维一样，多维等级反应模型假设被试成功完成测验任务需要多个步骤(Steps)，且被试正确完成第 K 步则需以正确完成前 $K-1$ 步为基础。若记 P_{jt}^* 为被试得 t 分及 t 分以上的概率即累积类别反应函数(Cumulative Category Response Functions)，且记 P_{jt} 为被试恰得 t 分的概率即类别反应函数(Category Response Functions)，则

$$P_{jt}(\boldsymbol{\theta}_i) = P_{jt}^* - P_{j,t+1}^*, \tag{5.2.6}$$

其中

$$P_{jt}^* = \frac{1}{1 + \exp\left[-D(\boldsymbol{a}_j^T \boldsymbol{\theta}_i + d_{jt})\right]}, \tag{5.2.7}$$

并令 $P_{j0}^* = 1$ 和 $P_{j,mf_j+1}^* = 0$(其中 mf_j 指项目 j 的满分值)，即被试得 0 分及 0 分以上的概率为 1，被试得 $mf_j + 1$ 分的概率为 0，则满足 $\sum_{t=0}^{mf_j} P(U_{ij} = t \mid \boldsymbol{\theta}_i) = 1$。

(二)多维拓展分部评分模型

多维拓展分部评分模型(Multidimensional Generalized Partial Credit Model, MGPCM)是由单维拓展分部评分模型演化而来，MGPCM 的数学表达式为

$$P_{jt}(\boldsymbol{\theta}_i) = \frac{\exp\left(t \times \boldsymbol{a}_j^T \boldsymbol{\theta}_i - \sum_{u=0}^{t} \beta_{ju}\right)}{\sum_{v=0}^{mf_j} \exp\left(v \times \boldsymbol{a}_j^T \boldsymbol{\theta}_i - \sum_{u=0}^{v} \beta_{ju}\right)}, \tag{5.2.8}$$

其中 β_{ju} 表示得 u 分的阈值参数(Threshold Parameter)，并且限定 $\beta_{j0} = 0$，其他符号与前面相同。

Yao 和 Schwarz(2006)以公式(5.2.8)为基础，进一步拓展出了 MGPCM 的区分度与难度参数：

$$MDISC_j = \sqrt{\sum_{k=1}^{p} (a_{jk})^2}, \tag{5.2.9}$$

$$b_j = \frac{-\sum_{u=0}^{mf_j} \beta_{ju}}{mf_j \times MDISC_j}. \tag{5.2.10}$$

第三节 MCAT 能力估计方法

MCAT 能力参数估计方法与传统 CAT 估计方法基本相同，只是 MCAT 中涉及的被试能力维度更多。MCAT 能力条件估计方法主要有极大似然估计、贝叶斯极大后验估计、贝叶斯期望后验估计等。

一、极大似然估计

(一)牛顿-拉夫逊迭代

极大似然估计首先需界定模型的似然函数，若令 $L(U_i \mid \theta_i)$ 为能力 θ_i 的被试在测验作答矩阵为 U_i 的似然函数，在假设项目局部独立（Local Independence，LD）条件下，有

$$L(U_i \mid \theta_i) = \prod_{j=1}^{n} P_{ij}(\theta_i)^{u_{ij}} Q_{ij}(\theta_i)^{1-u_{ij}}, \tag{5.3.1}$$

其中 $Q_{ij}(\theta_i) = 1 - P_{ij}(\theta_i)$。

对上式取对数似然，则有

$$\ln L(U_i \mid \theta_i) = \sum_{j=1}^{n} \left[u_{ij} \ln P_{ij}(\theta_i) + (1-u_{ij}) \ln Q_{ij}(\theta_i) \right]。 \tag{5.3.2}$$

公式(5.3.1)最大似然与公式(5.3.2)对数最大似然条件下对应的能力值相同，因此，为了简化运算量，可通过求对数最大似然极大化来获取能力的极大似然估计值 $\hat{\theta}_i^{MLE}$，即

$$\hat{\theta}_i^{MLE} = \arg\max_{l} \{\ln L(U_i \mid \theta_l)\}。 \tag{5.3.3}$$

也即通过解如下方程式获取：

$$\frac{\partial}{\partial \theta} \ln L(U_i \mid \theta_i) = \begin{bmatrix} \dfrac{\partial}{\partial \theta_1} \ln L(U_i \mid \theta_i) \\[2mm] \dfrac{\partial}{\partial \theta_2} \ln L(U_i \mid \theta_i) \\[2mm] \cdots \\[2mm] \dfrac{\partial}{\partial \theta_p} \ln L(U_i \mid \theta_i) \end{bmatrix} = 0,$$

其中

$$\begin{aligned} \frac{\partial}{\partial \theta_k} \ln L(U_i \mid \theta_i) &= \sum_{j=1}^{n} \left[[u_{ij} - P_{ij}(\theta)] \frac{P'_{ij}(\theta)}{P_{ij}(\theta) Q_{ij}(\theta)} \right] \\ &= D \sum_{j=1}^{n} \frac{a_{jk} [P_{ij}(\theta) - c_j][u_{ij} - P_{ij}(\theta)]}{(1-c_j) P_{ij}(\theta)}。 \end{aligned}$$

由于上式为非线性方程，因此可通过牛顿-拉夫逊（Newton-Raphson）迭代方

法求其近似解，即

$$\boldsymbol{\theta}_i^{(v+1)} = \boldsymbol{\theta}_i^{(v)} - \boldsymbol{\delta}_i^{(v)}, \tag{5.3.4}$$

其中

$$\boldsymbol{\delta}_i^{(v)} = [\boldsymbol{H}(\boldsymbol{\theta}_i^{(v)})]^{-1} \times \frac{\partial}{\partial \boldsymbol{\theta}} \ln L(\boldsymbol{U}_i \mid \boldsymbol{\theta}_i^{(v)}). \tag{5.3.5}$$

$\boldsymbol{H}(\boldsymbol{\theta}_i)$ 为对数似然函数在 $\boldsymbol{\theta}_i$ 处的二阶导矩阵，即

$$\boldsymbol{H}(\boldsymbol{\theta}_i^{(v)}) = \begin{bmatrix} \partial^2 \ln L/\partial \boldsymbol{\theta}_1^2 & \partial^2 \ln L/\partial \boldsymbol{\theta}_1 \partial \boldsymbol{\theta}_2 \cdots & \partial^2 \ln L/\partial \boldsymbol{\theta}_1 \partial \boldsymbol{\theta}_p \\ & \partial^2 \ln L/\partial \boldsymbol{\theta}_2^2 & \cdots & \partial^2 \ln L/\partial \boldsymbol{\theta}_2 \partial \boldsymbol{\theta}_p \\ & & \ddots & \vdots \\ & & & \partial^2 \ln L/\partial \boldsymbol{\theta}_p^2 \end{bmatrix},$$

其中 $\boldsymbol{H}(\boldsymbol{\theta}_i^{(v)})$ 的第 k 行第 k 列元素（对角元素）为

$$\frac{\partial^2 \ln L}{\partial \boldsymbol{\theta}_k^2} = D^2 \sum_{j=1}^n \frac{a_{jk}^2 Q_{ij}(\boldsymbol{\theta})[P_{ij}(\boldsymbol{\theta}) - c_j][c_j u_{ij} - P_{ij}^2(\boldsymbol{\theta})]}{P_{ij}^2(\boldsymbol{\theta})(1 - c_j)^2}.$$

$\boldsymbol{H}(\boldsymbol{\theta}_t^{(v)})$ 的第 k 行第 l 列元素为

$$\frac{\partial^2 \ln L}{\partial \boldsymbol{\theta}_k \boldsymbol{\theta}_l} = D^2 \sum_{j=1}^n \frac{a_{jk}^2 Q_{ij}(\boldsymbol{\theta})[P_{ij}(\boldsymbol{\theta}) - c_j][c_j u_{ij} - P_{ij}^2(\boldsymbol{\theta})]}{P_{ij}^2(\boldsymbol{\theta})(1 - c_j)^2}.$$

对于公式（5.3.4）和公式（5.3.5）中的牛顿-拉夫逊迭代，当 $\boldsymbol{\delta}$ 足够小时（如 0.001），则迭代结束，即可获得能力极大似然估计值 $\hat{\boldsymbol{\theta}}_i^{MLE}$。

（二）Fisher-score 迭代

如果初始值与参数真值相差较远，则上公式中的参数可能无法收敛。这时可以采用 Fisher-score 迭代（Segall，1996）来保证收敛，即采用二阶导的期望矩阵（信息矩阵）来代替二阶导矩阵，即

$$\boldsymbol{\delta}_i^{(v)} = [E(\boldsymbol{H}(\boldsymbol{\theta}_i^{(v)}))]^{-1} \times \frac{\partial}{\partial \boldsymbol{\theta}} \ln L(\boldsymbol{U}_i \mid \boldsymbol{\theta}_i^{(v)}), \tag{5.3.6}$$

$$E[\boldsymbol{H}(\boldsymbol{\theta}_i^{(v)})] = -I(\boldsymbol{\theta}, \hat{\boldsymbol{\theta}}). \tag{5.3.7}$$

$I(\boldsymbol{\theta}, \hat{\boldsymbol{\theta}})$ 为 Fisher 信息函数矩阵，该矩阵的第 k 行第 k 列元素（对角元素）和第 k 行第 l 列元素分别为

$$\boldsymbol{I}_{kk}(\boldsymbol{\theta}, \hat{\boldsymbol{\theta}}) = -D^2 \sum_{j=1}^n \frac{a_{jk}^2 Q_{ij}(\boldsymbol{\theta})[P_{ij}(\boldsymbol{\theta}) - c_j][c_j P_{ij}(\boldsymbol{\theta}) - P_{ij}^2(\boldsymbol{\theta})]}{P_{ij}^2(\boldsymbol{\theta})(1 - c_j)^2},$$

$$\boldsymbol{I}_{kl}(\boldsymbol{\theta}, \hat{\boldsymbol{\theta}}) = -D^2 \sum_{j=1}^n \frac{a_{jk} a_{jl} Q_{ij}(\boldsymbol{\theta})[P_{ij}(\boldsymbol{\theta}) - c_j][c_j P_{ij}(\boldsymbol{\theta}) - P_{ij}^2(\boldsymbol{\theta})]}{P_{ij}^2(\boldsymbol{\theta})(1 - c_j)^2}.$$

对于公式（5.3.6）和公式（5.3.7）中的 Fisher-score 迭代，当 $\boldsymbol{\delta}$ 足够小时（如 0.001），则迭代结束，即可获得能力极大似然估计值 $\hat{\boldsymbol{\theta}}_i^{MLE}$。

二、贝叶斯极大后验估计

(一)牛顿-拉夫逊迭代

若记 $g(\boldsymbol{\theta}_i \mid \boldsymbol{U}_i)$ 为被试 i 能力为 $\boldsymbol{\theta}_i$ 的后验分布，并记 $g(\boldsymbol{\theta}_i)$ 服从均值为 $\boldsymbol{\mu}$，协方差矩阵为 $\boldsymbol{\Phi}$ 的多变量正态分布（$\boldsymbol{\theta}_i$ 先验的分布），记 $g(\boldsymbol{U}_i)$ 为 $\boldsymbol{U}_i$ 的边际概率，根据贝叶斯定理，有

$$g(\boldsymbol{\theta}_i \mid \boldsymbol{U}_i) = L(\boldsymbol{U}_i \mid \boldsymbol{\theta}_i)\frac{g(\boldsymbol{\theta}_i)}{g(\boldsymbol{U}_i)}。 \tag{5.3.8}$$

能力的极大后验估计就是通过极大化能力后验分布来获取能力估计值 $\hat{\boldsymbol{\theta}}_i^{MAP}$，即

$$\hat{\boldsymbol{\theta}}_i^{MAP} = \arg\max_l \{\ln f(\boldsymbol{\theta}_l \mid \boldsymbol{U}_i)\}。 \tag{5.3.9}$$

也即通过解如下方程式获取：

$$\frac{\partial \ln f(\boldsymbol{\theta}_l \mid \boldsymbol{U}_i)}{\partial \boldsymbol{\theta}} = \begin{bmatrix} \dfrac{\partial}{\partial \boldsymbol{\theta}_1}\ln f(\boldsymbol{\theta}_l \mid \boldsymbol{U}_i) \\[2mm] \dfrac{\partial}{\partial \boldsymbol{\theta}_2}\ln f(\boldsymbol{\theta}_l \mid \boldsymbol{U}_i) \\[1mm] \cdots \\[1mm] \dfrac{\partial}{\partial \boldsymbol{\theta}_p}\ln f(\boldsymbol{\theta}_l \mid \boldsymbol{U}_i) \end{bmatrix} = 0。$$

其中

$$\begin{aligned} \frac{\partial \ln f(\boldsymbol{\theta}_l \mid \boldsymbol{U}_i)}{\partial \boldsymbol{\theta}_k} &= \frac{\partial \ln L(\boldsymbol{U}_i \mid \boldsymbol{\theta}_i)}{\partial \boldsymbol{\theta}_k} - \frac{1}{2}\frac{\partial}{\partial \boldsymbol{\theta}_k}\left[(\boldsymbol{\theta}_i - \boldsymbol{\mu})^T \boldsymbol{\Phi}^{-1}(\boldsymbol{\theta}_i - \boldsymbol{\mu})\right] \\ &= \frac{\partial \ln L(\boldsymbol{U}_i \mid \boldsymbol{\theta}_i)}{\partial \boldsymbol{\theta}_k} - \left[\frac{\partial}{\partial \boldsymbol{\theta}_k}(\boldsymbol{\theta}_i - \boldsymbol{\mu})^T\right]\boldsymbol{\Phi}^{-1}(\boldsymbol{\theta}_i - \boldsymbol{\mu}) \\ &= D\sum_{j=1}^n \frac{a_{jk}[P_{ij}(\boldsymbol{\theta}) - c_j][u_{ij} - P_{ij}(\boldsymbol{\theta})]}{(1 - c_j)P_{ij}(\boldsymbol{\theta})} \\ &\quad - \left[\frac{\partial}{\partial \boldsymbol{\theta}_k}(\boldsymbol{\theta}_i - \boldsymbol{\mu})^T\right]\boldsymbol{\Phi}^{-1}(\boldsymbol{\theta}_i - \boldsymbol{\mu})。 \end{aligned}$$

$\left[\dfrac{\partial}{\partial \theta_k}(\boldsymbol{\theta}_i - \boldsymbol{\mu})^T\right]$ 是一个 $1 \times p$ 的向量，除第 k 维元素为 1 外，其余值均为 0。$\boldsymbol{\mu}$ 和 $\boldsymbol{\Phi}$ 分别为 $\boldsymbol{\theta}$ 多元正态先验分布的平均数和协方差矩阵。

同样，上述方程为非线性方程，可通过牛顿-拉夫逊（Newton-Raphson）迭代方法求其近似解，即

$$\boldsymbol{\theta}_i^{(v+1)} = \boldsymbol{\theta}_i^{(v)} - \boldsymbol{\delta}_i^{(v)}, \tag{5.3.10}$$

其中

$$\boldsymbol{\delta}_i^{(v)} = \left[\boldsymbol{J}(\boldsymbol{\theta}_i^{(v)})\right]^{-1} \times \frac{\partial \ln f(\boldsymbol{\theta}_l \mid \boldsymbol{U}_i)}{\partial \theta_k}。 \tag{5.3.11}$$

$J(\boldsymbol{\theta}_i^{(v)})$ 为 $f(\boldsymbol{\theta}_l \mid \boldsymbol{U}_i)$ 在 $\boldsymbol{\theta}_i$ 处的二阶导矩阵，它是 $p \times p$ 的对称矩阵，即

$$\boldsymbol{J}(\boldsymbol{\theta}_i^{(v)}) = \begin{bmatrix} \partial^2 \ln f(\boldsymbol{\theta}_l \mid \boldsymbol{U}_i)/\partial \boldsymbol{\theta}_1^2 & \partial^2 f(\boldsymbol{\theta}_l \mid \boldsymbol{U}_i)/\partial \boldsymbol{\theta}_1 \partial \boldsymbol{\theta}_2 \cdots & \partial^2 f(\boldsymbol{\theta}_l \mid \boldsymbol{U}_i)/\partial \boldsymbol{\theta}_1 \partial \boldsymbol{\theta}_p \\ & \partial^2 f(\boldsymbol{\theta}_l \mid \boldsymbol{U}_i)/\partial \boldsymbol{\theta}_2^2 & \cdots & \partial^2 f(\boldsymbol{\theta}_l \mid \boldsymbol{U}_i)/\partial \boldsymbol{\theta}_2 \partial \boldsymbol{\theta}_p \\ & & \vdots & \vdots \\ & & & \partial^2 f(\boldsymbol{\theta}_l \mid \boldsymbol{U}_i)/\partial \boldsymbol{\theta}_p^2 \end{bmatrix}。$$

其中 $\boldsymbol{J}(\boldsymbol{\theta}_i^{(v)})$ 的对角元素为

$$\frac{\partial^2 \ln f(\boldsymbol{\theta}_l \mid \boldsymbol{U}_i)}{\partial \boldsymbol{\theta}_k^2} = \frac{\partial^2 \ln L(\boldsymbol{U}_i \mid \boldsymbol{\theta}_l)}{\partial \boldsymbol{\theta}_k^2} - \frac{1}{2} \frac{\partial^2}{\partial \boldsymbol{\theta}_k^2} \left[(\boldsymbol{\theta}_i - \boldsymbol{\mu})^T \boldsymbol{\Phi}^{-1} (\boldsymbol{\theta}_i - \boldsymbol{\mu}) \right]$$

$$= \frac{\partial^2 \ln L(\boldsymbol{U}_i \mid \boldsymbol{\theta}_l)}{\partial \boldsymbol{\theta}_k^2} - \left[\frac{\partial}{\partial \theta_k} (\boldsymbol{\theta}_i - \boldsymbol{\mu})^T \right] \boldsymbol{\Phi}^{-1} \frac{\partial}{\partial \theta_k} (\boldsymbol{\theta}_i - \boldsymbol{\mu})$$

$$= D^2 \sum_{j=1}^{n} \frac{a_{jk}^2 Q_{ij}(\boldsymbol{\theta}) [P_{ij}(\boldsymbol{\theta}) - c_j] [c_j u_{ij} - P_{ij}^2(\boldsymbol{\theta})]}{P_{ij}^2(\boldsymbol{\theta}) (1 - c_j)^2} - \varphi^{kk}。$$

φ^{kk} 为 $\boldsymbol{\Phi}^{-1}$ 矩阵的第 k 行第 k 列元素。

$\boldsymbol{J}(\boldsymbol{\theta}_i^{(v)})$ 的非对角元素为

$$\frac{\partial^2 \ln f(\boldsymbol{\theta}_l \mid \boldsymbol{U}_i)}{\partial \boldsymbol{\theta}_k \partial \boldsymbol{\theta}_l} = D^2 \sum_{j=1}^{n} \frac{a_{jk} a_{jl} Q_{ij}(\boldsymbol{\theta}) [P_{ij}(\boldsymbol{\theta}) - c_j] [c_j u_{ij} - P_{ij}^2(\boldsymbol{\theta})]}{P_{ij}^2(\boldsymbol{\theta}) (1 - c_j)^2} - \varphi^{kl}。$$

φ^{kl} 为 $\boldsymbol{\Phi}^{-1}$ 矩阵的第 k 行第 l 列元素。

(二)Fisher-score 迭代

与 MLE 同理，如果初始值与参数真值相差较远，则上公式中的参数可能无法收敛。这时可以采用 Fisher-score 迭代(Segall，1996)来保证收敛，即采用二阶导的期望矩阵(信息矩阵)来代替二阶导矩阵，即

$$\boldsymbol{\theta}_i^{(v+1)} = \boldsymbol{\theta}_i^{(v)} - \boldsymbol{\delta}_i^{(v)}。 \tag{5.3.12}$$

其中

$$\boldsymbol{\delta}_i^{(v)} = E\left[\boldsymbol{J}(\boldsymbol{\theta}_i^{(v)})\right]^{-1} \times \frac{\partial \ln f(\boldsymbol{\theta}_l \mid \boldsymbol{U}_i)}{\partial \boldsymbol{\theta}_k}, \tag{5.3.13}$$

$$E[\boldsymbol{J}(\boldsymbol{\theta}_i^{(v)})] = -\boldsymbol{W}。 \tag{5.3.14}$$

$\boldsymbol{W}$ 矩阵同样为对称矩阵，其第 k 行第 k 列元素为

$$w_{kk} = -D^2 \sum_{j=1}^{n} \frac{a_{jk}^2 Q_{ij}(\boldsymbol{\theta}) [P_{ij}(\boldsymbol{\theta}) - c_j] [c_j P_{ij}(\boldsymbol{\theta}) - P_{ij}^2(\boldsymbol{\theta})]}{P_{ij}^2(\boldsymbol{\theta}) (1 - c_j)^2} + \varphi^{kk}。$$

$$\tag{5.3.15}$$

第 k 行第 l 列元素为

$$w_{kl} = -D^2 \sum_{j=1}^{n} \frac{a_{jk} a_{jl} Q_{ij}(\boldsymbol{\theta}) [P_{ij}(\boldsymbol{\theta}) - c_j] [c_j P_{ij}(\boldsymbol{\theta}) - P_{ij}^2(\boldsymbol{\theta})]}{P_{ij}^2(\boldsymbol{\theta}) (1 - c_j)^2} + \varphi^{kl}。$$

三、贝叶斯期望后验估计

贝叶斯期望后验估计算法可以通过高斯-埃尔米特求积或 Monte Carlo 积分求

能力维度的后验边际期望估计值，即

$$\hat{\theta}_{ik}^{EAP} = E(\boldsymbol{\theta}_k \mid \boldsymbol{U}_i) = \frac{\int \boldsymbol{\theta}_k \int \cdots \int L(\boldsymbol{\theta}) f(\boldsymbol{\theta}) \partial \boldsymbol{\theta}}{\iint \cdots \int L(\boldsymbol{\theta}) f(\boldsymbol{\theta}) \partial \boldsymbol{\theta}}$$

$$\approx \frac{\sum\limits_{\boldsymbol{\theta}_p=1}^{q_p} \cdots \sum\limits_{\theta_z=1}^{q_z} \sum\limits_{\theta_1=1}^{q_1} \boldsymbol{\theta}_k L(\boldsymbol{\theta}) A(\boldsymbol{\theta}_1) A(\boldsymbol{\theta}_2) \cdots A(\boldsymbol{\theta}_p)}{\sum\limits_{\boldsymbol{\theta}_p=1}^{q_p} \cdots \sum\limits_{\theta_z=1}^{q_z} \sum\limits_{\theta_1=1}^{q_1} L(\boldsymbol{\theta}) A(\boldsymbol{\theta}_1) A(\boldsymbol{\theta}_2) \cdots A(\boldsymbol{\theta}_p)} 。$$

$\boldsymbol{\theta}_p$ 指第 p 维能力，q_p 指第 p 维能力的结点数，$A(\boldsymbol{\theta}_p)$ 指能力 $\boldsymbol{\theta}_p$ 在对应标准正态分布上的权。

第四节　MCAT 选题策略

选题策略是实现 MCAT 自适应的关键环节，也是 MCAT 的核心环节。当前，按信息量进行自适应测验选题是当前多维计算机化自适应测验的主要选题策略，本节重点介绍基于 Fisher 信息量和基于 Kullback-Leibler(KL)信息量的两种选题策略。

一、基于 Fisher 信息矩阵的选题策略

（一）MIRT 中的 Fisher 信息矩阵

Fisher 信息量选题方法在 UCAT 中已被广泛应用，但与 UCAT 不同，在 UCAT 中 Fisher 信息是一个实数，而在多维项目反应模型 MIRT 中，Fisher 信息为一矩阵。在 MIRT 中，项目 j 在能力 $\boldsymbol{\theta}$ 处提供的信息矩阵为

$$\boldsymbol{I}_j(\boldsymbol{\theta}_i) = -E\left\{\frac{\partial^2}{\partial \boldsymbol{\theta} \partial \boldsymbol{\theta}^T}\log^{①} L(\boldsymbol{U}_i \mid \boldsymbol{\theta}_i)\right\} \tag{5.4.1}$$

$$= \frac{Q_{ij}(\boldsymbol{\theta})[P_{ij}(\boldsymbol{\theta}) - c_j]^2}{P_{ij}(\boldsymbol{\theta})(1 - c_j)^2}(\boldsymbol{a}_j \boldsymbol{a}_j^T),$$

则测验在能力 $\boldsymbol{\theta}$ 处提供的信息矩阵为

$$\boldsymbol{I}(\boldsymbol{\theta}_i) = \sum_{j=1}^n \boldsymbol{I}_j(\boldsymbol{\theta}_i) 。 \tag{5.4.2}$$

在大样本理论框架下，信息矩阵可以表达为最大似然能力估计值（$\hat{\boldsymbol{\theta}}_i^{MLE}$）的方差-协方差矩阵，即

$$\hat{\boldsymbol{\theta}}_i^{MLE} \sim N(\boldsymbol{\theta}_0, \boldsymbol{I}^{-1}(\boldsymbol{\theta}_0)), \tag{5.4.3}$$

---

① 本书中的 log 均以自然数 e 为底数。

$\boldsymbol{\theta}_0$ 为能力真值，$\boldsymbol{I}^{-1}(\boldsymbol{\theta}_0)$ 为信息矩阵的逆矩阵。

为了在 MCAT 环境下使用 Fisher 信息矩阵进行项目自适应选题，学者们（Silvey，1980；Segall，1996；Mulder & van der Linden，2009）根据不同测验目的，提出了几种不同的基于 Fisher 信息矩阵的优化选题策略。

(二)保证所有能力维度精度的优化选题策略

若 MCAT 关注所有能力维度上的测量精度，学者们提出了三种优化的选题策略，分别是 D 优化法、A 优化法和 E 优化法。

1. D 优化法

D 优化法是指挑选使 Fisher 信息矩阵具有最大行列式值的项目（Segall，1996），即

$$j \equiv \arg \max_{j}(\det(\boldsymbol{I}_{S_{j-1}}(\hat{\boldsymbol{\theta}}_{MLE}) + \boldsymbol{I}_j(\hat{\boldsymbol{\theta}}_{MLE})), \ j \in R_j), \qquad (5.4.4)$$

$\boldsymbol{I}_{S_{j-1}}(\hat{\boldsymbol{\theta}})$ 指测验进行到 $(j-1)$ 题后在 $\hat{\boldsymbol{\theta}}$ 处的测验信息矩阵，$\boldsymbol{I}_j(\hat{\theta}_{MLE})$ 为项目 j 在 $\hat{\boldsymbol{\theta}}$ 处提供的信息矩阵，det 指矩阵行列式的值，R_j 为 CAT 测试过程中当前剩余题目集。

后来 Segall(1996)又提出了基于 MAP 参数估计算法的贝叶斯 D 优化法，即

$$j \equiv \arg \max_{j}(\det(\boldsymbol{I}_{S_{j-1}}(\hat{\theta}_{MAP}) + \boldsymbol{I}_j(\hat{\theta}_{MAP}) + \boldsymbol{\Phi}^{-1}), \ j \in R_j),$$

$\boldsymbol{\Phi}$ 为能力先验分布的方差-协方差矩阵。

2. A 优化法

A 优化法是指挑选使能力估计方差之和最小的项目（Mulder & van der Linden，2009），它等价于使 Fisher 信息矩阵的逆具有最小迹(trace)，即

$$j \equiv \arg \min_{j}(trace((\boldsymbol{I}_{S_{j-1}} + \boldsymbol{I}_j)^{-1}), j \in R_j)$$
$$= \arg \max_{j} \frac{\det(\boldsymbol{I}_{S_{j-1}} + \boldsymbol{I}_j)}{\sum_{l=1}^{p} \det([\boldsymbol{I}_{S_{j-1}} + \boldsymbol{I}_j]_{[l,l]})}, \qquad (5.4.5)$$

其中 $[\boldsymbol{I}_{S_{j-1}} + \boldsymbol{I}_j]_{[l,l]}$ 指矩阵删除 $[\boldsymbol{I}_{S_{j-1}} + \boldsymbol{I}_j]$ 第 l 行和第 l 列后的子矩阵。

3. E 优化法

E 优化法是指挑选使 Fisher 信息矩阵的最小特征根最大的项目（Eigenvalue）（Mulder & van der Linden，2009），考虑到公式的复杂性这里省略。但 Mulder 和 van der Linden(2009)研究表明这种选题策略在处理稀疏矩阵时缺乏稳健性，而且它的能力估计精度不高。

(三)保证部分能力维度精度的优化选题策略

有些测验更为关注部分能力的测量精度，若测验仅关注前 s 维能力，而不太关注后 $p-s$ 维能力，则需使用 D_s 优化法和 A_s 优化法（Silvey，1980；Mulder &

van der Linden，2009），这时关注的是前 s 维的信息量矩阵，令

$$\boldsymbol{A}^T = [\boldsymbol{I}_{s \times s}, \ 0_{s \times (p-s)}],\qquad(5.4.6)$$

$\boldsymbol{I}_{s \times s}$ 是 $s \times s$ 单位矩阵。

1. D_s 优化法

$$j \equiv \arg\max_j \det\{[\boldsymbol{A}^T (\boldsymbol{I}_{S_{j-1}} + \boldsymbol{I}_j)^{-1} \boldsymbol{A}]^{-1}\}\,。\qquad(5.4.7)$$

2. A_s 优化法

$$j \equiv \arg\min_j (trace[\boldsymbol{A}^T (\boldsymbol{I}_{S_{j-1}} + \boldsymbol{I}_j)^{-1} \boldsymbol{A}], j \in R_k)$$

$$= \arg\max_j \frac{\det\{[\boldsymbol{A}^T (\boldsymbol{I}_{S_{j-1}} + \boldsymbol{I}_j)^{-1} \boldsymbol{A}]^{-1}\}}{\sum_{l=1}^{p} \det(\{[\boldsymbol{A}^T (\boldsymbol{I}_{S_{j-1}} + \boldsymbol{I}_j)^{-1} \boldsymbol{A}]^{-1}\}_{[l,l]})}\,。\qquad(5.4.8)$$

（四）保证综合加权能力精度的优化选题策略

假如测验关注加权综合能力（Composite Ability）的测量精度，即

$$\boldsymbol{\theta}_c = \boldsymbol{\lambda} \cdot \boldsymbol{\theta} = \sum_{k=1}^{p} \lambda_k \boldsymbol{\theta}_k,\qquad(5.4.9)$$

$\boldsymbol{\lambda}$ 为非负的加权系数向量，$\sum_{k=1}^{p} \lambda_k = 1$。

为了获得更为精确的能力线性组合的综合能力估计值，学者们提出可采用 C 优化法（C-optimality）（Silvey，1980；Mulder & van der Linden，2009），即

$$j \equiv \arg\min_j (\boldsymbol{\lambda}^T (\boldsymbol{I}_{S_{j-1}} + \boldsymbol{I}_j)^{-1} \boldsymbol{\lambda}) = \arg\max_j (\boldsymbol{\lambda}^T (\boldsymbol{I}_{S_{j-1}} + \boldsymbol{I}_j)^{-1} \boldsymbol{\lambda})^{-1}\,。$$

$$(5.4.10)$$

Mulder 和 van der Linden（2009）研究表明，若测验关注所有能力维度的精度，则 A 优化法和 D 优化法最佳（前者略优于后者）；若测验关注部分能力维度精度，则建议采用 A_s 优化法或 D_s 优化法；若测验关注线性加权综合能力估计精度，则宜采用 C 优化法。

二、基于 Kullback-Leibler 信息量的选题策略

（一）MIRT 中 Kullback-Leibler 信息量

$$KL(f \mid\mid g) = E_f\left[\ln \frac{f(\boldsymbol{\theta}_0)}{g(\boldsymbol{\theta})}\right],\qquad(5.4.11)$$

$$KL_j(\hat{\boldsymbol{\theta}}, \boldsymbol{\theta}_0) = P_j(\boldsymbol{\theta}_0)\ln\left[\frac{P_j(\boldsymbol{\theta}_0)}{P_j(\hat{\boldsymbol{\theta}})}\right] + [1 - P_j(\boldsymbol{\theta}_0)]\ln\left[\frac{1 - P_j(\boldsymbol{\theta}_0)}{1 - P_j(\hat{\boldsymbol{\theta}})}\right],$$

$$(5.4.12)$$

$$KL(\boldsymbol{\theta}, \boldsymbol{\theta}_0) = \sum_{j=1}^{n} KL_j(\boldsymbol{\theta}, \boldsymbol{\theta}_0),\qquad(5.4.13)$$

$\hat{\boldsymbol{\theta}}$ 为当前估计的能力值，$\boldsymbol{\theta}_0$ 为被试真实能力值。

(二)KI 选题策略

但在 CAT 过程中被试真实能力 θ_0 是未知，因此为了在 CAT 过程中可以使用 KL 信息量矩阵，Chang 和 Ying(1996)提出了 KL 指标(KL index，KI)；后来 Veldkamp 和 van der Linden(2002)在此基础上进一步提出了能力维度多元版 KI，计算公式如下：

$$KI_j(\hat{\boldsymbol{\theta}}) = \int_{\hat{\theta}_1-\frac{r}{\sqrt{k}}}^{\hat{\theta}_1+\frac{r}{\sqrt{k}}} \cdots \int_{\hat{\theta}_p-\frac{r}{\sqrt{k}}}^{\hat{\theta}_p+\frac{r}{\sqrt{k}}} KL_j(\hat{\boldsymbol{\theta}},\boldsymbol{\theta}_0) \partial\boldsymbol{\theta}_0 \qquad (5.4.14)$$

$$\approx \Delta \sum_{m_p=1}^{q_p} \cdots \sum_{m_2=1}^{q_2} \sum_{m_1=1}^{q_1} KL_j(\hat{\boldsymbol{\theta}},\boldsymbol{\theta}_0^m) \text{。}$$

Δ 为常数，k 为当前施测项目数，r 一般取值为 3，q_p 为第 p 维能力的节点数，$\theta_0^m = (\theta_{01}^m, \theta_{02}^m, \cdots, \theta_{0p}^m)$ 为积分节点。KI 为 KL 信息量矩阵的期望，也被称为全局信息量(Globe Information)。

$$j \equiv \arg\max_j (KI_j(\hat{\boldsymbol{\theta}}), j\in R_j) \text{。} \qquad (5.4.15)$$

(三)后验加权的 KL 选题策略

在 KI 指标基础上，Veldkamp 和 van der Linden(2002)提出了后验概率加权的 KI 法，也称贝叶斯 KL 信息量，即 K^B。

$$K_j^B(\hat{\boldsymbol{\theta}}) = \int_{\hat{\theta}_1-\frac{r}{\sqrt{k}}}^{\hat{\theta}_1+\frac{r}{\sqrt{k}}} \cdots \int_{\hat{\theta}_p-\frac{r}{\sqrt{k}}}^{\hat{\theta}_p+\frac{r}{\sqrt{k}}} KL_j(\hat{\boldsymbol{\theta}},\boldsymbol{\theta}_0) P(\boldsymbol{\theta}_0 \mid \boldsymbol{U}) \partial\boldsymbol{\theta}_0 \qquad (5.4.16)$$

$$\approx \Delta \sum_{m_p=1}^{q_p} \cdots \sum_{m_2=1}^{q_2} \sum_{m_1=1}^{q_1} \{P(\boldsymbol{\theta}_0^k \mid \boldsymbol{U}) KL_j(\hat{\boldsymbol{\theta}},\boldsymbol{\theta}_0^m)\} \text{，}$$

$$j \equiv \arg\max_j (K_j^B(\hat{\boldsymbol{\theta}}), j\in R_j) \text{。} \qquad (5.4.17)$$

研究证明，该方法与贝叶斯 D 优化方法具有相似的测量精度，但 K^B 方法更适用于具有内容约束的测验(Mulder & van der Linden，2010)。

(四)能力后验分布的 KL 距离选题策略

Mulder 和 van der Linden(2010)认为 CAT 中，每测试一个项目被试的能力后验分布都会更新，一个好的项目应该使测试前后被试能力后验密度变化差异尽量大，因此可采用 KL 来反映这种差异的大小，这种思路下的选择策略称为能力后验分布的 KL 距离选题策略，记为 K^P。若记 $g(\hat{\boldsymbol{\theta}} \mid \boldsymbol{U}_{j-1})$ 为测验进行到 $(j-1)$ 题后被试能力后验分布，$g(\hat{\boldsymbol{\theta}} \mid \boldsymbol{U}_j)$ 为测验进行到 j 题后被试能力后验分布，即

$$j \equiv \arg\max_j \{K_j^P(\hat{\boldsymbol{\theta}}), j\in R_j\}, \qquad (5.4.18)$$

$$K_j^P(\hat{\boldsymbol{\theta}}) = \sum_{t=0}^{1} \{P(x=t \mid \hat{\boldsymbol{\theta}}) KL_j(g(\hat{\boldsymbol{\theta}} \mid \boldsymbol{U}_{j-1}), g(\hat{\boldsymbol{\theta}} \mid \boldsymbol{U}_j))\} \text{。} \quad (5.4.19)$$

其中

$$KL_j(g(\hat{\boldsymbol{\theta}} \mid \boldsymbol{U}_{j-1}), g(\hat{\boldsymbol{\theta}} \mid \boldsymbol{U}_j)) = E_{g(\hat{\boldsymbol{\theta}} \mid \boldsymbol{U}_{j-1})} \left[\ln \frac{g(\hat{\boldsymbol{\theta}} \mid \boldsymbol{U}_{j-1})}{g(\hat{\boldsymbol{\theta}} \mid \boldsymbol{U}_j)} \right]$$

$$= \int_{\hat{\boldsymbol{\theta}}} g(\hat{\boldsymbol{\theta}} \mid \boldsymbol{U}_{j-1}) \ln \frac{g(\hat{\boldsymbol{\theta}} \mid \boldsymbol{U}_{j-1})}{g(\hat{\boldsymbol{\theta}} \mid \boldsymbol{U}_j)} \partial \hat{\boldsymbol{\theta}}。$$

(5.4.20)

与 K^B 方法相比，K^P 在处理上与贝叶斯思想更一致，而且能力估计更稳健。

三、基于互信息的选题策略

互信息表示随机变量 X，Y 的联合分布 $f(x, y)$ 与边际分布乘积 $f(x)f(y)$ 的 KL 距离，互信息越大表示 Y 所提供的关于 X 的信息量越大。Mulder 和 van der Linden(2010)提出应用于 MCAT 的 MUI 选题策略，令 $X = g(\boldsymbol{\theta} \mid \boldsymbol{U}_{j-1})$，$Y = P(x = t \mid \boldsymbol{U}_{j-1})$，即选择使被试当前(测验进行到 $j-1$ 题后)后验分布与待选题上预测作答分布间互信息最大的项目：

$$j \equiv \arg\max_j MUI(\boldsymbol{\theta}; x = t)$$

$$= \arg\max_j \left\{ \sum_{t=0}^{1} \int_{\theta} f(\boldsymbol{\theta}; x = t \mid \boldsymbol{U}_{j-1}) \log \frac{f(\boldsymbol{\theta}, x = t \mid \boldsymbol{U}_{j-1})}{f(\boldsymbol{\theta} \mid \boldsymbol{U}_{j-1})f(x = t \mid \boldsymbol{U}_{j-1})}, j \in R_j \right\}。$$

(5.4.21)

由于 $f(\boldsymbol{\theta}, x = t \mid \boldsymbol{U}_{j-1}) = f(x = t \mid \boldsymbol{\theta})f(\boldsymbol{\theta} \mid \boldsymbol{U}_{j-1})$，则该公式可简化为：

$$j \equiv \arg\max_j MUI(\boldsymbol{\theta}; x = t)$$

$$= \arg\max_j \left\{ \sum_{t=0}^{1} \int_{\theta} f(\boldsymbol{\theta}; x = t \mid \boldsymbol{U}_{j-1}) \log \frac{f(x = t \mid \boldsymbol{\theta})}{f(x = t \mid \boldsymbol{U}_{j-1})}, j \in R_j \right\}。$$

(5.4.22)

MUI 等价于最大化测验进行到 j 题后被试能力后验分布与当前能力后验分布间期望 KL 距离的 KLB 方法(Mulder & van der Linden，2010；Wang & Chang，2011)，因为 KL 具有不对称性，所以 KLB 与 K^P 并不相等。

四、基于连续香农熵的选题策略

香农熵(Shannon Entropy)度量了一个随机变量分布的内在不确定性程度(Shannon，1948)。当这个随机变量服从连续分布时，香农熵变为连续熵，也叫微分熵。Wang 和 Chang(2011)指出测验进行到 $(j-1)$ 题后被试能力后验分布的连续熵为

$$H(g(\boldsymbol{\theta} \mid \boldsymbol{U}_{j-1})) = \int_{\theta} g(\boldsymbol{\theta} \mid \boldsymbol{U}_{j-1}) \log \left[\frac{1}{g(\boldsymbol{\theta} \mid \boldsymbol{U}_{j-1})} \right] \partial \boldsymbol{\theta}。$$ (5.4.23)

由于被试在第 j 个项目上的作答是未知的，对第 j 个项目的作答求期望：

$$E_j(H(g(\boldsymbol{\theta} \mid x = t, \boldsymbol{U}_{j-1}))) = \sum_{t=0}^{1} H(g(\boldsymbol{\theta} \mid x = t, \boldsymbol{U}_{j-1})) P(x = t \mid \boldsymbol{U}_{j-1})$$

$$= \sum_{t=0}^{1} \left[\int g(\boldsymbol{\theta} \mid x = t, \boldsymbol{U}_{j-1}) \log\left(\frac{1}{g(\boldsymbol{\theta} \mid x = t, \boldsymbol{U}_{j-1})} \right) \partial\boldsymbol{\theta} \right] \times$$

$$\left[\int P(x = t \mid \boldsymbol{\theta}) g(\boldsymbol{\theta} \mid x = t, \boldsymbol{U}_{j-1}) \partial\boldsymbol{\theta} \right]. \tag{5.4.24}$$

CEM 方法将选择 R_j 中使期望后验连续熵最小的项目。

第五节　MCAT 终止规则

与 UCAT 一样，MCAT 的终止规则一般有两种：一种是定长（Fixed Length），即当被试完成了事先规定的 m 题（如 $m = 25$）则结束测试；另一种是不定长（Variable Length），即当被试的测量误差（或测量信度）达到了事先规定的要求则结束测试，这种规则的特点是被试的测量误差（或测量信度）相近，但每个被试使用的题量不等。

一、定长 MCAT 中测验长度的确定方法

定长 MCAT 中，测验长度的确定，需要满足：这种测验长度下，不同能力的被试测量的精度（或误差）在一个可接受的合理范围内（如整体测验误差要小于0.20），但不必要求所有被试的测量误差都一样或相近。那么如何来确定这种测验长度？通常做法是，预先调查题库中项目难度及区分度的分布情况，并根据已建好的 MCAT 题库中的实有项目参数，通过 Monte Carlo 方法模拟不同能力被试在 MCAT 上的作答，并考查其在 MCAT 不同测验长度下的测量误差，同时根据大多被试可接受的测验长度等因素，共同确定相应的测验长度。

二、不定长 MCAT 终止规则

（一）基于项目信息量的终止规则

IRT 中用信息量来反映测量的误差，因此 UCAT 一般是通过固定信息量的取舍来实现不定长测试。但在 MIRT 中，由于信息矩阵不再是一个标量，因而需要对信息矩阵作一步处理。

Wang，Chang（2013）和 Wang（2014）分别提出给后验期望 KL 距离和能力后验分布连续熵设定一个上限 e_1 和 e_2（该上限即为测量精度），则一旦它们低于上界值时意味着能力的后验概率分布集中于一定区域，即能力估计的方差低于某一给定值。于是，在此基础上构建了 K-规则和 CEM-规则。

$$R_K = \inf \left\{ j \geqslant 1 : \sum_{x_j=0}^{1} P(x_j \mid X_{k-1}) KL(\pi_k, \pi_{k-1}) \leqslant e_1 \right\}, \qquad (5.5.1)$$

$$R_{CEM} = \inf \{ k \geqslant 1 : H(\pi_{k-1}(\hat{\boldsymbol{\theta}} \mid X_{k-1})) \leqslant e_2 \}. \qquad (5.5.2)$$

(二)基于能力估计误差的终止规则

1. D-规则和 E-规则

在给定置信水平 α 下，多维能力估计的置信椭圆（或椭球体）的面积（或体积）为：$S \text{ or } V = v \times \sqrt{|\sum_j|}$，其中 $v = (2\pi)^{M/2} [\chi_M^2(\alpha)]^{M/2} [M \cdot \Gamma(M/2)]^{-1}$，$\Gamma$ 表示 Gamma 函数。若限制 V 的最大值为 e（或 S 的最大轴长度为 $2q$），则 D-规则表示为

$$R_D = \inf \{ j \geqslant 1 : |I(\hat{\boldsymbol{\theta}})| \geqslant (v/e)^2 \}, \qquad (5.5.3)$$

E-规则表示为

$$R_E = \inf \{ j \geqslant 1 : \lambda_{j,\min} \geqslant \chi_M^2(\alpha)/q^2 \}, \qquad (5.5.4)$$

$\lambda_{j,\min}$ 表示 Fisher 信息矩阵的最小特征值。

2. T-规则

T-规则指当能力估计的总方差小于 σ^2 时结束测验，即

$$R_T = \inf \{ j \geqslant 1, trace(I^{-1}(\hat{\boldsymbol{\theta}})) \leqslant \sigma^2 \}, \qquad (5.5.5)$$

但为了保证各能力维度的方差均小于预设值 e，则修改的 T-规则表示为

$$R'_T = \inf \{ j \geqslant 1, \max\{I_{ii}^{-1}(\hat{\theta})\} \leqslant e \}. \qquad (5.5.6)$$

思考题：

1. MIRT 模型有哪些？各有什么特点？

2. 简述 MCAT 常用能力估计方法及其特点。

3. MCAT 选题算法有哪些类型？

4. MCAT 选题算法中哪些算法不是对多维能力（theta）的自适应？

5. MCAT 不定长终止规则有哪些？

第六章　认知诊断计算机化自适应测验

认知诊断计算机化自适应测验(CD-CAT)兼具认知诊断与计算机化自适应测验双重优点而深受研究者和应用者的青睐,它目前已成为心理测量领域的重要发展方向之一,也是国际心理测量领域研究的热点之一。本章重点介绍了CD-CAT的产生、CD-CAT中常用认知诊断模型、CD-CAT的选题方法、参数估计、终止规则及在线标定等;对CD-CAT进行了总结与展望。

第一节 CD-CAT 简介

一、认知诊断测验

(一)认知诊断测验的由来

随着心理测量学和认知心理学的进一步发展，人们越来越不满足于只关注个体宏观层次的能力水平评估，还希望深入了解个体内部微观心理加工过程，进而揭示传统标准测验理论"统计结构"所蕴含的心理学意义。Mislevy(1993)将心理测量学的这种研究视野称为"认知水平研究范式"(Cognition Level Paradigm)。Frederiksen，Mislevy 和 Bejar(1993)的专著 *Test Theory For A New Generation Of Tests* 的出版，标志着新一代测验理论的诞生。新一代测验理论强调测验应同时在"能力水平"和"认知水平"两种水平的研究范式下进行，强调用心理学理论(尤其是认知心理学理论)来指导测验编制，从而使测验所测量的特质及对测量结果的解释具有心理学理论支持(涂冬波，蔡艳，丁树良，2012)。

在新一代测验理论中，认知诊断理论被视为其核心。认知诊断测验(Cognitive Diagnosis Testing，CDT)是认知心理学与现代测量学相结合的产物。它对个体的评价不再只是对被试的能力层面的评估，而是要对个体内部微观的认知状态(Knowledge State，KS；又名属性掌握模式，Attribute Mastery Pattern，AMP)(Tatsuoka，1991)进行诊断，进一步揭示个体内部心理加工过程和各种认知特征。这与医生通过各种检查而最终确认病人的疾病类型是相似的(余嘉元，2006)。Nichols(1994)将这种新的诊断评估方法，称为认知诊断评估(Cognitively Diagnostic Assessment，CDA)。在诊断出了学生个体的认知状态之后，教师就可以对个体进行针对性的教学补救。因此，认知诊断对于素质教育和因材施教有重要意义。2001 年，美国政府的《一个都不能少法案 2001》(*No Child Left behind Act of 2001*)，规定美国所有实施的测验应该给家长、教师及学生提供诊断信息(U. S. House of Representatives，2001)，可见认知诊断是测验的发展趋势(张敏强，简小珠，陈秋梅，2011)。

(二)认知诊断测验的基本概念

在心理测量中，要测的目标是潜在特质，这个潜在特质可以是连续的，也可以是离散的。在项目反应理论和用项目反应理论开发的 IRT 测验中，测量目标是一个连续变量，即宏观能力，用 θ 表示。而在认知诊断理论中，测量目标是一个离散向量，即认知状态 KS，用 α 表示。这就是项目反应理论和认知诊断理论的区别所在。

做认知诊断研究需要有两个模型：第一个是认知模型；第二个是纳入了认知模型中认知变量的测量模型，也就是通常所说的认知诊断模型。

认知诊断所使用的认知模型是由完成测量任务所需的若干认知属性按一定层级关系构成的。认知模型的表达形式可以是图形（参见图 6-1-1），也可以是矩阵。认知诊断中表达认知模型的矩阵称作邻接矩阵（Adjacency Matrix），它是一个 K 行 K 列的矩阵（K 为属性数量），反映了属性之间的直接关系（不含自身关系和间接关系）。图 6-1-1 所对应的邻接矩阵将在后文中介绍。

属性（Attribute）是认知诊断理论里的重要概念。属性通常表示测验项目的特征，被定义为正确作答特定项目所需要的认知加工和技能（丁树良，汪文义，罗芬，2012）。构建认知模型时，要确定完成测量任务所需的所有属性及属性间的层级关系。当属性之间存在从属关系（掌握某个属性需以另一个属性掌握为前提）时，可能的属性组合就更少。据分析，主要存在五种基本的属性层级关系结构，如图 6-1-1 所示（Guo，Bao，Wang & Bian，2014；Leighton，Gierl & Hunka，2004）。这些基本类型可组合成更为复杂的网络层级关系（Complex Networks of Hierarchies）。

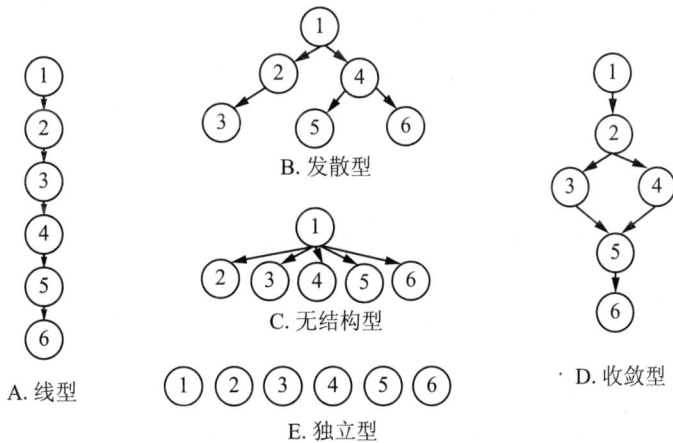

图 6-1-1　属性层级关系结构的五种类型（转自郭磊，2014）

在图 6-1-1 中，A 是线型结构，属性 1 是属性 2 的先决条件，属性 2 是属性 3 的先决条件……属性 k 是属性 $k+1$ 的先决条件……属性 5 是属性 6 的先决条件。也就是说，被试只有掌握了属性 1 才有可能掌握属性 2，只有掌握了属性 2 才有可能掌握属性 3……只有掌握了属性 5 才有可能掌握属性 6。B 是发散型结构，又叫分支型结构，属性 1 是其他所有属性的先决条件，属性 2 是属性 3 的先决条件，属性 4 是属性 5 和属性 6 的先决条件；但属性 2 和属性 4 之间没有次序关系，属性 5 和属性 6 之间没有次序关系。C 是无结构型，属性 1 是其他所有属性的先决条件，但其他所有属性之间没有次序关系。D 是收敛型结构，从属性 1 到属性 6 有两条不同的路径，属性 2 是属性 3 和属性 4 的先决条件，但属性 3 和属性 4 只要掌握了一个就有可能掌握属性 5，也就是出现了"收敛"。

如果两个属性之间有直接关系，则在邻接矩阵中相应的元素用 1 表示，否则用 0 表示。图 6-1-1 中，A 结构所对应的邻接矩阵如下：

	属性 1	属性 2	属性 3	属性 4	属性 5	属性 6
属性 1	0	1	0	0	0	0
属性 2	0	0	1	0	0	0
属性 3	0	0	0	1	0	0
属性 4	0	0	0	0	1	0
属性 5	0	0	0	0	0	1
属性 6	0	0	0	0	0	0

其他各种属性层级关系结构所对应的邻接矩阵，也可以用相同的方法表示出来。

认知诊断中还有一个矩阵叫可达矩阵(Reachability Matrix)，简称可达阵或 R 阵。它是一个 K 行 K 列的矩阵(K 为属性数量)，反映了属性之间的直接关系、间接关系和自身关系。如果属性之间存在以上三种关系中的任何一种，则在可达阵中相应的元素用 1 表示，否则用 0 表示。

被试对一项测试任务的所有属性的掌握情况被称为被试的认知状态(KS)。被试 j 的 KS 可以用向量表示为：$\boldsymbol{\alpha}_j = \{\boldsymbol{\alpha}_{j1}, \cdots, \boldsymbol{\alpha}_{jk}, \cdots, \boldsymbol{\alpha}_{jK}\}$。每个 KS 向量决定了一个独一无二的潜在类别(Latent Class)。因此，当属性相互独立时，K 个属性就决定了 $L = 2^K$ 个潜在类别。例如，当 $K=6$ 时，潜在类别的总数就是 $L = 2^K = 64$。我们可以把以下 KS 向量与以下潜在类别联系起来：

$\boldsymbol{\alpha}_1 = \{0, 0, 0, 0, 0, 0\} \rightarrow$ 潜在类别 1；

$\boldsymbol{\alpha}_2 = \{1, 0, 0, 0, 0, 0\} \rightarrow$ 潜在类别 2；

……

$\boldsymbol{\alpha}_l = \{\alpha_1, \alpha_2, \alpha_3, \alpha_4, \alpha_5, \alpha_6\} \rightarrow$ 潜在类别 l；

……

$\boldsymbol{\alpha}_{64} = \{1, 1, 1, 1, 1, 1\} \rightarrow$ 潜在类别 64。

独立结构是可能的 KS 向量数量最多的情况，因此它是最复杂、最难估计的。而当属性之间不是独立结构时，可能的 KS 向量数量(也就是潜在类别的种类数量)就少于 2^K 个。最简单的是线型结构，它的可能的 KS 向量数量只有 $K+1$ 个。仍然以 $K=6$ 为例说明：

$\boldsymbol{\alpha}_1 = \{0, 0, 0, 0, 0, 0\} \rightarrow$ 潜在类别 1；

$\boldsymbol{\alpha}_2 = \{1, 0, 0, 0, 0, 0\} \rightarrow$ 潜在类别 2；

$\boldsymbol{\alpha}_3 = \{1, 1, 0, 0, 0, 0\} \rightarrow$ 潜在类别 3；

$\boldsymbol{\alpha}_4 = \{1, 1, 1, 0, 0, 0\} \rightarrow$ 潜在类别 4；

$\boldsymbol{\alpha}_5 = \{1, 1, 1, 1, 0, 0\} \rightarrow$ 潜在类别 5；

$\boldsymbol{\alpha}_6 = \{1, 1, 1, 1, 1, 0\} \rightarrow$ 潜在类别 6；

$\boldsymbol{\alpha}_7 = \{1, 1, 1, 1, 1, 1\} \rightarrow$ 潜在类别 7。

认知诊断的目的，是根据被试的作答结果，对被试的 KS 向量进行推断。从以上例子可以看出，在不同的属性层级结构之下，可能的 KS 向量数量相差很大，由此把被试分成的潜在类别数量也相差很大。如果能事先确定测验的属性层级结构，那么在对被试 KS 进行估计的时候就会准确得多，也会方便得多。

认知模型确定之后，要根据属性及其层级关系找出所有可能的属性组合，然后为每一种可能的属性组合编写至少一道测验试题并标定所有试题所测认知属性。由此而形成一个元素全是 1 或 0 的 $I \times K$ 的矩阵，这个矩阵被称作为 $\boldsymbol{Q}$ 矩阵（Tatsuoka，1995），其中 I 是题目数量，K 是认知属性（简称属性）数量。$\boldsymbol{Q}$ 矩阵的第 i 行第 k 列的元素用 q_{ik} 表示。从题目与属性的关系看，$q_{ik} = 1$ 意味着测验的第 i 题考查了属性 k，而 $q_{ik} = 0$ 意味着第 i 题没有考查属性 k。从题目与被试的关系看，$q_{ik} = 1$ 意味着在没有猜测的情况下，被试要答对第 i 题就必须掌握属性 k。$\boldsymbol{Q}$ 矩阵的每一行实际上都是对应试题的认知属性变量，有学者把这个称为 $\boldsymbol{q}$ 向量。认知诊断所用认知模型以及 $\boldsymbol{Q}$ 矩阵通常需要由认知心理学专家、学科专家和心理测量专家共同精心构建和标定。

与做 IRT 研究一样，做认知诊断研究也要求输入一个 $J \times I$ 的作答矩阵（Response Matrix，又译为反应矩阵），其中 J 是被试数量。当所有题目均为 0—1 计分时，作答矩阵的所有元素均为 0 或 1。

认知诊断所用测量模型是一个将试题认知属性变量、被试认知状态变量和被试的作答矩阵融入一体的统计模型。测量模型的作用就是在试题认知属性变量确定、被试作答反应变量确定的前提下，应用某些统计方法，估计和确认被试的认知状态 KS。

认知诊断里还有一个概念叫理想反应模式（Ideal Response Pattern），它指的是在不存在任何失误和猜测等误差条件下被试对题目的作答反应情况。即若被试掌握了题目考核的所有属性则被试答对该题，若被试至少有一个题目考核属性未掌握，则被试答错该题目。根据测验的全部 I 道题所分别考查的属性和全体 J 个被试的 KS，就可以计算出所有被试在所有题上的理想反应模式，构成一个 $J \times I$ 的理想反应模式矩阵。有些认知诊断模型在做参数估计的时候需要用到理想反应模式矩阵。

认知诊断的精度，常以模式判准率（Pattern Correct Classification Rate，PC-CR，又名 Pattern Match Rate，PMR）为指标来评判。PCCR 的计算公式为

$$PCCR = \frac{KS\ 被判对的人数}{总被试人数}。 \tag{6.1.1}$$

其中，如果一个被试的所有属性掌握情况都被判对，则称该被试的 KS 判对。PCCR 越大，则被判对 KS 的被试在所有被试中所占的比例越高。

二、CD-CAT

现代教学实践既需要被试宏观能力层面的测量结果，又需要被试微观认知层面的测量结果。将 CAT 与认知诊断测验这两种现代测量形式结合起来，是最理想的设计。于是，兼具二者优势的 CD-CAT 就诞生了，它是 CAT 的"自适应"思想与在认知诊断测验实施过程中对"高效快速"的追求相结合的产物，是认知诊断与 CAT 两种测验在原理与目标上的嫁接，它将传统 CAT 自适应化的原理嫁接到了被试认知状态估计目标上。比起传统的认知诊断测验形式，CD-CAT 可以更精确、更迅速、更灵活地测量出被试的潜在知识结构，从而获得被试在知识点上的掌握情况，为教育教学工作提供有针对性的指导，促进学生的个性化发展（郭磊，2014）。

从 CTT 纸笔测验到 CD-CAT，心理测验的理论与实践经过了长期的发展，CD-CAT 的发展历程可以用图 6-1-2 来概括。

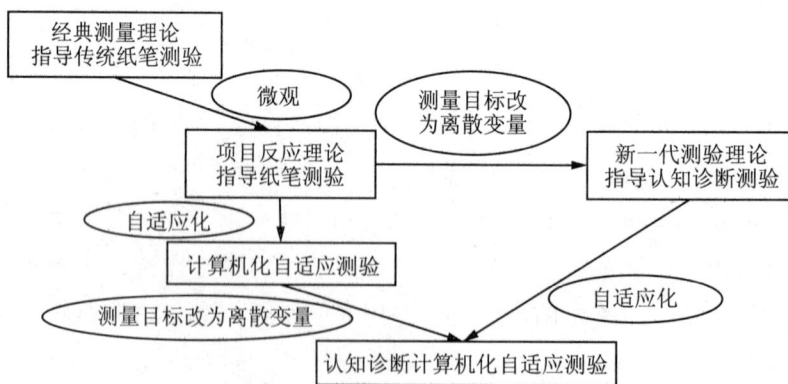

图 6-1-2　CD-CAT 的理论与实践发展历程（转自戴步云，2015）

最近几年来，在社会科学引文索引（Social Science Citation Index，SSCI）中，关于 CD-CAT 的论文越来越多，可见它越来越受学者的关注。Jang（2008）设想了这样一幅课堂教学的场景：当教学完成一个小单元之后，教师用 CD-CAT 来诊断学生们对已经教过的技能的掌握情况；学生们在教室的计算机上完成测验，而详细指出每个学生的优势和劣势的诊断结果将会立刻生成。Huebner（2010）认为

Jang(2008)的这个设想阐述了 CD-CAT 成为一种强大且实用的测量工具的潜力。而在中国进行的一项大型研究表明，CD-CAT 能有效地帮助教师进行课堂教学，并能促进学生的批判性思维，提高学生独立进行问题解决的能力，还能让学习更有乐趣(Liu，You，Wang，Ding & Chang，2013)。可以肯定，根据教育测评的发展趋势，CD-CAT 有很好的发展前景，并将在未来的教育实践中发挥重要的作用(辛涛，乐美玲，张佳慧，2012)。

CD-CAT 发展到今天，已经呈现出多样化。用不同的分类方法，可以将 CD-CAT 分为各种不同的类型。例如，根据不同的测验目的，可以将 CD-CAT 分为两大类：一类是只测量被试的认知状态，这是单目标的 CD-CAT(如 Xu & Douglas，2003；Cheng，2009)；另一类是同时测量被试的认知状态和能力，这是双目标的 CD-CAT(如 Cheng，2007；McGlohen & Chang，2008；Wang，Chang & Douglas，2012)。后一类测验在选题时要同时兼顾诊断被试认知状态和估计被试宏观能力，创新层次更高，引发的研究难度和复杂程度也更高。

第二节　CD-CAT 中常用认知诊断模型

据统计，截至 2007 年，认知诊断模型发展超过了 60 种(Fu & Li，2007)。到了 2012 年，认知诊断模型发展已达 100 多种(辛涛，乐美玲，张佳慧，2012)。这里挑选一些在认知诊断发展史上较为重要的模型加以介绍。

一、具有认知诊断功能的 IRT 模型

在认知诊断发展早期，还没有发展出真正的认知诊断模型，此时学者们尝试用 IRT 模型来做认知诊断研究。

Fischer(1973)提出的线性逻辑特质模型(Linear Logistic Trait Model，LLTM)，是最早用 IRT 模型来进行认知诊断尝试的模型，它是在 IRT 的拉希模型的基础上进行扩充、改造而成的。LLTM 用认知属性复杂度的线性组合模型来刻画项目的难度；项目的难度取决于各认知属性的复杂度。通过这样的建模将认知的复杂度融入潜在特质模型中，把原来简单的概率模型转变成具有项目认知内容的潜在特质模型，从而实现了认知与测量的结合。但是，被试的能力还是用一个笼统的能力值来表示，没有对被试是否掌握各认知属性直接进行评价(涂冬波，蔡艳，戴海琦，漆书青，2008)。因此，LLTM 模型不被看作真正的认知诊断模型。

此外，一些学者还用一些多维 IRT 模型进行认知诊断尝试。多维 IRT 模型将每个维度上的能力值看作相应属性的掌握水平。通过模型分析，可以确定被试在

各个维度(属性)上的掌握水平。在这些多维 IRT 模型中，有一种比较出名的模型叫多成分逻辑特质模型(Multicomponent Logistic Trait Model，MLTM)(Whitely，1980)，此后又有学者(Embretson & Yang，2013)在 MLTM 的基础上开发了"用于诊断的 MLTM"(MLTM for diagnosis，MLTM-D)。

但也有学者(余娜，辛涛，2009)认为，这种建立诊断模型的方法是存在一定局限性的。一方面，不同的能力维度用属性进行概括时，属性的定义无法深入认知过程的细节；另一方面，模型中属性的数量是有限的，否则会造成模型参数估计的困难。为了克服这些问题，后续发展的诊断模型多采用二分的属性向量组表征知识结构。

二、规则空间模型

学者 Tatsuoka(1983)应用统计的方法，将被试在测验项目上的作答反应类别划归为某种与认知技能相联系的 KS，创建了规则空间模型(Rule Space Model，RSM)。该模型的一个基本假设思想是：测验项目可以用特定的认知属性刻画，个体的某种知识结构也可用一组通常无法直接观察的 KS 来表征；而且还能用恰当的可观察的项目反应模式来表征不可观察的认知属性(涂冬波，蔡艳，戴海琦，2012)。这就是 Q 矩阵理论的最早提出。

规则空间模型根据项目反应模型计算出一组序偶$\{\theta, \zeta\}$。其中的 θ 就是 IRT 中的潜在能力变量；而 ζ 是一个基于 IRT 的警戒指标，它表示能力为 θ 的被试的实际测验项目反应模式偏离其能力水平相对应的项目反应模式的程度。由 θ 和 ζ 构成的二维空间称为规则空间，而根据理想反应模式所估出的各序偶点就称为纯规则点。然后，用马氏距离(Mahalanobis distance)判别分析或者贝叶斯判别分析，将被试判为这些纯规则点中的某一个，从而实现对被试的认知诊断。

规则空间模型是第一个真正意义上的认知诊断模型，它在认知诊断发展史上具有里程碑式的意义。所提出的 Q 矩阵，被后来提出的各种认知诊断模型一直沿用至今，为认知诊断走向实际研究做出了巨大贡献。比如，Tatsuoka 等(1997)运用该模型对 593 名小学生进行了分数加法测验的认知诊断，根据学生们的 KS 估计值进行了补救；然后再次进行认知诊断测验，发现补救后的学生水平得到了有效提高。认知诊断在中国大陆的首次运用——余嘉元(1995)的研究，也是基于规则空间模型而进行的。同样基于规则空间模型的，还有北京语言大学针对语言测试而做的一系列研究。

然而，随着实际研究的增多，规则空间模型也受到了越来越多的批评。比如，有学者批评它的模型过于复杂、计算过于复杂(辛涛，焦丽亚，2006)；也有学者批评它没有在编制测验之前事先标定 Q 矩阵和确定属性层级关系(Leighton

Gierl & Hunka，2004）。但本书认为，规则空间模型的最大缺陷在于，有许多实际研究（如余嘉元，1995；张敏强，简小珠，陈秋梅，2011；徐式婧，2007，2010；刘启亮，2008；范士青，2008；李小兰，2008；张宠，2009）表明，总有3%~18%的被试不能被它归为任何一类理论上的 KS。李小兰（2008）和张宠（2009）曾试图删除测验中的部分题目以提高能被归类的被试比例，却发现毫无效果。因此，学者们逐渐意识到，规则空间模型并不是一个十分理想的模型。为此学者们先后提出了一系列模型来对它进行改进，而规则空间模型在最近几年的应用研究已经越来越少。

三、统一模型

为了克服规则空间模型的一些不足之处，DiBello，Stout 和 Roussos（1995）提出了统一模型（Unified Model，UM）。统一模型是一个以基于能力的题目参数和被试参数为特征的认知诊断模型，它借鉴了先前的规则空间模型的 Q 矩阵和空间方法，并在此基础上采用参数估计的方法，提高了认知诊断的准确性（谢小庆，2010）。设一个测验有 I 个题，考查了 K 个属性。令 $j=1，2，\cdots，J$ 为被试编号；而 Y_{ji} 是被试 j 在第 i 题上的作答情况，答对就是 1，答错就是 0。令 α_j 为一个长度为 K 的 0-1 向量，这表示了被试 j 的 KS。若他掌握了属性 k，该向量的第 k 个元素就是 1；否则就是 0。θ_j 参数叫作潜在残余能力，用来解释 Q 矩阵以外所测的认知属性。Q 矩阵描述了题目与属性之间的关系，q_{ik} 表示第 i 题是否考查了属性 k，若考查了就是 1，否则就是 0。统一模型的数学表达式为

$$P(Y_{ji}=1 \mid \alpha_j,\theta_j) = d_i \prod_{k=1}^{K} \left[\pi_{ik}^{\alpha_{jk} q_{ik}} r_{jk}^{(1-\alpha_{jk})q_{ik}} \right] P_{c_i}(\theta_j) + (1-d_i)P_{b_i}(\theta_j) 。$$

$$(6.2.1)$$

其中，$P(Y_{ji}=1 \mid \alpha_j, \theta_j)$ 表示 KS 为 α_j、潜在残余能力为 θ_j 的被试答对第 i 题的概率。d_i 是一个二分变量，表示被试是否选择专家界定的 Q 矩阵所描述的解题策略来解答第 i 题，这个变量用来刻画项目答题策略的多样性；π_{ik} 表示被试掌握属性 k 并在第 i 题上正确运用该属性的概率，$\pi_{ik}=p(Y_{jik}=1 \mid \alpha_{ji}=1)$；$r_{ik}$ 为被试未掌握属性 k 但在第 i 题上正确运用该属性的概率，$r_{ik}=p(Y_{jik}=1 \mid \alpha_{ji}=0)$。$c_i$ 是拉希模型中 $P_{c_i}(\theta_j)=0.5$ 时 θ_j 的值，表示被试答对第 i 题所需残余能力的程度，用来刻画 Q 矩阵的完备性（Completeness），其值越大就说明 Q 矩阵所界定的第 i 题所测的属性就越完整；$P_{c_i}(\theta_j)$ 表示被试正确应用其残余能力答对需要残余能力参与才能解答的第 i 题的概率。b_i 是拉希模型中 $P_{b_i}(\theta_j)=0.5$ 时 θ_j 的值，$P_{b_i}(\theta_j)$ 表示被试应用其残余能力答对不需要残余能力参与就能解答的第 i 题的概率。由此可见，统一模型用一系列的参数对 Q 矩阵的完备性、项目答题策略的多样性、

残余能力等进行刻画，这使得它成功克服了规则空间模型的诸多不足，是一个非常完备的模型(甘媛源，余嘉元，2009；简小珠，2011)。

但是，统一模型过于复杂，使得它并非所有参数都能在统计上被估计出(Jiang，1996；Hartz & Roussos，2008)，因此它是一个"难以识别"的模型。查阅文献发现，在该模型的提出者将该模型运用于算术测验之后，就再未见到有学者在实际研究中使用过该模型。

四、融合模型

为了解决统一模型中有参数不能被识别的问题，有学者(Hartz，2002；Hartz，Roussos & Stout，2002)对统一模型进行了再次参数化处理，减小参数空间的复杂度，减少了需要估计的参数数量，由此将其简化成"再参数化的统一模型(Reparameterized Unified Model，RUM)"，后来 Hartz 和 Roussos(2008)又给它起了另一个名字叫融合模型(Fusion Model，FM)。简化方法是：在统一模型中令 $d_i=1$，$\pi_i^* = \prod_{k=1}^{K} \pi_{ik} = \prod_{k=1}^{K} P(Y_{jik}=1 \mid \alpha_{ji}=1)^{q_{ik}}$，$r_{ik}^* = \dfrac{r_{ik}}{\pi_{ik}} = \dfrac{P(Y_{jik}=1 \mid \alpha_{ji}=0)}{P(Y_{jik}=1 \mid \alpha_{ji}=1)}$。由此，就将统一模型简化为融合模型。融合模型的表达式为

$$P(Y_{ji}=1 \mid \alpha_j, \theta_j) = \pi_i^* \prod_{k=1}^{K} r_{ik}^{* (1-\alpha_{jk})q_{ik}} P_{c_i}(\theta_j)。 \tag{6.2.2}$$

其中，(1)π_i^* 是难度参数(又译为基线参数，Baseline Parameter)表示被试正确运用第 i 题所有属性的概率，是以 $\boldsymbol{Q}$ 矩阵为基础的项目难度参数，其值在[0，1]之间，π_i^* 越大说明题目越容易，一道题只有一个难度参数。

(2)r_{ik}^* 是区分度参数(又译为惩罚参数，Penalty Parameter)，表示被试未掌握属性 k 却答对了第 i 题的概率与掌握了属性 k 并答对该题的概率之比，其值在[0，1]之间，r_{ik}^* 越小说明第 k 个属性在第 i 题中越重要。一道题有多少个属性就有多少个区分度参数。

(3)c_i 是拉希模型中 $P_{c_i}(\theta_j)=0.5$ 时 θ_j 的值，它表示被试答对第 i 题所需残余能力的程度，用来刻画 $\boldsymbol{Q}$ 矩阵的完备性。一道题只有一个完备性参数。一道良好的试题应是高 π_i^* 值，低 r_{ik}^* 值，高 c_i 值(涂冬波，蔡艳，戴海琦，2012)。

值得注意的是，融合模型里的难度参数与区分度参数，与 IRT 模型里的难度参数与区分度参数不是一回事。它们的含义不同、英文名称不同，但是被中国学者翻译成了相同的中文名称。本文认为，为了与 IRT 模型里的参数相区别，宜将 Baseline Parameter 译为基线参数，而将 Penalty Parameter 译为惩罚参数。但为了与其他学者的文章保持一致，本文对这两个参数名称依然沿用"难度参数"和"区分度参数"的译法。

经过以上化简，融合模型完成了对统一模型的再参数化，使得新模型不但是

可识别的，而且还保留了统一模型的可解释性。融合模型已经有了一些实际应用研究，如 Hartz(2002)首先将其应用于 PSAT 测验的评估，Jang(2009)将其用于阅读理解测验的研究。在国内，车芳芳(2010)最先将融合模型用于初中代数的认知诊断研究。

五、RRUM 模型

Hartz(2002)在用融合模型分析 PSAT 测验的数据时发现，对于多数题目，融合模型的表达式里的最后一项 $P_{c_i}(\theta_j)$ 存在的意义并不大，于是可以将其去掉，以进一步简化模型。由此，他提出了"缩减的再参数化统一模型"(Reduced Reparameterized Unified Model，RRUM)。

RRUM 模型将答对一道题的概率建模为被试的 KS 和题目参数的函数，那就是：题目的难度参数和区分度参数，其中后者描述了一个特定属性的掌握情况将在多大程度上影响答对这道题的概率。通过对每个题目的每个属性都分配一个区分度参数，融合模型和 RRUM 模型允许各种 KS 的被试答对题目的概率各不相同，因此它们比下文即将提到的 DINA 模型要有更大的灵活性，但它们也比 DINA 模型更复杂。RRUM 模型的表达式是

$$P_{ji} = P(Y_{ji} = 1 | \alpha_j) = \pi_i^* \prod_{k=1}^{K} r_{ik}^{*(1-\alpha_{jk})q_{ik}}。 \tag{6.2.3}$$

这里的难度参数 π_i^* 是掌握了第 i 题所考查的全部属性的被试答对这个题目的概率。π_i^* 较大的题目，说明它所考查的属性能有效解释被试对该题的反应。区分度参数 r_{ik}^* 指，被试未掌握 α_k 却答对了第 i 题的概率与掌握了 α_k 并答对该题的概率之比。在一道题中，某个属性的区分度参数越小，就说明该属性在该题目中越重要。

下面用一个例子说明 RRUM 模型中被试正确作答概率的计算。设第 i 个题目考了两个属性，$\pi_i^* = 0.8$，$r_{i1}^* = 0.2$，$r_{i2}^* = 0.3$，那么根据公式(6.2.3)可以计算出：

若被试 j 对这 2 个属性都没有掌握，则答对该题的概率是

$$P_{ji} = \pi_i^* \cdot r_{i1}^* \cdot r_{i2}^* = 0.8 \times 0.2 \times 0.3 = 0.048。$$

若被试 j 只掌握了属性 1，则答对该题的概率是

$$P_{ji} = \pi_i^* \cdot r_{i2}^* = 0.8 \times 0.3 = 0.24。$$

若被试 j 只掌握了属性 2，则答对该题的概率是

$$P_{ji} = \pi_i^* \cdot r_{i1}^* = 0.8 \times 0.2 = 0.16。$$

若被试 j 对这 2 个属性都掌握了，则答对该题的概率是：$P_{ji} = \pi_i^* = 0.8$。

为了研究方便，令 $\alpha_l(l=1, 2, \cdots, L$ 且 $L=2^K)$ 为被试 j 可能拥有的 KS。于

是，在 RRUM 模型下，KS 为 α_l 的被试，答对第 i 题的概率是

$$P_{li} = P(Y_{ji} = 1 \mid \alpha_j = \alpha_l) = \pi_i^* \prod_{k=1}^{K} r_{ik}^{*\,(1-a_{jk})q_{ik}} 。 \tag{6.2.4}$$

这样，全体 J 个被试在第 i 题上的正确作答概率就被归为 L 种情况，在实际计算中可以大大减少运算量。

Henson 和 Templin(2007)用 MCMC 算法实现了对 RRUM 模型的参数估计。Feng，Habing 和 Huebner(2014)则提出了相对简便一些的 EM 算法，并对 ECPE 测验的数据进行了分析。

六、DINA 模型

根据心理计量学手册(DiBello，Roussos，& Stout，2007)，决定性输入噪音"与"门模型(Deterministic Input，Noisy 'And' Gate，DINA)的历史可以追溯到 Macready 和 Dayton(1977)的思想。Haertel(1984，1989)正式提出了这个模型，将其命名为限制性潜在类别模型(Restricted Latent Class Model，RLCM)，而此后的 Junker 和 Sijtsma(2001)将它的名字改为 DINA 模型。该模型因为仅涉及"失误"和"猜测"两参数，真正实现了对认知诊断模型的简化。

$$P(Y_{ji} = 1 \mid \eta_{ji}) = g_i^{1-\eta_{ji}} \cdot (1 - s_i)^{\eta_{ji}} 。 \tag{6.2.5}$$

其中，η_{ji} 是一个二分变量，表示被试 j 是否掌握了第 i 题所考查的全部属性。g_i 表示第 i 题的猜测参数(Guess Parameter)，指的是"未掌握该题所测全部属性"的被试答对这道题的概率。Maris(1999)对 g_i 作了另一种解释：被试使用其他心理资源(Mental Resources)而答对题目的概率。s_i 表示第 i 题的失误参数(Slip Parameter)，指的是"掌握了该题所测全部属性"的被试答错这道题的概率。

在 DINA 模型中，所有被试答对第 i 题的概率只有两种情况：一种是"掌握了该题所测全部属性"的被试，他们答对该题的概率是 $1-s_i$；另一种是"未掌握该题所测全部属性"的被试，他们答对该题的概率是 g_i。因此，DINA 模型不允许属性间有补偿作用，故属于非补偿模型。而前文所提到的规则空间模型、统一模型、融合模型和下文即将提到的 RRUM 模型都是允许属性间有补偿作用的模型。

DINA 模型是一个比较简单、直观的模型，较容易估计和解释，故当前在国内外使用最多。但 DINA 模型存在的局限性也正和它的优点一样鲜明：它的每个题目只把被试笼统地分为"掌握了该题所测全部属性"和"未掌握该题所测全部属性"两大类，并假设所有"未掌握该题所测全部属性"的被试答对该题的概率相等，但事实上这个假设有些牵强。

七、高阶 DINA 模型

de la Torre 和 Douglas(2004)认为在认知诊断中，作为知识状态的属性间可

能存在相关，这跟心理学里一般智力（General Intelligence）或一般能力（General Ability）的概念相对应。在传统 DINA 模型基础之上，他们又假设：认知属性之间相互独立，并从属于一个更高阶的能力 θ；在给定认知属性的前提下，作答反应之间相互独立。由此，他们提出了高阶 DINA 模型（HO-DINA），并提出了具体的 MCMC 算法。

在 HO-DINA 模型中，α 与 θ 之间存在如下关系：

$$P(\alpha|\theta) = \prod_{k=1}^{K} P(\alpha_k|\theta), \qquad (6.2.6)$$

$$P(\alpha_k|\theta) = \frac{\exp(\lambda_{0k} + \lambda_k\theta)}{1 + \exp(\lambda_{0k} + \lambda_k\theta)}。 \qquad (6.2.7)$$

其中，λ_{0k} 是属性 k 的截距，而 λ_k 是属性 k 在能力上的负荷。在属性较多时，HO-DINA 模型较为简洁。

值得注意的是，HO-DINA 模型里的 θ，与 IRT 模型里的 θ 在概念上不是一回事。IRT 模型里的 θ 是指整体能力，而 HO-DINA 模型里的 θ 是指整体能力中去掉了特殊能力之后而留下的"一般能力"。不过也有研究表明，二者之间有较高的相关。

涂冬波、蔡艳、戴海琦和丁树良（2011）探讨了 HO-DINA 模型参数估计的实现及模型性能，他们发现：①对项目参数、属性参数和被试参数估计返真性较好、稳健性较强，HO-DINA 模型具有较高的判断率，MCMC 算法可行；②诊断的属性个数越多，诊断的模式正确率越低，建议实际使用该模型时，诊断的属性个数不宜达到 7 个；③用于诊断的项目数越多，诊断的模式正确率越高，在实际工作中，若要保证有 80% 以上的模式判准率，则 4 个属性的至少需要 20 题，5个、6 个和 7 个属性的至少需要 40 题，8 个属性的至少需 60 题。实际运用者应根据实际情况考虑适当的项目数及属性数。随后，赵顶位（2012）比较了不同属性结构和项目参数条件下 HO-DINA 模型的性能。结果发现，当猜测率 g 和失误率 S 都低的情况下，HO-DINA 的属性判准率和模式判准率都较高；HO-DINA 模型对无结构型和分支型的属性结构的判准率较高，对线型和收敛型的判准率较低。

HO-DINA 模型已经应用于实际应用研究。如涂冬波（2009）基于 HO-DINA 模型开发了小学儿童数学问题解决认知诊断 CAT 系统，并实现了对小学儿童数学问题解决的认知诊断。

至此，一些重要的认知诊断模型已经介绍完毕。在这些模型中，没有哪个模型是全面优于其他模型的；在实际工作中，应该根据具体测验情境来选择在这种情境下最合适的模型。

第三节　认知诊断计算机化自适应测验中的核心技术与算法

CD-CAT 刚刚兴起，它还有一些技术问题尚未得到很好的解决，这严重影响了它的实际运用。本节将对其中最具有代表性的技术问题进行介绍。

一、CD-CAT 的选题方法

与基于 IRT 的 CAT 一样，在 CD-CAT 里也要考虑选题方法问题。选题方法关系到所选题目是否真的"适配"被试当前的认知状态和能力，以及"适配"的"程度"，进而关系到测试效率。如果选出的题不"适配"被试，那么错误诊断的概率就会增大，而诊断评估的准确性将降低；或者，为了保证诊断评估的准确性，就需要使用更多的试题进行测试，而测试效率就降低了。只有每次都选出最适配于被试认知状态和能力的题目，才能用最少的题目、最少的时间达到预定的诊断精度，才能充分发挥 CD-CAT 的高效、快速的特点。开发 CD-CAT 的选题技术，首先可以借鉴传统 CAT 的选题技术研究，将其推广到 CD-CAT（毛秀珍，辛涛，2011）。但是，传统 CAT 选题的自适应体现在对被试总体水平（或能力）的自适应，是一种对单维连续特质的自适应，而 CD-CAT 选题的自适应体现在对被试 KS 的自适应，这是一种对多维离散认知状态诊断的自适应（涂冬波等，2013）。因此，CD-CAT 的选题技术研究更富有挑战性，且需从认知诊断本身的特点出发，开辟新的思路。

根据测量的目标，可以将 CD-CAT 选题分为"基于认知状态的选题"和"兼顾认知状态与能力的选题"两大类。以下分别介绍这两类选题的技术。

（一）基于认知状态的选题

1. 依据多维离散变量分布的信息量选题

只考虑认知状态的 CD-CAT，是认知诊断与 CAT 两种测验在原理上的嫁接，将传统 CAT 自适应化被试能力的目标嫁接到了被试认知状态估计上。依据香农熵（Shannon Entropy，SHE）和 Kullback-Leibler 信息量（KL）的选题方法及其改进方法，在这类 CD-CAT 的选题研究中占据了重要地位。对于基于认知状态的选题，Tatsuoka（2002）以及 Tatsuoka 和 Ferguson（2003）率先开发了最小化被试认知状态后验分布的期望香农熵算法，随后 Xu 和 Douglas（2003）提出了最大化 KL 信息量算法。

从广义上说，KL 信息量和香农熵都是信息量指标，在 CD-CAT 选题中用它们来计算每一试题对当前被试施测所能提供的信息量，以选出最适应于被试的试题来施测。以下依次介绍它们的算法。

（1）期望香农熵的算法。

香农熵是随机变量不确定性的测度，它的定义公式如下（Shannon，2001）：

$$E = -\sum_i (p_i \cdot \log p_i)。 \tag{6.3.1}$$

其中，p_i 是第 i 种情况发生的概率。当随机变量为必然事件或不可能事件的时候，不存在不确定性，此时香农熵为 0。所以，在选题的时候，我们希望香农熵越小越好。

假设在贝叶斯情境中，KS 向量 $\boldsymbol{\alpha}$ 的先验分布已经设定。$\boldsymbol{\alpha}$ 是一个长度为 K 的向量，其中 K 是属性数量。$\boldsymbol{\alpha}$ 中每个属性元素的取值都是 0 或 1，代表了被试掌握或未掌握该属性。在做了 n 个题之后，通过让 $\boldsymbol{\alpha}$ 后验分布的香农熵最小化来选出下一题，就可以让不确定性最小化，让估计出的 KS 向量更接近于 KS 向量的真值。一共有 $L = 2^K$ 种可能的 KS。假设这些 KS 是单维的，它们的先验分布为 $P(\boldsymbol{\alpha} = \boldsymbol{\alpha}_l) = \lambda_l$，其中 $l = 1, 2, \cdots, 2^K$。用 $\pi_{j,n-1}(\boldsymbol{\alpha}_l)$ 表示被试 j 在做完 $n-1$ 个题目以后 KS 为 $\boldsymbol{\alpha}_l$ 的后验概率。

$$\pi_{j,n-1}(\boldsymbol{\alpha}_l) \propto \lambda_l \prod_{t=1}^{n-1} (P_{lt})^{Y_{jt}} (1 - P_{lt})^{1-Y_{jt}}。 \tag{6.3.2}$$

其中 $P_{lt} = P(Y_{jt} = 1 | \boldsymbol{\alpha}_j = \boldsymbol{\alpha}_l)$，表示 KS 为 $\boldsymbol{\alpha}_l$ 的被试答对他所做的第 t 题的概率。

如果各种 KS 的先验分布都相等，也就是各 λ_l 都相等，则这个公式可以简化为

$$\pi_{j,n-1}(\boldsymbol{\alpha}_l) \propto \prod_{t=1}^{n-1} (P_{lt})^{Y_{jt}} (1 - P_{lt})^{1-Y_{jt}}。 \tag{6.3.3}$$

根据香农熵的定义公式（6.3.1），后验分布 $\pi_{j,n-1}(\alpha_l)$ 的香农熵可以表示为

$$E(\pi_{j,n-1}) = -\sum_{l=1}^{2^K} [\pi_{j,n-1}(\boldsymbol{\alpha}_l)] \cdot \log [\pi_{j,n-1}(\boldsymbol{\alpha}_l)]。 \tag{6.3.4}$$

假设被试 j 在已经做完 $n-1$ 个题以后，再做的下一题是第 i 题，做完第 i 题后的作答模式为 $Y_j^n = (Y_{j1}, Y_{j2}, \cdots, Y_{j,n-1}, Y_{ji})$，其中 Y_{ji} 的值可能是 0 或 1，于是期望香农熵可以计算为

$$SHE_i(\pi_{j,n}) = \sum_{z=0}^{1} [E(\pi_{j,n} Y_j^{n-1}, Y_{ji} = z) \cdot P(Y_{ji} = z | Y_j^{n-1})], \tag{6.3.5}$$

其中

$$E(\pi_{j,n} Y_j^{n-1}, Y_{ji} = z) = -\sum_{l=1}^{2^K} \{[\pi_{j,n}(\boldsymbol{\alpha}_l)] \cdot \log [\pi_{j,n}(\boldsymbol{\alpha}_l)]\} \tag{6.3.6}$$

是 $\pi_{j,n}(\boldsymbol{\alpha}_l)$ 的香农熵。

$\pi_{j,n}(\boldsymbol{\alpha}_l)$ 是被试 j 做完第 n 个项目（该项目在题库中编号为 i）后的 KS 为 $\boldsymbol{\alpha}_l$ 的

后验概率，它的计算公式为

$$\pi_{j,n}(\boldsymbol{\alpha}_l) = \frac{L(Y_j^n \mid \boldsymbol{\alpha}_l) \cdot \lambda_l}{\sum\limits_{m=1}^{2^K} L(Y_j^n \mid \boldsymbol{\alpha}_m) \cdot \lambda_m}, \tag{6.3.7}$$

且

$$L(Y_j^n \mid \boldsymbol{\alpha}_l) = L(Y_j^{n-1} \mid \boldsymbol{\alpha}_l) \cdot (P_{li})^{Y_{ji}} (1 - P_{li})^{1-Y_{ji}}。 \tag{6.3.8}$$

另外，由于已经假设 KS 的先验分布为均匀分布，故所有的 λ_l 都相等。
于是有

$$\pi_{j,n}(\boldsymbol{\alpha}_l) = \frac{L(Y_j^n \mid \boldsymbol{\alpha}_l) \cdot \lambda_l}{\sum\limits_{m=1}^{2^K} L(Y_j^n \mid \boldsymbol{\alpha}_m) \cdot \lambda_m} = \frac{L(Y_j^n \mid \boldsymbol{\alpha}_l)}{\sum\limits_{m=1}^{2^K} L(Y_j^n \mid \boldsymbol{\alpha}_m)}$$

$$= \frac{(P_{li})^{Y_{ji}} (1 - P_{li})^{1-Y_{ji}} \cdot \prod\limits_{t=1}^{n-1} (P_{lt})^{Y_{ji}} (1 - P_{lt})^{1-Y_{ji}}}{\sum\limits_{m=1}^{2^K} \{(P_{mi})^{Y_{ji}} (1 - P_{mi})^{1-Y_{ji}} \cdot \prod\limits_{t=1}^{n-1} (P_{mt})^{Y_{ji}} (1 - P_{mt})^{1-Y_{ji}}\}}。$$

$$\tag{6.3.9}$$

另外，由全概率公式可知

$$P(Y_{ji} = z \mid Y_j^{n-1}) = \sum\limits_{l=1}^{2^K} [P(Y_{ji} = z \mid \boldsymbol{\alpha}_l) \cdot \pi_{j,n-1}(\alpha_l)] \propto \sum\limits_{l=1}^{2^K} [P(Y_{ji} =$$

$$z \mid \boldsymbol{\alpha}_l) \cdot \prod\limits_{t=1}^{n-1} (P_{lt})^{Y_{ji}} (1 - P_{lt})^{1-Y_{ji}}]。 \tag{6.3.10}$$

先算式（6.3.9），再将式（6.3.9）代入式（6.3.6），然后将式（6.3.6）和式（6.3.10）代入式（6.3.5），由此可计算出 $SHE_i(\pi_{j,n})$。

然后选取 $SHE_i(\pi_{j,n})$ 最小的题。

（2）KL 法及其改进方法的计算。

与 SHE 选题法"选指标值最小的题"不同，KL 法及其改进方法都是选相应指标值最大的题。

下面来介绍 KL 法。需要说明的是，不同学者们采用的术语有些不一致：有学者把 KL 信息量称为 KL 距离，也有学者把它称为相对熵（Relative Entropy）。它用来描述两种可能的概率分布之间的差异大小或"距离"。两个分布相差越大，KL 值就越大；特别地，当两个分布完全相同时，KL 值就等于 0。第 i 题对被试 j 的当前 KS 估计值（$\hat{\boldsymbol{\alpha}}_j$）的 KL 指标，被定义为第 i 题对 $\hat{\boldsymbol{\alpha}}_j$ 和各种可能的 KS 向量 $\boldsymbol{\alpha}_l$ 之间的 KL 信息量之和，用公式表示如下：

$$KL_i(\hat{\boldsymbol{\alpha}}_j) = \sum\limits_{l=1}^{L} \Big[\sum\limits_{y=0}^{1} \log \Big(\frac{P(Y_{ji} = y \mid \hat{\boldsymbol{\alpha}}_j)}{P(Y_{ji} = y \mid \boldsymbol{\alpha}_l)} \Big) \cdot P(Y_{ji} = y \mid \hat{\boldsymbol{\alpha}}_j) \Big]$$

$$= \sum_{l=1}^{L} \Big[\log \Big(\frac{P(Y_{ji}=0|\hat{\boldsymbol{\alpha}}_j)}{P(Y_{ji}=0|\boldsymbol{\alpha}_l)} \Big) \cdot P(Y_{ji}=0|\hat{\boldsymbol{\alpha}}_j) + \log \Big(\frac{P(Y_{ji}=1|\hat{\boldsymbol{\alpha}}_j)}{P(Y_{ji}=1|\boldsymbol{\alpha}_l)} \Big) \cdot P(Y_{ji}=1|\hat{\boldsymbol{\alpha}}_j) \Big]$$

$$= \sum_{l=1}^{L} \Big[\log \Big(\frac{1-P(Y_{ji}=1|\hat{\boldsymbol{\alpha}}_j)}{1-P(Y_{ji}=1|\boldsymbol{\alpha}_l)} \Big) \cdot \big[1-P(Y_{ji}=1|\hat{\boldsymbol{\alpha}}_j) \big] + \log \Big(\frac{P(Y_{ji}=1|\hat{\boldsymbol{\alpha}}_j)}{P(Y_{ji}=1|\boldsymbol{\alpha}_l)} \Big) \cdot$$

$$P(Y_{ji}=1|\hat{\boldsymbol{\alpha}}_j) \Big]$$

$$= \sum_{l=1}^{L} \Big[\log \Big(\frac{1-\hat{P}_{ji}}{1-P_{li}} \Big) \cdot (1-\hat{P}_{ji}) + \log \Big(\frac{\hat{P}_{ji}}{P_{li}} \Big) \cdot \hat{P}_{ji} \Big] \text{。} \tag{6.3.11}$$

其中，Y_{ji} 是被试 j 在第 i 题上的作答情况，答对就是 1，答错就是 0。内侧的连加号表示第 i 题对 $\hat{\boldsymbol{\alpha}}_j$ 和 $\boldsymbol{\alpha}_l$ 的 KL 信息量，此时把 $\hat{\boldsymbol{\alpha}}_j$ 当作该被试的 KS 真值。P_{li} 为第 l 种可能的 KS 答对第 i 题的概率，$\hat{P}_{ji}$ 为被试 j 答对第 i 题的概率的估计值。KL 值越大，表明该题区分该被试当前 KS 估计值与任意 KS 的能力越强。所以，下一步就是将对当前被试具有最大 KL 指标的题目选出来。在这里，对数函数的底数是多少并不重要，通常用自然对数的底数 e 来计算。

KL 指标又叫全局区分度指标（Global Discrimination Index，GDI）（Cheng，2010）。此后有很多学者对 KL 法提出了各种改进。Cheng（2009）提出了后验加权的 KL 指标（Posterior-Weighted KL，PWKL）以及混合加权的 KL 信息量指标（Hybrid KL，HKL）。其中，当先验分布是均匀分布时，PWKL 可以简化为似然加权的 KL 指标（Likelihood-Weighted KL，LWKL）。

$$LWKL_i(\hat{\boldsymbol{\alpha}}_j) = \sum_{l=1}^{L} \Big[\sum_{y=0}^{1} \log \Big(\frac{P(Y_{ji}=y|\hat{\boldsymbol{\alpha}}_j)}{P(Y_{ji}=y|\boldsymbol{\alpha}_l)} \Big) \cdot P(Y_{ji}=y|\hat{\boldsymbol{\alpha}}_j) \cdot L(\boldsymbol{\alpha}_l) \Big]$$

$$= \sum_{l=1}^{L} \Big[\log \Big(\frac{1-\hat{P}_{ji}}{1-P_{li}} \Big) \cdot (1-\hat{P}_{ji}) \cdot L(\boldsymbol{\alpha}_l) + \log \Big(\frac{\hat{P}_{ji}}{P_{li}} \Big) \cdot \hat{P}_{ji} \cdot L(\boldsymbol{\alpha}_l) \Big] \text{。}$$

$$\tag{6.3.12}$$

其中，$L(\boldsymbol{\alpha}_l) = \prod_{t}^{n-1} (P_{lt})^{Y_{jt}} (1-P_{lt})^{(1-Y_{jt})}$ 为似然函数。$n-1$ 表示被试 j 已经答过的题目数量（当前已经完成的测验长度），Y_{jt} 表示被试 j 在答过的第 t 题上的得分，而 P_{lt} 表示第 l 种 KS 的被试答对此题的概率。

用 KS 的估计值与其他可能的 KS 之间的欧氏距离的倒数对 PWKL 进一步加权，就得到了 HKL。当 KS 的先验分布为均匀分布时，公式如下：

$$HKL_i(\hat{\boldsymbol{\alpha}}_j) = \sum_{l=1}^{L} \frac{1}{h(\boldsymbol{\alpha}_j, \boldsymbol{\alpha}_l)} \Big[\sum_{y=0}^{1} \log \Big(\frac{P(Y_{ji}=y|\hat{\boldsymbol{\alpha}}_j)}{P(Y_{ji}=y|\boldsymbol{\alpha}_l)} \Big) \cdot P(Y_{ji}=y|\hat{\boldsymbol{\alpha}}_j) \cdot L(\boldsymbol{\alpha}_l) \Big]$$

$$= \sum_{l=1}^{L} \frac{L(\boldsymbol{\alpha}_l)}{h(\boldsymbol{\alpha}_j, \boldsymbol{\alpha}_l)} \Big[\log \Big(\frac{1-\hat{P}_{ji}}{1-P_{li}} \Big) \cdot (1-\hat{P}_{ji}) + \log \Big(\frac{\hat{P}_{ji}}{P_{li}} \Big) \cdot \hat{P}_{ji} \Big] \text{。}$$

$$\tag{6.3.13}$$

其中，$h(\boldsymbol{\alpha}_j, \boldsymbol{\alpha}_l) = \sqrt{\sum\limits_{k=1}^{K} (\hat{\boldsymbol{\alpha}}_{jk} - \boldsymbol{\alpha}_{lk})^2}$，表示两种 KS 之间的欧式距离。

在有的文献里（如涂冬波，蔡艳，戴海琦，2013），LWKL 法又叫似然函数加权 GDI(L_GDI)法，HKL 法又叫相似性和似然函数加权 GDI(SL_GDI)法。

Cheng(2010)还将属性平衡目标与 KL 信息量相结合，提出了改进的 GDI 指标（Modified GDI，MGDI），并将其方法命名为改进的极大化 GDI 法（Modified Maximum GDI，MMGDI）。MGDI 的计算公式如下：

$$MGDI_i(\hat{\boldsymbol{\alpha}}_j) = \prod_{k=1}^{K} \left(\frac{B_k - b_k}{B_k}\right)^{q_a} GDI_i(\hat{\boldsymbol{\alpha}}_j)。 \tag{6.3.14}$$

其中，$\prod\limits_{k=1}^{K} \left(\dfrac{B_k - b_k}{B_k}\right)^{q_a}$ 为属性平衡指数（Attribute-Balancing Index）。B_k 表示测第 k 个属性所需要的最少题目数量，而 b_k 表示已经用过的题目当中测了第 k 个属性的题目数量。当所有属性都达到 $b_k = B_k$ 时，属性覆盖的最低要求就达到了。如果到了这个时候还没有达到测验所需的长度，则余下的选题可以用 KL 法来选取。

Dai，Zhang 和 Li(2016)基于 RRUM 模型，以 PCCR 为评判指标，在各 KS 的先验分布为均匀分布的条件下，在不同属性数量和不同测验长度的条件下比较了随机、SHE、KL、LWKL、HKL、MMGDI 这六种选题方法的效率。结果发现：SHE 法的效果最好，其次是 HKL 法和 LWKL 法，再次是 MMGDI 法和 KL 法，而随机法最差。这与陈平、李珍和辛涛(2011)基于 DINA 模型得到的结果一致，唯一的差别在于他们的研究设计里没有考虑 MMGDI 法。

2. 其他选题方法

对于基于认知状态的选题，除了用信息量指标的方法之外，还有学者使用贝叶斯网、偏序集、图论等方法。例如，林海菁和丁树良(2007)用状态转换图描述特定认知领域中所有知识状态及这些状态之间的联系，以图的深度优先搜索方法为基础设计选题策略。

(二)兼顾认知状态与能力的选题

只考虑认知状态 KS 的 CD-CAT，能实现对个体微观内部加工过程的评估，却未能在同时实现对个体宏观能力水平的评估。但是，新一代测验理论强调对这二者的评估并重。在这种思想的指导下，学者们又开发了兼顾认知状态 $\boldsymbol{\alpha}$ 和能力 θ 的 CD-CAT，即"双目标的 CD-CAT"。这类 CD-CAT 选题研究的重要问题是"认知诊断与能力估计如何同时自适应化"：在测试过程中不断地同时估计被试的认知状态 $\boldsymbol{\alpha}$ 与能力 θ，选择更能同时精细辨认当前被试认知状态与能力的试题进一步施测。这是在认知诊断测试中更深入地贯彻"自适应"思想，是 CAT 与认知诊断两个测验目标统筹兼顾式的结合。已经有研究表明，宏观能力 $\boldsymbol{\theta}$ 与微观认知状态 $\boldsymbol{\alpha}$ 之间存在着本质上的相关，但这个相关离完全正相关还有很大差别（Budescu，Karelitz & Douglas，2004）。所以，在双目标的 CD-CAT 这里不宜完全照搬单目标的 CD-CAT 的选题方法，而需要开拓新的选题方法。针对双目标的 CD-CAT，学者们已经提出的选题方法如下。

1. 使用影子测验的算法

McGlohen 和 Chang(2008)使用融合模型和 IRT 三参数 Logistic 模型开发的 CD-CAT，就是认知诊断与能力估计同时自适应化的 CD-CAT。他们提出的选题法是：先按估计的能力来选若干道适应当前被试能力的试题，构建一个影子测验（Shadow Test，又名影子题库、备选题组）；再用 SHE 法或 KL 法，按估计的认知状态从影子测验中选出最适应当前被试认知状态的一道试题；如此反复进行。杜宣宣(2010)则基于 DINA 模型和 IRT 模型提出了另一种与 McGlohen 和 Chang (2008)的步骤相反的选题法：先用 SHE 法，按估计的认知状态选出若干道题构建影子测验；再用 IRT 里的最大 Fisher 信息量法，按估计的能力从影子测验中选出最适应当前被试能力的一道试题；如此反复进行。

McGlohen 和 Chang(2008)及杜宣宣(2010)提出的两种兼顾认知状态与能力的选题方法，都采用影子测验，其实是交替地依照能力和认知状态来选题，每选一道题都要经过两个步骤。在分步追求被试认知状态精度与能力精度的过程中，会选择"局部最优"的结果。显然，"局部最优"未必是"共同最优"。更理想的选题是能够真正同时考虑能力和认知状态的精度需求并且一步到位。要做到这一点，需要设计出兼顾认知状态与能力的"综合指标"算法。

2. 兼顾认知状态与能力的"综合指标"算法

（1）双信息选题法。

Cheng(2007)提出的双信息选题法（Dual Information Method），简称 DI 法，它就是一种这样的综合算法。这种方法里的双信息指标（Dual Information Index），是由 $\boldsymbol{\theta}$ 的 KL 信息量和 KS 的 KL 信息量加权相加而来。其中，$\boldsymbol{\theta}$ 的 KL 信息量的计算公式如下：

$$KL_j(\hat{\boldsymbol{\theta}}) = \int_{\hat{\theta}-\delta}^{\hat{\theta}+\delta} KL_j(\boldsymbol{\theta} \parallel \hat{\boldsymbol{\theta}}) \mathrm{d}\boldsymbol{\theta}。 \tag{6.3.15}$$

其中，$\delta = c/\sqrt{m}$，c 取经验值 3，m 是已经进行的测验长度，而 $KL_j(\boldsymbol{\theta} \parallel \hat{\boldsymbol{\theta}})$ 的计算公式为

$$KL_j(\boldsymbol{\theta} \parallel \hat{\boldsymbol{\theta}}) = P_j(\hat{\boldsymbol{\theta}}) \log\left[\frac{P_j(\hat{\boldsymbol{\theta}})}{P_j(\boldsymbol{\theta})}\right] + [1 - P_j(\hat{\boldsymbol{\theta}})] \log\left[\frac{1 - P_j(\hat{\boldsymbol{\theta}})}{1 - P_j(\boldsymbol{\theta})}\right]。 \tag{6.3.16}$$

将 $\boldsymbol{\theta}$ 的 KL 信息量和 KS 的 KL 信息量加权相加，就得到了双信息指标：

$$KL_j(\hat{\boldsymbol{\alpha}},\ \hat{\boldsymbol{\theta}})=\omega \cdot KL_j(\hat{\boldsymbol{\alpha}})+(1-\omega) \cdot KL_j(\hat{\boldsymbol{\theta}})。 \qquad (6.3.17)$$

研究结果表明，只要二者的权重相对不是太极端，权重对估计精度的影响就很小。

（2）基于最大信息量的方法。

Wang，Chang 和 Boughton(2012)也提出了几种这样的综合算法。根据他们的研究，这几种算法当中，KS 和能力估计精度最高的方法是"基于最大信息量的方法"(Maximum Information Based Method)，简称 MIinfor 法，它的算法如下：首先，把 Henson 和 Douglas(2005)提出的认知诊断指标(Cognitive Diagnostic Index，CDI)分解成属性水平的信息量指标，这代表了一道题对各个属性正确分类的贡献。然后，提出一个优先指标(priority index)：

$$P_i = \sum_{k=1}^{K} (u_k - x_k)d_{ik}。 \qquad (6.3.18)$$

其中，P_i 是第 i 题的优先指标；d_{ik} 是第 i 题在属性 k 上的信息量指标，表示第 i 题对是否掌握了属性 k 的被试的区分能力；u_k 是属性 k 的信息量的上界，x_k 是对某被试已经测过的题目中的属性 k 的信息量之和。$u_k - x_k$ 是属性水平的信息量的权重，它表示了属性 k 的信息量的重要性。最后，把这个优先指标与项目反应理论里的 Fisher 信息量相乘，并将剩余题库中具有最大相乘结果的那道题选出来给被试作答。

（3）综合指标 DWI 法。

对基于认知状态的选题，前文已经提到有研究表明最小化 SHE 是最佳选题方法(Dai，Zhang & Li，2016；陈平，李珍，辛涛，2011)。而在基于能力的选题中，学者们常用 Fisher 信息量指标，选出 Fisher 信息量最大的题。由此 Dai，Zhang 和 Li(2016)假设，如果将 Fisher 信息量除以 SHE 所得的商作为"兼顾认知状态与能力"的 CD-CAT 的综合选题指标，或许会有更好的效果。由此，他们提出了带有信息量的有序度(Dapperness With Information)指标，缩写为 DWI。它的计算公式就是

$$DWI_i = \frac{I_i(\hat{\boldsymbol{\theta}}_j)}{SHE_i(\hat{\boldsymbol{\alpha}}_j)}。 \qquad (6.3.19)$$

随后，Dai，Zhang 和 Li(2016)基于 RRUM 模型和 IRT 两参数逻辑模型，在属性数量分别为 4 个、6 个、8 个的条件下，比较了 McGlohen 法、杜宣宣法、DI 法、MIinfor 法与本文给出的综合指标 DWI 选题法对被试认知状态和被试能力估计的准确性。结果发现：综合考虑认知状态和能力估计的精度时，DWI 法与 MIinfor法优于其他三种方法；DWI 法在认知状态估计方面略优于 MIinfor 法，而后者在能力估计方面略优于前者。如果在实际工作中对认知状态估计的需求高于

能力估计，则 DWI 法更值得使用。但是这个研究也发现，当测验所测认知属性较多(如 $K=8$ 时)，五种兼顾认知状态与能力的 CD-CAT 选题法的能力估计误差都较大，因此这些方法都不适用于属性数量较多的测验。

二、CD-CAT 的参数估计

对于认知诊断的参数估计，学者们已经开发了马尔科夫链-蒙特卡洛模拟(Markov Chain Monte Carlo，MCMC)、EM、最大后验概率(Maximum A Posteriori，MAP)、期望后验概率(Expected A Posteriori，EAP)、判别分析等算法。

CD-CAT 测验需要反复估计被试认知状态(或许还包括能力值)，因此计算量很大；而且 CD-CAT 是在线测验，不能让被试做完一道题之后等待太久。以上两点决定了，CD-CAT 要求系统能快速选出适合被试的题目，由此它的参数估计算法必须快速、高效。那么，像 MCMC 这样的烦琐算法就不适用于 CD-CAT。相比之下，最大后验概率法和期望后验概率法都是常用于估计被试认知状态 KS 的较简便方法。以下是 Feng，Habing 和 Huebner(2014)对这几种算法的介绍。

(一)最大后验概率法

令 $\boldsymbol{Y}_j$ 为被试 j 的作答向量(Response Vector)。使用 MAP 法估计被试的 KS，就是在给定 $\boldsymbol{Y}_j$ 的条件下，用具有最大后验概率的 $\boldsymbol{\alpha}_l$ 作为被试 j 的 KS 的估计值。

令 λ_l 为随机选出的一个被试的 KS 为 α_l 的概率，而各 λ_l 在所有可能的 KS 上的概率之和为 1。令 $P(\alpha_j=\alpha_l\,|\,Y_j)$ 为被试 j 的 KS 为 α_l 的后验概率。根据贝叶斯定理得

$$P(\alpha_j=\alpha_l\,|\,\boldsymbol{Y}_j)=\frac{\lambda_l f(\boldsymbol{Y}_j\,|\,\alpha_j=\alpha_l)}{f(\boldsymbol{Y}_j)}=\frac{\lambda_l\prod_{i=1}^{I}p_{li}^{\boldsymbol{Y}_{ji}}(1-p_{li})^{1-\boldsymbol{Y}_{ji}}}{\sum_{m=1}^{L}\lambda_m\prod_{i=1}^{I}p_{mi}^{\boldsymbol{Y}_{ji}}(1-p_{mi})^{1-\boldsymbol{Y}_{ji}}}。$$

(6.3.20)

将各种 KS 的先验概率 λ 代入公式，即可求解。特别地，若各种 KS 的先验概率都相等，则所有的 λ 都等于 $\frac{1}{L}$，于是公式可以化简为

$$P(\alpha_j=\alpha_l\,|\,\boldsymbol{Y}_j)=\frac{\prod_{i=1}^{I}p_{li}^{\boldsymbol{Y}_{ji}}(1-p_{li})^{1-\boldsymbol{Y}_{ji}}}{\sum_{m=1}^{L}\prod_{i=1}^{I}p_{mi}^{\boldsymbol{Y}_{ji}}(1-p_{mi})^{1-\boldsymbol{Y}_{ji}}}。$$

(6.3.21)

然后，选出具有最大后验概率的 KS 作为该被试 KS 的估计值为

$$\hat{\alpha}_j(MAP)=\arg\max_{\alpha_l}P(\alpha_j=\alpha_l\,|\,\boldsymbol{Y}_j)。$$

(6.3.22)

(二)期望后验概率法

EAP 法的计算步骤，只有最后一步与 MAP 法不同。它的最后一步不是选出具有最大后验概率的 KS，而是将所有可能的 KS 与其对应的概率相乘后求期望值：

$$\hat{\alpha}_j(EAP) = \sum_{l=1}^{L} \left[\alpha_l \cdot P(\alpha_j = \alpha_l | \boldsymbol{Y}_j)\right]。 \tag{6.3.23}$$

然后对这个向量里的每个元素进行"四舍五入"式取整，由此将各元素都转化为二分取值。转化后的向量就是该被试 KS 的估计值。

(三)极大似然估计法

在 CD-CAT 里，MLE 法是将所有可能 KS 代入似然函数中，看哪个 KS 对应的似然函数值最大，就将该 KS 作为该被试的 KS 估计值。这种方法较为常用，也较为简单。当先验信息为均匀分布的时候，MLE 法和 MAP 法是等价的。

三、CD-CAT 的终止规则

与 IRT-CAT 一样，CD-CAT 测验也需要精心设计测验长度，太长或者太短都不合适。这就是设定测验终止规则的问题。可以事先固定测验长度，让所有被试做的题数都相等，这就是定长测验；也可以让不同被试所做的题数各不相同，待达到一定条件时就终止，这就是变长测验。

(一)定长测验

定长测验是事先固定测验长度，当被试做的题数达到预设数值的时候就终止。这样，每个被试做的题数都相等。在模拟研究中，定长测验比变长测验要简便一些；在实证研究中，定长测验在操作上也要方便一些。而且，在外界看来，定长测验似乎更公平一些。

定长测验到底要设定为多长，也是值得探究的。很多 CD-CAT 研究是基于经验而设定了长度。也有学者建议，CD-CAT 的测验长度可以与测验所考查的属性数量成正比(Dai, Zhang & Li, 2016)。

(二)变长测验

在 IRT-CAT 中，变长测验的思想是，当能力估计精度达到预设精度时就终止。由此类推，在 CD-CAT 中，变长测验的思想就是，当 KS 估计精度达到预设精度时就终止。从"自适应"的观点看，变长测验更符合 CAT 的思想。以下是 CD-CAT 中，学者们对变长测验提出的一些终止规则。

1. 基于被试 KS 的后验概率的终止规则

Tatsuoka(2002)提出的终止规则是：当一个被试属于某类 KS 的最大后验概

率达到 0.8 时，终止测验。

Hsu，Wang 和 Chen(2013)基于 Tatsuoka(2002)的思想，进一步提出了双重标准的 CD-CAT 终止规则，即当被试属于某个 KS 的最大后验概率不低于某个预设水平(如 0.7)，并且第二大后验概率不高于某个预设水平(如 0.1)时，测验终止。

2. Cheng(2008)提出的三种终止规则

(1)KL 法。

当邻近两次后验分布的 KL 距离小于预设水平时，测验终止。

(2)香农熵法。

当后验分布的香农熵小于预设水平时，测验终止。

(3)香农熵差法(Difference of the Shannon Entropy，D_SHE)。

当邻近两次后验分布的香农熵之差小于预设水平时，测验终止。

3. 郭磊、郑蝉金和边玉芳(2015)提出的四种终止规则

(1)属性标准误法(Standard Error of Attribute Method，SEA)。

先计算出属性 k 的标准误 $SE(\alpha_k)$，其中 $k=1$，2，$\cdots$，K。

$$SE(\alpha_k) = \sqrt{p_k(1-p_k)}。 \tag{6.3.24}$$

p_k 为掌握属性 k 的后验概率。当所有属性的标准误都小于某个预设水平(如 0.2)时，测验终止。

(2)二等分法(Halving Algorithm，HA)。

当剩余题库中的所有题目不能再提供"二等分"信息的时候，测验终止。具体为：在已知某道题目所考查的属性时，能够依据此题将知识状态全集分为两组，一组是掌握了该题目考查的所有属性的知识状态集，另一组是至少有一个考查的属性未掌握的 KS 集，两组构成了 KS 全集。假设被试 i 做完 t 题以后的后验概率为 $\pi_{i,t}$，根据二等分思想，将第一个 KS 集的后验概率之和记为 $P_{i,t} = \sum_{l:\alpha'_l q_j \geqslant q'_j q_j} \pi_{i,t}(\alpha_l)$，其中 q_j 为剩余题库中的项目，则 HA 指标为

$$HA_j = P_{i,t}(1-P_{i,t})。 \tag{6.3.25}$$

当剩余题库中所有项目的 HA 值均小于预设水平(如 0.1)时，测验终止。

(3)临近后验概率之差法(Difference of the Adjacent Posterior Probability Method，DAPP)。

当前后两次邻近的并且是从属于同一种 KS 的最大后验概率之差的绝对值小于预设水平时，测验终止。

(4)混合法(Hybrid Method，HM)。

这是 Hsu，Wang 和 Chen(2013)的方法与 DAPP 法的混合。当被试属于某个

KS 的最大后验概率不低于某个预设水平，且 DAPP 法的终止条件达到时，测验终止。

四、CD-CAT 的在线标定

对认知诊断测验的属性进行标定，是认知诊断工作的一个大难题。比如，Tatsuoka(1990)的分数减法认知诊断测验，经过 20 年至少五批专家的争论，仍然不能保证属性标定正确(DeCarlo，2011)。由此可见属性标定有多困难，工作量有多大。如果能在专家精心标定部分题目的属性之后，用统计的方法让 CD-CAT 自动标定另一些题目的属性，就可以大大减轻专家的工作量并消除专家的分歧。所以，在线标定就成为 CD-CAT 里的一项重要内容。

在线标定的概念在传统 CAT 里就已经存在，它是指在被试作答旧题的测验过程中将新题(又称为原始题)呈现给被试作答并估计新题项目参数的过程。不过，与传统 CAT 相比，CD-CAT 的在线标定需要标定的内容可能包括新题的项目参数和认知属性两部分。由此，CD-CAT 的在线标定有三种类型：项目参数已知，对属性进行标定；属性已知，对项目参数进行标定；属性和项目参数都要进行标定。

(一)在线标定的算法

1. 只考虑属性标定的算法

汪文义、丁树良和游晓锋(2011)基于非补偿模型，提出了一种标定项目属性的方法，由于它使用了集合的交运算和差运算，故命名为"交差"法。

"交差"法的思想是：设新题 i 所包含的所有属性为 S。一批被试在新题 i 上作答，有些被试答对，有些被试答错。答对该题的被试所掌握的属性集应包含 S，故所有答对该题的被试所掌握的属性集的交集(记为 S_1)应包含 S。答错该题的被试，没有掌握该题所考查的全部属性，所以那些 KS 包含于 S_1 中且答错该题的被试所掌握的属性集的并集(记为 S_1)应包含于 S。因此，新题 i 所考查的属性集 S 可以被 S_1 和 S_2 "夹逼"出来，即 $S_2 \subseteq S \subseteq S_1$。

不过，以上是对理想反应情况的讨论。在实际反应中，存在猜测和失误，故设定一个指标：如果具有某类 KS 的被试(他们的 KS 为 α_l)对某题的答对比例超过一半，就认为这类被试掌握了该题所考查的全部属性，他们应该答对该题，若答错则只是因为失误。

汪文义和丁树良(2012)讨论了题库缺少可达阵对应的某些项目类对原始题的属性向量在线标定的准确性的影响。对含 6 个属性的独立型结构进行模拟试验的结果显示：如果题库不包含可达阵的所有列对应的项目类，新题的属性标定准确性受到影响，题库中非可达阵中项目对标定有一定的弥补作用。这间接印证了可达阵在认知诊断题库建设中起到了非常重要的作用。

2. 只考虑项目参数标定的算法

有学者（陈平，辛涛，2011；Chen，Xin，Wang & Chang，2012）将传统 CAT 中的三种在线标定方法——方法 A（Method A）、一次 EM 估计法（One EM Cycle，OEM）和多重迭代 EM 估计法（Multiple EM Cycles，MEM）推广至基于 DINA 模型的 CD-CAT，分别命名为 CD-Method A 法、CD-OEM 法和 CD-MEM 法。

CD-Method A 法：先估计被试的 KS，然后把被试的 KS 估计值视为真值，在此基础上用极大似然估计方法（MLE）估计出新题的项目参数。

CD-OEM 法：仅基于 EM 算法的单个循环。对于一个新题，首先标识出作答该题的各被试，并使用一个 E 步，E 步中要用到各被试使用各 KS 的后验概率分布。然后，基于被试在该新题上的作答，使用一个 M 步估计该新题的项目参数。CD-OEM 法不需要迭代，允许独立地估计各新题的项目参数。

CD-MEM 法：用了多个 EM 循环。其中，第一个 EM 循环等同于 CD-OEM 法，而第一个 EM 循环得到的新题的项目参数估计值作为下一个 EM 循环的项目参数初始值。待达到预设的迭代精度时，循环停止。CD-MEM 法的一大优点是它可以充分使用来自旧题和新题的信息。

对这三种方法的比较研究（Chen，Xin，Wang & Chang，2012）发现：当 DINA 模型的项目参数 g 和 s 较小时，CD-Method A 法的效果要优于 CD-OEM 法和 CD-MEM 法；而当 g 和 s 较大时，CD-OEM 法的效果更好。奇怪的是，使用了多个 EM 循环的 CD-MEM 法的效果反而不如只使用了一个 EM 循环的 CD-OEM 法。研究者给出的解释是：一些不好的新题可能会影响到从第二个 E 步开始的后验分布计算，从而影响新题的项目参数标定。

3. 兼顾属性标定和项目参数标定的算法

陈平和辛涛（2011）借鉴单维 IRT 中联合极大似然估计法的思路，在 DINA 模型里提出了联合估计算法（Joint Estimation Algorithm，JEA）。这种方法仅依赖被试在旧题和新题上的作答反应而联合地、自动地估计新题的属性向量和项目参数。JEA 算法的步骤如下：①给出新题 i 的属性向量初值 $q_i^{(0)}$ 和项目参数初值 $g_i^{(0)}$、$s_i^{(0)}$。其中 $q_i^{(0)}$ 以及 $g_i^{(0)}$、$s_i^{(0)}$ 可以根据一定的分布而随机生成。然后，基于被试们在新题 i 上的作答反应，用 MLE 属性向量估计方法而估计出 $q_i^{(1)}$。②基于 $q_i^{(1)}$ 和被试们在新题 i 上的作答反应，用只考虑项目参数标定的算法（如 CD-Method A 法）去估计该题的项目参数 $g_i^{(1)}$、$s_i^{(1)}$。③将以上两个步骤循环进行，直到达到收敛。由此，可以将所有新题的属性和项目参数全部估计出来。

研究表明，当项目参数 g 和 s 较小且样本较大时，JEA 算法在新题属性向量和新题项目参数估计精度方面表现不错；样本大小、项目参数大小以及项目参数初值都影响着 JEA 算法的表现。

在陈平和辛涛(2011)的基础上，有学者(Chen，liu & Ying，2015)进一步提出了基于极大似然估计和贝叶斯算法的在线标定方法。

(二)随机标定设计和自适应标定设计

根据将新题分配给被试作答的方式，可以将在线标定设计分为随机标定设计和自适应标定设计两种。随机标定设计是指，在研究 CD-CAT 新题属性标定的实验过程中，将随机选择的新题植入 CD-CAT 的随机位置。随机标定设计便于实施，但未体现出"自适应"的特点。

汪文义等人(2011)的研究表明：当 KS 估计精度较高时，自适应标定设计比随机标定设计更有优势；当 KS 估计精度较低时，自适应标定设计的效果不佳。陈平和辛涛(2011)的模拟研究表明：若项目参数 g 和 s 都较小且每个被试掌握每个属性的概率都相等，此时自适应标定设计比随机标定设计的项目参数的返真性更好。Chen，Xin，Wang 和 Chang(2012)的进一步研究发现，在绝大多数模拟条件下，尤其是当项目参数较大时，自适应分配的效果并不比随机分配更好；而对实际研究的数据分析也发现了同样的结果。

迄今为止，所有关于 CD-CAT 在线标定的研究，都是基于 DINA 模型的。(有些研究者声称自己的研究适用于非补偿模型，但是只有 DINA 模型是完全的非补偿模型，故这些研究依然属于"基于 DINA 模型的研究"。)这与 DINA 模型较为简单有关系，同时也说明需要在其他模型下加强此类探讨。

另外，CD-CAT 在线标定的研究还存着一些共同局限：仅考虑了所有属性相互独立的情况，仅考虑了属性数不多于 6 的情况。

五、CD-CAT 的总结与展望

认知诊断是一项较为专业的工作，涉及心理测量和计算机编程两大领域的知识，这在实践中的应用推广较为困难(张敏强，简小珠，陈秋梅，2011)。而 CAT 也存在无法评估开放性的主观题、研发较为复杂、前期阶段需要大量试题的试测和等值工作等局限。作为认知诊断与 CAT 的结合，CD-CAT 经过了十几年的研究，已经取得了一定的理论成果，但它依然存在很多尚未解决的问题，主要体现在：①绝大多数研究都是模拟研究，目前很少见到实际研究，不知道实际情况和模拟情况相差有多大；②绝大多数研究都是在 DINA 等少数几个模型的基础上做的；③绝大多数研究都是基于 0—1 计分，而在多级计分上的研究很少；④绝大多数研究都假设所测属性之间是无结构关系，但实际工作中各属性之间很可能有一定的结构。这些都是 CD-CAT 研究所面临的机遇与挑战，有待进一步探索。

因此，未来的 CD-CAT 研究需要：①更多地开展实际测试研究；②在 DINA 模型之外的其他认知诊断模型下进行更多探索；③更多地考虑多级计分的情况；④更多地考虑认知属性非独立的情况。

思考题：

1. 认知诊断测验与传统测验有什么不同？

2. 认知诊断中常用的模型有哪些？各有什么特点？

3. CD-CAT 的选题方法有哪些类型及其特点如何？

4. CD-CAT 的参数估计与 CAT 的参数估计有什么异同？

5. CD-CAT 不定长终止规则有哪些？

第七章　可修改答案的计算机化自适应测验

　　针对传统 CAT 不允许被试返回检查及修改答案的不足，学者们提出了允许修改作答的 CAT 方法与技术，从而产生了可修改答案的计算机化自适应测验（Reviewable CAT，RCAT），它使得测试更符合人们传统纸笔测验上的作答方式，降低了应试者的焦虑水平，并在一定程度上可以提高参数估计的精度。本章介绍了RCAT 的产生背景、优势与不足、RCAT 的测试设计、选题策略及相关模型；本章最后对 RCAT 中目前常用的方法进行了比较，并对未来研究方向提出了展望。

第一节 可修改答案的计算机化自适应测验简介

一、RCAT 优势分析

计算机化自适应测验(CAT)研究始于 20 世纪七八十年代，并在过去的 20 年得到了快速的发展。现在，美国的许多大型考试，如学术能力测验(SAT)、托福等大型测验已经实行了计算机化自适应测验。CAT 大致可以分为两类，一类是以项目反应理论为基础的传统 CAT，另一类是以认知诊断为基础的 CD-CAT。相对于传统纸笔测验，CAT 的目的在于为每个被试建构一个最优测验，可以给出难易程度与被试能力水平相匹配的题目，既保证估计精度的同时又能节省答题数。

然而，伴随着 CAT 的快速发展，CAT 本身的一些弊端也逐渐暴露了出来。例如，从被试的角度出发，CAT 较之纸笔测验的一个主要的区别就是：不允许被试修改答案。对于习惯了测验中可以修改答案的被试来说，不允许修改答案的 CAT(简称传统 CAT)是一个难以接受的测验形式。

可修改答案 CAT(RCAT)的优点显而易见，首先，从被试的角度出发，允许修改答案的测验形式更符合他们的测验习惯。Stocking(1997)指出在传统的纸笔测验中考生可以任意修改答案，不允许修改答案无疑剥夺了考生犯错的权利。Vispoel，Henderickson 和 Bleiler(2000)调查发现有 85％的被试表示希望在测验中拥有修改答案的机会，如果是高风险的测验这一比例会更高。尽管在测验中被试修改的题量是很有限的，但是提供可修改的机会本身就会减少被试的考试焦虑，人在高度的紧张焦虑状态中犯错的机会往往也更大。Olea，Revuelta，Ximénez 和 Abad(2000)比较了两组参加 CAT 的被试前后焦虑水平的变化，实验发现参加 RCAT 后被试平均焦虑水平下降了 0.91。参加传统 CAT 后，被试平均焦虑水平上升了 0.51。而且参加 RCAT 一组被试的答对比例显著高于另外一组。

其次，从主试的角度出发，检查并修改题目后的 CAT 更能够反映被试真实的能力水平(Steven & Wise，1999)。陈平和丁树良(2008)指出不允许被试修改答案将会增加测验的误差。例如，一些高水平的被试答错了本来完全有能力答对的题目，由于没有修改答案的机会他们的能力会被低估；相反，如果某个被试没有能力答对某个题目但却猜对了，又不允许修改，他的能力会被高估。最后从人类认知的角度来看，因为人类总是经过反复的观察和实践，才能最终认识到事物的本质，所以允许修改答案的测验更符合人类认识事物的习惯。

二、RCAT 目前存在的问题

但是也有学者担心 RCAT 会带来一些不良的影响，首先，允许被试修改题目后一定程度上会降低 CAT 的效率，但增加了测验成本(Stocking，1997；Vispoel，Rocklin，Wang & Bleiler，1999)。Vispoel 等人(2000)研究发现与传统的 CAT 相比 RCAT 平均测验时间增加了 37%～61%。此外，传统的 CAT 根据被试的每次作答反应，按照信息最大化原则选出一系列"最优"的题目。但是如果增加可修改答案的选项，修改之后会导致被试一系列能力估计值发生改变，造成题目与能力估计值不能"最优"匹配，从而增加了能力估计的误差，降低了估计的精度。

其次，RCAT 的另一个问题是担心被试会使用"作弊"策略，进而影响测验的公平性。"作弊"策略主要包括：Wainer 策略和 Kingsbury 策略。Wainer 策略：Wainer(1993)提出被试在自适应作答阶段，故意答错所有题目，计算机根据被试作答情况估计的能力值会越来越低，导致被试作答的题目越来越容易。然后在允许修改阶段被试全力答对所有题目，通过这种方法被试获得正偏的能力估计值。研究发现使用 Wainer 策略后造成被试真实能力水平和施测题目难度不匹配，不匹配程度越大，引起的测量误差也越大，特别对于中高能力水平的被试会有较大的能力估计正偏差(Bowles & Pommerich，2001；Stocking，1997；Vispoel Rocklin，Wang & Bleiler，1999)。Wainer 策略表面看起来似乎是很诱人的，但是要通过 Wainer 策略来作弊却是一件十分冒险的事，Gershon 和 Bergstrom(1995)通过模拟研究发现只有当被试在修改阶段答对所有题目时，Wainer 策略才是有效的，即使答错一个题目，考生的能力估计值也会被严重低估。

为了评估 Wainer 策略对被试能力估计产生的影响，Vispoel 等人(1999)研究通过模拟和真实数据以及贝叶斯后验期望(EAP)和极大似然估计(MLE)来评估 Wainer 策略的有效性。结果发现 Wainer 策略的有效性取决于能力估计的方法，模拟实验表明：使用 EAP 估计后，能力分布在$[-2, 0.5]$的被试能力估计值有小程度的提高，而中高能力被试被严重低估；而 MLE 的结果是使用 Wainer 策略后中高能力的被试能力被严重高估。通过真实的实验数据也得到了类似的结果。研究还发现 MLE 更易受到 Wainer 策略的不利影响。Vispoel 等人(1999)的实验结论后来也得到 Davey 和 Fan(2000)研究结果的验证。

Kingsbury 策略(简称 K 策略)是由 Kingsbury(1996)提出的一种"作弊"策略，指被试通过感知题目难度的变化来纠正错误。例如，被试根据当前题目的难度判断上一个题目是否答对，如果被试认为当前题目比前一题难度更大，就认为前一题答对了，相反，就会怀疑前一题答错了，并有针对性地修改之前的答案。

Kingsbury(1996)通过模拟数据检验了 K 策略对测验产生的影响，其研究基于两个前提假设：①假设题目难度高于真实能力 1 个单位时，被试会猜测答案。②假设被试认为当前题目的难度低于前一题，并超过 0.5 个单位时，将会修改前一题的答案。研究发现成功使用 K 策略的被试能力估计水平都得到了提高，但是不同水平的被试提高的程度不一样，从低能力到高能力，能力提高的程度依次降低，能力估计值平均提高了 0.11。

成功应用 K 策略的关键在于被试能否识别出题目难度的变化。为了考察被试对成对题目难易的真实分辨能力，Wise，Finney，Enders，Freeman 和 Severance (1999)用真实的数据进行了研究。结果发现被试在辨别题目难易任务中整体表现较差，即使两题难度差异超过 0.5 个单位，也只有 73% 的被试能成功辨别。被试在成功使用 K 策略后平均能力估计值只有较小程度的提高，平均增幅只有 0.01。由此可看出被试很难使用 K 策略来作弊。Davey 和 Fan(2000)后来通过模拟研究也发现被试通过 K 策略来作弊的机会是很小的。

除了以上所描述的 RCAT 可能导致的问题之外，事实上允许被试修改答案造成的影响涉及 CAT 的方方面面，包括题库的建设和维护、选题策略、能力估计方法、终止规则等。例如，通过检查并修改答案之后，被试就有更多的时间记住题目，也有可能损害题库的安全性。在选题策略方面传统的最大化信息选题可能会导致更多的误差，因此在 RCAT 的应用方面可能还需要做出一些调整。如果后面的题目对前面题目的答案有提示，通过修改答案被试就会答对一些本该答错的题目，也会带来额外的估计误差。修改答案后导致能力估计出现较大的偏差，部分被试可能要额外增加测验题目或者改变测验的终止规则。然而允许被试在 CAT 中返回修改答案符合被试一直以来形成的考试习惯，通过提供给被试一次改正错误的机会，有助于保证测验的公平公正性。

第二节　可修改答案的计算机化自适应测验设计与方法

一、基于测试设计视角的 RCAT

针对 RCAT 的两个缺陷：一是被试使用"作弊"策略，二是测验效率的下降，有研究者从测验设计的角度入手针对性地提出了一些解决方案。为了防止被试使用"作弊"策略，研究者提出通过控制被试修改作答的方式来控制。另外，Waddell 和 Blankenship(1994)研究发现在一次测验中被试修改的题目数只占总题量的很少部分(平均只有 5.1%)。因此，如果只允许被试修改一定数量的题目，一定程度上可以提高 RCAT 测验的效率。目前有关 RCAT 的测验设计主要包括：Stocking 的限制被试修改机会的设计；优化的 Stocking 设计；题目口袋设计；区块题目袋方法；重新安排题目顺序的设计。接下来分别从测验设计的基本思想、优缺点以及它们之间的关系进行阐述。

(一)Stocking 的限制被试修改机会的设计

1. 限制被试修改机会的三种设计方案

Stocking(1997)提出了三种 RCAT 设计。

设计一：允许被试修改固定数量的题目。在作答前主试会告知被试作答完所有题目后，可以返回检查并修改固定数量的题目。

设计二：允许被试修改单独限时题目单元内的答案。在测验过程中将题目按照先后顺序划分为固定长度的题目单元。题目单元长度根据实际需要而规定。并以题目单元的形式呈现给被试作答，被试可以在单元内对题目进行检查并修改，计算机根据被试当前单元的作答来选择下一个单元，提交答案后的单元不允许再次返回修改。

设计三：只允许被试修改单独限时属于共同刺激物(表格、图画、阅读材料等)组成的题目单元，题目单元的长度随着测验内容的变化而变化，因此每个被试作答的题目单元的内容和长度是因人而异的。

2. 三种设计方案的比较与评价

为了验证这三种设计在对抗 Wainer 策略中是否有效，Stocking(1997)通过模拟和真实的数据研究，发现在设计一中当只允许修改 2 个题目时(定长 28 题)，能力估计精度和传统 CAT 很接近。但是随着可修改题目数的增加，由 Wainer 策略导致的误差也会随之增加，换句话说设计一并不能有效对抗 Wainer 策略。

当把设计二中的测验题目分隔为 4 个或 4 个以上的单元时，能力估计精度接近于传统 CAT。因此，在对抗 Wainer 策略方面设计二比设计一更有效。同时结果也表明设计三与设计二在抵抗 Wainer 策略方面具有类似的效果。

与设计一相比，被试在设计二中对测验有更多的掌控，不管测验被分割为多少个小单元，设计二中被试还可以修改所有的题目，但设计一中只能修改固定数量的题目。另外，设计二中被试修改单元内答案会影响下一个单元的选择，即计算机会根据被试修改后的能力估计值选择下一个单元。而设计一中修改题目之后的能力估计值并没有体现在自适应选题上。从这点来看设计二比设计一更符合 CAT 的规则。

与设计二相比设计三既保留了设计二的优点，但也具有自身独有的优点。设计三的单元由具有共同刺激物的题目组成。而设计二中的单元只是按照题目顺序随意组合而成，单元内容可能毫不相关。对于一些习惯将所有相关联的题目综合考虑之后，再进行作答的被试，设计三更符合他们的认知过程。

另外，在设计一中，在测验开始前需告知被试只能修改很少量的题目，这可能给被试造成额外的考试压力。设计二和设计三都没有考虑到增加修改选项后会引起测验效率的下降。而且两种设计中被试还不能返回修改前一个单元，被试并不能按照自己的考试习惯来修改答案，这也给被试带来了极大的不便。设计三在应用中还存在一些局限性。例如，在只考查阅读水平的测验中，所有的题目都拥有共同的刺激背景，如何来划分题目单元将会很困难；相反如果一个测验的绝大部分题目都没有共同刺激背景，那么设计三与传统 CAT 几乎没有差异。

（二）优化的 Stocking 设计

针对 Stocking 设计造成的 RCAT 效率的下降，Vispoel 等人（2000）将 Stocking 设计加以改进提出了优化的 Stocking 法。该方法的思路是允许被试在作答题目单元时，暂时将不确定答案的题目标记起来，待当前单元内的其余题目全部作答完以后，计算机会再次呈现该单元内的所有题目供被试修改，通过标记待修改题目节约了测验的时间。另外，计算机屏幕下方会显示测验所剩余的时间，以此提醒被试合理安排时间，如果被试不想受到时钟的干扰也可以选择将其隐藏。

Vispoel 等人（2000）将优化的 Stocking 法应用到真实的 CAT 中，测验包括 40 道考查词汇记忆的题目。实验结果表明这种方法是非常有效的，因为在修改阶段被试花费 55% 的时间用于修改标记过的题目（标记的题目只占总题目数的 6.93%）。优化后的 Stocking 法的平均测验时间只比传统 CAT 多了 12%，而且差异不显著。在将测验分为 8 个题目单元时，其测验时间只比传统 CAT 多了 6%。这都说明优化的 Stocking 法对提高 RCAT 的效率是有效的。

从实验结果来看，Stocking 设计（尤其是设计二）和优化 Stocking 设计都将 RCAT 的效率和精度保持在一定的范围内。但是这些设计都将被试的修改行为限制在一个题目单元内，被试必须修改完当前题目单元并提交答案之后再作答下一个单元（除非被试放弃修改当前题目单元），在这种测验环境中，被试的作答习惯会受到极大的限制。并且要成功应用以上设计还需要对每个题目单元单独限时，在应用于 RCAT 中如何规定每个单元的测验时间也是个很复杂的问题。如果每个单元的作答时间是没有限时的，那么被试在作答完一个单元之后就会纠结要不要花时间来修改，修改过程中又要担心花费时间过长影响后面的答题。这种情形导致被试在整个测验过程中经常处于一种焦虑的状态，而由此带来的考试焦虑有可能更高。另外，按照以往的纸笔考试习惯，遇到一些难题或是暂时想不起答案的题目，考生经常会跳过这些题目继续作答。然而在 Stocking 设计和优化 Stocking 设计中并不允许被试跳过题目来作答，甚至在一个单元内也不能跳过。也许有考生认为在遇到较难的题目时先随意选择一个答案，等到一个单元作答完毕之后再修改答案，但这样做又会违背 CAT 的选题策略，反而会引起更大的误差。

（三）题目口袋（Item Pocket）设计

Stocking（1997）的设计将题目划分为单独的小单元，被试只允许修改单元内的题目。所以被试每作答一个单元就要做出一个决定：是否要花费时间去修改当前单元，还是抓紧时间作答剩余单元。另外，修改答案后会造成"人题"不匹配，Stocking 和优化 Stocking 法的设计中都没有消除"人题"不匹配造成的测量误差。针对以上两种设计的缺陷，Han(2013)提出了一种题目口袋(Item Pocket，IP)法。

1. 题目口袋法的设计方案

IP 的设计思路是指在测验的过程中，计算机为被试提供了一种题目口袋选择，即允许被试在作答过程中，随时可以把待修改的题目或者暂时想跳过的题目放入 IP 中，然后接着作答下一个题目，放入 IP 内的题目不参与当前能力估计。当 IP 容量已满后，被试需要替换一题才能再次放入。在规定的测验时间内被试随时可以修改 IP 内的题目，修改后的题目自动从 IP 内释放。测验时间结束后 IP 内还未被释放的题目视作错误作答。从 IP 内释放的题目与 IP 外的题目一样也参与被试的能力估计，IP 容量可以根据测验的长度、时间等设定。

2. 题目口袋设计的评价

IP 方法允许被试随时将不确定答案的题目放入其中，一来可以帮助被试有效安排时间，防止被试在一个不确定答案的题目上花费过长时间，影响剩余题目的作答。二来 IP 方法允许被试跳过题目来作答，并且在 IP 内作答不影响 IP 外的选题，从而有效地降低了由于"人题"不匹配引起的误差。另外，与 Stocking 和优化 Stocking 法相比，在 IP 设计中被试对测验的控制感更足，更符合被试考试习惯，能有效降低被试的紧张及焦虑度。

但 Han 并没有指出 IP 容量大小该如何选择，IP 容量过大或过小都会产生不利的影响。IP 容量过小，被试对测验控制感不足；IP 容量过大，由于在 IP 内的作答不影响 IP 外的选题，同样地也会降低 CAT 因人施测的有效性。另外，IP 方法的有效性也取决于测验时间，在时间有限的 CAT 中被试可能不会使用 IP 方法，因为被试知道没有足够的时间来修改答案。

(四)区块题目袋方法

在 Stocking 设计中，被试在题目区块内(区块也就是文章中的题目单元)作答时不允许跳过题目，而且为了保证估计的精度，需要划分较多的区块使得被试受到更大的限制。然而，IP 法的缺陷是它的容量不易设置，但是 IP 法在一定程度上可以弥补 Stocking 设计的不足。基于此，林喆、陈平、辛涛(2015)提出了区块题目袋方法，该方法将 Stocking 设计和 IP 法有效结合在一起，实现了方法之间的"双赢"。区块题目袋的主要思路是将测验分成几个大区块，为每个区块分配一个一定容量的 IP，通过区块的设置来合理安排题目袋的容量。在进入下一个区块前，被试需要作答完该区块 IP 内的题目，而进入下个区块后不允许修改前面的区块。

通过模拟研究表明：与 IP 法相比，区块题目袋方法可以提高能力估计的精度，尤其对低水平的被试，区块题目袋能够更精确地估计其能力值，并且随着区块数的增加估计精度有略微提升。在对抗类似 Wainer 策略时（测验开始前将题目尽可能放入 IP 内来推迟作答，再返回全力作答），区块题目袋方法也要优于 IP 法。

区块题目袋将 Stocking 设计和 IP 法结合起来，一来允许被试跳过题目作答，而且只需要设置较少的区块，二来巧妙地解决了 IP 容量不易设置的问题。

然而，区块题目袋将被试的修改行为限制在区块内，被试在作答下个区块前需要完成当前 IP 内的题目，这很可能不符合一部分被试的修改习惯。在纸笔测验中，被试经常使用的一种修改习惯就是：先跳过较难的题目，等完成全部有把握的题目之后，再返回检查并修改答案，这种修改习惯类似于 IP 法的思路。因此，虽然区块题目袋合理解决了 IP 容量不易设置的问题，却可能给被试的测验习惯带来一定的限制。此外，相对 IP 法，区块题目袋在应用中更复杂，需要更多的技术支持。

(五)重新安排题目顺序的设计

与传统纸笔测验相比，CAT 一个显著的优势就是计算机"因人而异"地选择与被试能力最匹配的题目施测，从而快速有效地估计被试的能力水平。然而，被试修改答案后会造成题目难度与被试真实能力水平不匹配，这成为 RCAT 的一个主要误差来源。为此，Papanastasiou(2002)提出了在被试修改答案后重新安排题目顺序的设计方法。即被试在修改某个题目之后，在能力估计阶段忽略该题之后可能与能力不匹配的题目。被试在修改阶段可能有四种修改模式，分别对应四种重新安排题目顺序模式。

1. 重新安排题目顺序设计的四种模式

模式一：被试将原来错误答案修改为另一个错误答案，例如，正确答案是 A，被试把答案由 B 改为 C。这种修改方式并不会影响能力水平的估计，所以不需要重新安排题目顺序。

模式二：被试将第 i 题的答案由错误改为正确，修改前被试能力估计值记为 $\hat{\theta}_i$，修改后的能力估计值记为 $\hat{\theta}'_i$，修改后第 $i+1$ 的题目与能力 $\hat{\theta}'_i$ 并不是最匹配的，因为第 $i+1$ 的题目对于能力 $\hat{\theta}'_i$ 过于简单。在最后估计能力时，计算机会自动跳过第 i 题后的部分题目，直接选择第 $i+k$ 题($1<k<4$)作为下一题(第 $i+k$ 题是被试继 i 题之后第一个答错的题目)。如果被试在 $[i+1, i+k]$ 区间内的题目都答对了，则将第 $i+4$ 题作为最后参与能力估计的题目。

模式三：被试将第 i 题答案由正确改为错误，计算机自动选择第 $i+k$ 题($1<$

$k<4$)作为下一题(第 $i+k$ 题为第 i 题之后第一个答对的题目)。如果被试在[$i+1$, $i+k$]区间内的题目都答错了，则将第 $i+4$ 题作为最后参与能力估计的题目。

模式四：被试在修改阶段同时包含模式二和模式三，假设被试将第 2 题的答案由错误改为正确，并将第 13 题的答案由正确改为错误。首先按照模式二来选题，计算机忽略了第 3 题保留了第 4 题(假设第 4 题是第 2 题之后第一个答错的题目)。然后再按照模式三选择第 13 题之后第一个答对的题目，假设是第 16 题。并比较第 16 题和第 3 题在 θ_{13} 的信息量，如果第 3 题的信息量小于第 16 题，则依然按照模式三来安排。如果第 3 题的信息量大于第 16 题，则把第 3 题作为第 13 题和第 16 题之间参与最后能力估计的题目，因此最后参与能力估计的题目顺序(假设定长 20 题)是 1、2、4、5、6、7、8、9、10、11、12、13、3、16、17、18、19、20。

2. 四种重新安排题目顺序设计的评价

Papanastasiou(2002)研究发现与正常修改相比重新安排题目顺序之后平均偏差下降了 15.6%，效果显著，并且重新安排题目顺序之后的信度接近 0.81。虽然重新安排题目方法在能力估计偏差和信度上表现优异，但是这种结果只是模拟得到的，具体应用到实际中效果如何还需进一步研究。另外，部分作答题目不参与最后的能力估计，不仅降低了题目的利用率，而且对于被试而言可能难以理解这种方法。

为了避免最后参与被试能力估计的题目数过少，Papanastasiou 提出如果已有 3 个以上的题目被忽略，将不再执行重新安排题目顺序的方法。因此对于部分考生而言，该方法可能只执行两次(第一次修改忽略了 3 个题目)，还是不能有效地解决"人题"不匹配的误差。另外，遇到一些极端的情况该方法可能会导致更大的误差。例如，被试只修改了 2 个题目，每次修改都保留了第 $i+4$(假设修改了第 i 题)，这样两次修改之后就会忽略 6 个题目，在定长 CAT 中能力估计的题目数过少将会产生更大的随机误差。当然有学者认为可以在重新安排题目顺序后，再适当给被试增加测验题目，但是这样做在增加测验成本的同时，也可能给被试带来更大的压力。除此之外，该方法必须限定可修改答案的题目数，即被试并不能任意地修改题目。这也会减弱被试对测验的控制感，易引起测验焦虑。

二、基于选题策略视角的 RCAT

除了从测验设计的角度来改善 RCAT，也有学者从选题策略角度改善 RCAT。不管是传统的 CAT 还是 RCAT 选题策略都是一个非常重要的环节，选题策略的好坏直接影响到测验的精度、信效度和测验的效率。

在已有关于 RCAT 的研究方面，多数研究者选择 MFI 作为选题的标准，即从剩余题库中选择在当前能力估计值处具有最大信息量的题目。第 i 题的信息量计算公式如下：

$$I_i(\theta) = \frac{(P'_i(\theta))^2}{P_i(\theta)Q_i(\theta)}\text{。}$$

(7.2.1)

$P_i(\theta)$ 是当前能力估计值 θ 处第 i 题的项目反应函数，$Q_i(\theta)=1-P_i(\theta)$，每次选题计算机都会按照上式计算题库中剩余题目的信息量，然后，从其中挑选出信息量最大的题目（罗芬，丁树良，王晓庆，2012）。MFI 只用较少的题目就能准确地测量被试的真实能力水平，这使得 MFI 在传统的 CAT 得到了广泛的应用（毛秀珍，辛涛，2011）。然而，在传统的 CAT 中无须担心被试利用 MFI 的选题特征来使用"作弊"策略。但是在 RCAT 中 MFI 的选题优势同时也会成为其劣势，因为被试更容易通过故意答错题目来获得低于真实水平的简单题目，从而成功应用 Wainer 策略。

(一)SIIS 选题策略

针对在 RCAT 中被试易通过 MFI 选题来作弊的情况，Davey 和 Fan(2000)提出特定(Specific Information Item Selection，SIIS)信息选题策略，SIIS 的选题步骤介绍如下：

首先，从剩余题目中选出一批题目作为下一题的备选题，这批题目的难度与被试当前能力估计值差异在一定范围之内。其次，将备选题所有题目的信息量与当前能力后验分布相结合，产生期望信息量 O_i（i 代表题目）。再次，将总目标信息量减去已施测题目的总信息量作为下一题的目标信息量，记为 T。最后，把备选题中所有题目 O_i 与 T 比较，选择最小的 $(T-O_i)^2$ 作为下一题，如果选择的题目受到曝光率的限制，则选择次小的 $(T-O_i)^2$，被试每作答完一题，能力后验分布就要更新一次。

(二)SIIS 选题策略的评价

首先，Bowles 和 Pommerich(2001)通过模拟研究发现 SIIS 和 MFI 在对抗"作弊"策略中的差异不明显。然而，可以预见的是在对抗 Wainer 策略方面 SIIS 选题策略要好于 MFI，因为在 MFI 中被试在自适应作答阶段更容易通过故意答错来获得极简单的题目。但是在 SIIS 中，即使被试故意答错所有题目也不可能完全获得低于真实水平的简单题目。同样地，与 MFI 相比在 SIIS 选题策略下被试更难通过判断前后作答题目的难度来实施 K 策略。

其次，MFI 倾向于选择区分度高的题目，这会导致题目曝光率不均匀，另外最大信息量选题方法依赖于当前能力估计值的精确性，因此在测验开始阶段 MFI 方法可能存在较大的偏差（毛秀珍，辛涛，2011）。SIIS 选题降低了高区分度的题目过度曝光率，使题目的曝光率更均匀。

最后，MFI 选题每次都要计算题库中剩余题目的信息量，从中选择具有最大信息量的题目，如果题库容量过大，每次选题都要花费一定时间，这可能会降低测验的效率。而 SIIS 选题只从备选题目中选择合适的题目，在一定程度上提高了测验效率。但是 SIIS 兼顾曝光率后所选题目与被试真实能力并不是最匹配的，因此 SIIS 的测量精度会略低于 MFI。

三、基于模型视角的 RCAT

以上研究从测验设计和选题策略两方面来实施及改善 RCAT，这些研究更多的是通过外部的技术手段来达到 RCAT 的目的。已有研究者试着通过模型的变化来实现 RCAT，目前有关 RCAT 的模型有逻辑斯蒂克 4 参数模型、条件概率模型和综合评分模型。

(一)逻辑斯蒂克 4 参数模型

为了降低测验初始阶段由于高能力被试不小心答错简单题目而引起的误差，Barton 和 Lord(1981)提出了逻辑斯蒂克 4 参数模型(4PLM)。4PLM 是在逻辑斯蒂克 3 参数模型(3PLM)的基础上加以改进而来。3PLM 公式如下：

$$P_{3pl}(\theta) = c + \frac{1-c}{1+\exp(-da(\theta-b))}。 \tag{7.2.2}$$

其中 $d = 1.702$，θ 代表被试能力值，a 是题目区分度，b 是题目难度，c 为题目猜测系数。3PLM 的一个潜在假设是：低能力被试答对高难度题目的概率为猜测系数 c，高能力被试答对简单题目的概率接近 1。然而这个假设并不一定成立。例如，对于一个高难度题目所考查的全部知识，一个低能力被试可能已掌握了部分。那么低能力被试答对该题目的概率就高于猜测系数 c。同样地，一个高能力的被试由于紧张、误解题意、粗心等一些因素也可能答错简单题目，所以高能力被试答对简单题目的概率不总是等于 1。基于此，Barton 和 Lord(1981)提出了 4PLM。4PLM 增加了上限参数 δ，其公式如下：

$$P_{4pl} = c + \frac{\delta-c}{1+\exp(-da(\theta-b))}。 \tag{7.2.3}$$

Yen，Ho，Liao 和 Chen(2012)将 4PLM 应用到 RCAT 中(简称 R4PLM)，并将 4PLM 与重新安排题目顺序方法结合起来应用于 RCAT(简称 RR4PLM)，研究结果表明 R4PLM 精度高于 R3PLM，而 RR4PLM 精度又高于 R4PLM。测验效率按照达到一定精度所需的题目数来评价，R4PLM 效率高于 R3PLM，在中高能力($\theta \geqslant 0$)水平处 R4PLM 效率高于 RR3PLM，其中 RR4PLM 的效率高于其他三种方法。

高能力被试答错了本该答对的简单题目后，计算机会估计出一个低的能力值，并由此选择一个与真实能力极不匹配的题目。与 3PLM 相比，4PLM 增加了上限参数 δ，意味着高能力被试答对简单题目概率并不是 1，而是 δ，δ 依据具体测验而定，如可取 0.99、0.98 等。因此即使高能力被试由于疏忽答错了一个简单题目，在 4PLM 下估计的能力值要比 3PLM 更接近真实能力值。然而该实验的结果表明，R4PLM 和 R3PLM 的能力估计精度差异并不大，甚至在高能力值处 R4PLM 的估计偏差要更大，也就是说 4PLM 对能力估计偏差的修正程度是有限的。由此可看出，若将 4PLM 单独应用于 RCAT 时，并不能有效地降低"人题"不匹配的误差。虽然 Yen，Ho，Liao 和 Chen(2012)通过模拟实验发现 4PLM 和重新安排题目顺序结合在一起，可以将能力估计精度和测验效率保持在一个可接受的范围内，但是重新安排题目顺序的方法有很大的缺陷，在应用中可能会出现"得不偿失"的后果。因此 4PLM 的真实有效性还需要经受更多真实数据的检验。另外，4PLM 能否有效对抗"作弊"策略的影响也需要进一步的研究。

(二)条件概率模型

van der Linden 和 Jeon(2012)认为修改的概率是建立在第一次作答基础上的条件概率，基于此在 3PLM 基础上提出了条件概率模型，该模型建立在三个前提假设基础之上：①修改阶段的猜测参数 $c=0$，即逻辑斯蒂克 2 参数模型(2PLM)。②两个条件模型参数 a_i，b_i 相互独立，分别独立受到第一次作答的影响，a_{0i}，b_{0i} 分别表示第一次错误作答后题目区分度和难度参数的估计值。③假设在两次作答中被试能力保持不变，即 $\theta_n^{(2)} = \theta_n^{(1)}$。条件概率模型的公式如下：

$$Pr\{u_{ni}^{(2)} = 1 \mid u_{ni}^{(1)} = 0\} = \frac{\exp[a_{0i}(\theta_n^{(1)} - b_{0i})]}{1 + \exp[a_{0i}(\theta_n^{(1)} - b_{0i})]}。 \tag{7.2.4}$$

其中 $n = 1, 2, \cdots, N$ 代表被试，$i = 1, 2, \cdots, I$ 表示题目，$\theta_n^{(1)}$ 是被试 n 第一次作答的能力估计值，用 $Pr\{U_{ni}^{(2)} = 1 \mid U_{ni}^{(1)} = 0\}$ 表示被试 n 第一次答错了第 i 题，修改阶段改为正确的条件概率。E_n 表示被试 n 将错误答案改为正确答案的题量，服从伯努利分布，其概率计算公式如下：

$$P(E_n) = \prod_{i_n = 1}^{I_n} [Q_{ni_n} + zP_{ni_n}]。 \tag{7.2.5}$$

n 表示被试，$i_n = 1$ 表示被试 n 将第 i 题的错误答案改为正确，$P_{ni_n} = Pr\{U_{ni}^{(2)} = 1 \mid U_{ni}^{(1)} = 0\}$，$Q_{ni_n} = 1 - P_{ni_n}$，$z$ 是哑变量。通过假设检验来诊断被试是否在测验中使用"作弊"策略，公式如下：

$$Pr\{E_n \geqslant e_n^*\} \geqslant a。 \tag{7.2.6}$$

a 为显著性水平，e_n^* 为 a 水平下的临界值。如果式(7.2.6)成立意味着被试可能使用了"作弊"策略。

van der Linden 和 Jeon(2012)通过真实的实验数据研究发现，修改阶段的区分度参数和难度参数都高于第一阶段，其中难度参数的差异程度要大于区分度参数。这是因为模型假设修改阶段的猜测参数 $c=0$，相应地项目曲线就会陡峭一点。同时难度参数变大意味着与第一次答对一个题目相比，要把错误答案改为正确的难度更大。另外，条件概率模型在模型资料拟合度检验中表现良好。

该模型考虑了第一次作答对修改阶段参数的影响，并通过精确的数学公式来诊断被试是否作弊，与前面所提到的方法相比是一个创新。然而条件概率模型中的每个题目都有两种参数：一是正确作答的参数，二是错误作答的参数。该模型能否有效应用取决于这两种参数的获得，从建立题库的角度来看要估计这两类参数还是一个很大的挑战。首先在建立题库的参数估计阶段就要投入更大的成本，每个题目都要收集足够多的正确和错误作答的实测数据，也就是说要有比传统CAT更多的实测样本来估计参数。而且对于少数题目来说可能绝大部分人都答对了或者答错了，那么这些少数题目就要再找一批被试来估计，直到收集到足够的答对和答错的样本数据为止。在得到题目参数以后如何进行等值分析也是需要解决的一个问题，另外在题库的动态维护方面该模型也需要投入更多的成本来实现。

除了题库的建设方面面临较大的问题之外，该模型的建立还要满足严格的假设条件，在真实的 RCAT 中能否满足也有待进一步的研究。

从应用的角度来看，该模型只具有诊断被试是否作弊的功能，诊断出之后要想消除作弊带来的不良影响还要投入更多的成本，也就是说该模型并不能在过程中达到限制被试作弊的效果。当然在测验过程中也不能弥补由于修改题目引起的"人题"不匹配的误差。

(三)综合评分模型

纵观以上 RCAT 的研究发现，研究者在估计被试能力时仅考虑了修改后的答案，并没有考虑修改前的答案。陈平和丁树良(2008)认为 RCAT 中应该把被试修改前后的作答信息综合起来考虑，然后再来估计被试的真实能力。据此，陈平等基于 3PLM 提出了一种新的综合评分模型，公式如下：

$$V_{aj}=Beta\times U_{aj}+(1-Beta)\times U_{a,j+m}。 \tag{7.2.7}$$

被试第一次正确作答给 $Beta(0\leqslant Beta\leqslant1)$ 分，第二次正确作答给 $(1-Beta)$ 分。U_{aj} 表示被试 a 在第 j 个题目的第一次作答反应，$U_{a,j+m}$ 表示被试 a 在第 j 题目上修改后的作答反应($U_{aj}\in\{0,1\}$，$U_{a,j+m}\in\{0,1\}$，$j=1,2,\cdots,m$)，V_{aj} 表示两次作答的综合得分。通过模拟研究发现：当 $Beta=0$ 时，即只考虑被试修改后的结果，实验误差达到了最大。当 $Beta=1$ 时，即只考虑被试第一次作答结果，实验误差达到了次大值。只有当 $Beta=0.5$ 时，也即综合考虑两次作答结果，并分别赋予 0.5 的权重时实验误差为最小。

另外，将新的评分模型运用到对抗 Wainer 策略中，结果发现能力估计值与真值存在很大的误差，并且随着能力的增加误差也在增大。如果综合考虑 EAP 和 MLE 能力估计值，并分别赋予 0.4 和 0.6 的权重后求和得到的能力估计值，在一定程度上对抗了 Wainer 策略的影响。

已有的关于 RCAT 的研究者只关注了修改后的结果，并没有考虑第一次作答结果。该模型记录了两次作答结果，并在能力估计阶段利用了两次作答的信息，一来反映被试的认知转变过程，并为主试提供更多的信息，二来一定范围内降低了能力估计的误差。

然而模型的模拟阶段采用了传统二级评分方法（答对得 1 分，答错得 0 分），意味着所有被试在修改阶段改对一个题目后只能得到 0.5 分，改错不得分。在实际应用中可能会造成测验的不公平，假设某个被试完全有能力答对某一题，但由于紧张、误读等意外因素而答错了，最后改为正确之后该题只得到 0.5 分，而实际上被试的真实水平是得满分。反之，如果一个被试完全不知道答案的情况下却在修改阶段猜对了，也会得到 0.5 分。换句话说，不管被试有多大把握答对某一题（自适应阶段答错了，修改阶段改为正确），最终该题的得分都是 0.5 分。在实际应用中被试也可能无法理解改对了却只能得一半分数这样的做法。

因此，综合评分模型通过模拟实验得到的 0.5 的权重是不是最优的？在确定最优权重方面是不是可以考虑因人而异的设置？例如，将每个被试答对的真实概率作为权重，修改之后的综合得分用真实概率乘题目满分来计算最后得分。最优权重的确定这一问题有待未来做进一步的研究。

另外，综合评分模型并没有对"人题"不匹配引起的误差进行有效的弥补，模拟实验结果也发现在对抗 Wainer 策略方面的效果不理想。

四、总结与展望

(一)总结

CAT 以其高效准确测量被试能力水平而逐渐得到广泛的应用，然而，不允许修改答案的 CAT 对于已经习惯传统纸笔测验的大众而言是一个难以接受的选择。研究发现允许被试修改答案的 CAT 提高了能力估计的准确性，并降低了被试测试的紧张及焦虑程度。同时可修改答案也会给 CAT 带来很大的影响，涉及 CAT 的各个方面，甚至对于不同的测验内容、测验长度，RCAT 造成的影响也可能不同。因此，无论是实验室的模拟研究还是实际中的应用，必须要全面考虑到 RCAT 的一系列不利因素，权衡各方面因素的影响来找到最优解决方案。

国内外学者已经在这方面做出了初步的探索和研究，这些研究对 RCAT 的应用与推广具有重要的意义。纵观这些已有的 RCAT 的控制方法各有优缺点，仍有进一步改善的空间。表 7-2-1、表 7-2-2 和表 7-2-3 更为直观、全面地简述了目前国内外研究中 RCAT 的各种控制方法的特点及其优劣，供读者参考。

表 7-2-1　RCAT 测验设计方法及其优缺点

类型	方法	优点	缺点
测验设计	Stocking 的设计	有效对抗"作弊"策略	控制感不足，测验效率低
	优化的 Stocking 法	部分对抗"作弊"策略，效率高	控制感不足
	题目口袋(IP)设计	部分对抗"作弊"策略，效率高	控制感不足，IP 容量不易设定
	区块题目袋方法	合理设置了 IP 容量	不符合部分被试的修改习惯
	重新安排题目顺序设计	信度和测量效率高	被试不易接受，易产生大的误差

表 7-2-2　RCAT 选题策略及其优缺点

类型	方法	优点	缺点
选题策略	SIIS 选题策略	有效对抗"作弊"策略，曝光率均匀	测量精度略低

表 7-2-3　RCAT 模型及其优缺点

类型	方法	优点	缺点
建构新模型	逻辑斯蒂克 4 参数模型	测量精度和效率高于 3PLM	需要结合其他方法一起使用
	条件概率模型	考虑了两次作答题目参数的变化	模型假设严格，不能限制被试作弊
	综合评分模型	有效地利用了被试两次作答信息	不能对抗"作弊"策略

（二）展望

目前有关 RCAT 这方面的研究并不多，本文在已有研究的基础上对未来的研究提出几点展望。

第一，未来研究需采用 Monte Carlo 模拟研究及实证研究综合比较以上 RCAT 设计、选题策略、计量模型的效果及特点，为实际应用者在 RCAT 的设计方案、选题策略及模型选用上提供参考及支持。

第二，van der Linden 和 Jeon(2012)提出被试两次作答的题目参数应该不同，基于此提出了条件概率模型。研究结果发现修改阶段的题目难度和区分度参数都高于第一阶段，其中难度参数的差异程度要大于区分度参数。但是其余模型和方法都假设：在修改阶段题目参数并未改变。然而修改情境可能会使题目参数发生改变。那么假设两次作答题目参数在可能改变的情况下，如何在未来的研究中兼顾这点值得关注。

第三，CAT 大致可分为定长 CAT 和变长 CAT，前者固定的测验长度不利于使所有被试水平都得到恰当的估计，或者一些被试得到恰当估计能力水平后还需额外作答题目，所以在部分测验的实际应用中并不理想。变长 CAT 可以克服以上缺点，本文所述的 RCAT 的控制方法都是在定长 CAT 中所进行的研究，这些方法在变长 CAT 中的效果能否产生同样的效果？如果不能应该做出怎么样的调整？例如，重新安排题目顺序方法的一个较大的缺陷：最后参与能力估计的题目过少导致额外的估计误差。那么在变长 CAT 中这种缺陷导致的误差可能就会降低。

第四，现有的有关 RCAT 的方法都有各自的优点和缺陷，如何在应用中将这些方法有机结合起来，取长补短？例如，逻辑斯蒂克 4 参数模型和 IP 方法结合起来使用，前者的失误参数对能力估计精度的偏差进行一定的修正，后者能够降低"人题"不匹配的误差。逻辑斯蒂克 4 参数模型和 SIIS 选题策略结合使用，这两种方法分别从模型和选题角度对能力估计产生的误差进行了修正。

再如，也可以试着将条件概率模型和综合评分模型结合在一起，通过条件概率模型计算被试修改答对的概率，然后把答对概率作为综合评分模型中的第二次作答的权重，这样就可以计算得到被试最终在修改题目的期望得分。综合评分模型在对抗"Wainer"策略的效果不理想，但是 RCAT 测验设计中的方法可以有效对抗"Wainer"策略。因而，未来的研究者可以考虑这些方法的两两结合甚至两个以上结合。事实上前文所述的有关 RCAT 的控制方法，很多都可以视具体的研究内容相互融合使用。未来的研究者可以朝着这个方向开展研究。

第五，CD-CAT 在 CAT 的基础上发展而来，同时赋予传统 CAT 新的功效——认知诊断(涂冬波，蔡艳，戴海琦，漆树青，2008)。同样地，CD-CAT 测验因不允许被试修改答案，也面临着和传统 CAT 同样的困境。CAT 注重测验的结果，对测验分数背后隐藏的内部心理加工过程、加工技能、认知结构等无法提供进一步的信息。CD-CAT 主要在于对被试的知识掌握状态进行诊断，帮助被试有针对性地做出补救，所以被试在作答过程中并没有必要使用 CAT 中的"作弊"策略，并且被试要想通过"作弊"策略来获得高分或正偏能力估计值的机会不大(Vispoel, Rocklin, Wang & Bleiler, 1999; Davey & Fan, 2000; Olea Revuelta, Ximénez & Abad, 2000)。因此，未来的研究者对可修改答案 CD-CAT 进行研究的时候，借鉴 RCAT 的方法的同时可以适当减少对于"作弊"策略的考虑。

思考题：

1. 与 CAT 相比，RCAT 有什么优势与不足？

2. 目前 RCAT 常用的测验/测试设计方法有哪些？

3. RCAT 选题策略有哪些及其特点如何？

4. 基于模型视角的 RCAT 中有哪些模型？

第八章 双因子计算机化自适应测验

  双因子模型(Bifactor Model)是多维模型中的一个特例，它强调项目主要测量了两个因子：一是一般因子(G因素)，二是特殊因子(S因素)。大量研究证实双因子模型更能拟合心理与教育测量中的数据；双因子计算机化自适应测验(BCAT)也正是在这一背景下产生的。本章主要介绍了双因子IRT模型、BCAT基本过程、BCAT选题算法及BCAT在心理学应用中的优势。

第一节 双因子 IRT 模型简介

尽管项目反应理论(IRT)实现了对被试潜在特质的精确估计，提高了测量的效率，解决了 CTT 模型的不足，但传统的单维 IRT 理论也存在一定的不足。传统的 IRT 模型对测量变量的维度有所限制，模型一般会假设欲测量的心理特质是单维的，但实际上大量研究表明，这种假设在一些情况下是难以保证的，在数据不满足单维的条件下，强行使用单维的模型，可能会造成很大的测量误差，这种误差不仅在使用 IRT 模型的纸质测验中存在，在 CAT 中也同样存在。Folk 和 Green(1989)把单维模型用在了两维数据上，比较了这种模型误用对 CAT 测验和传统测验造成的影响。结果表明：当次要因子对测验的影响不显著时，传统测验下可以通过假设测验单维，从而采用单维模型；两个潜在维度不相关，且都对数据有显著的影响，使用任何一个维度的参数，均会引起特质参数估计的巨大差异；将单维模型用于多维数据引起的偏差在 CAT 上更加明显，因为单维模型的参数不仅会用于选题过程中，还会用来进行特质水平估计。因此，建立被试反应与多种能力及项目特征之间的多维项目反应理论(MIRT)模型成了 IRT 近 40 年来研究较为活跃的领域之一(杜文久，肖涵敏，2012)。

正是基于上述的现状，在过去的几十年时间中，许多测量学研究者已经将 IRT 理论从单维的模型扩展到了多维的模型，并逐渐形成了多维项目反应理论。例如，Bock 和 Aitkin(1981)基于以往的研究，将 EM 算法(EM Algorithm)扩展到了多维情况中，形成了全息项目因素分析(FIIFA)的雏形。在接下来的研究中，Bock，Gibbons 和 Muraki(1988)在 Bock 和 Aitkin 的研究基础上正式地提出了全息项目因素分析的方法，从而将 IRT 模型扩展到了多维的数据中。与以往的基于单维的 IRT 模型不同的是，在 MIRT 模型下，对于被试的潜在特质定位并不是在一个一维的连续体上进行的，而是在多维的空间中进行的(Reckase，2009)。一方面，MIRT 能同时估计被试在测验每个维度上的能力水平，实现测验的认知诊断功能；另一方面，MIRT 比项目反应理论更适用于分析许多新形式的测验，如认知诊断测验、公务员考试、表现性评估以及写作测验的项目和被试特征(毛秀珍，辛涛，2015)。

虽然多维 IRT 能够实现对多个维度的测量与评估，但在维度之间存在相关时，人们除了希望了解被试在各个维度上的潜在特质上的水平外，还希望获得对被试整体水平的评估，在这种情况下，如果同时考虑所有维度的信息，就可能会使得测验的估计精度下降。为了解决这个问题，可以采用双因子模型拟合数据，在这个基础上，Gibbons 等人进行了一系列的研究，并提出了全息项目双因子分析（Full-Information Item Bi-Factor Analysis，FIIBFA），用以解决二值计分、多级计分的双因子数据的参数估计问题（Gibbons & Hedeker，1992）。全息项目双因子分析将传统的因素分析与项目反应理论相结合，分析所采用的模型可以看成一种多维的 IRT 模型，或是多维 IRT 模型的一个特例。

与传统 MCAT 相比，基于双因子模型开发的计算机自适应测验（Bifactor Computerized Adaptive Testing，BCAT）具有一些天然优势：双因子 IRT 模型通过一般因素和特殊因素的设定，使得待估计参数大大减少，在一定程度上降低了参数估计的难度；同时由于模型本身的特点，不仅可以得到被试在某一具体维度上的表现，同时还能够获取被试在欲测心理品质上的总体水平。但是总体看来，目前对双因子 IRT 以及双因子 CAT 的研究还非常薄弱，当前研究主要是集中在模型的构建以及参数估计方面，部分的研究将双因子 IRT 的模型用到了 CAT 中，但这些研究大多是从单维视角来进行的，即一般因素和特殊因素的选题过程及其特质参数估计是分开进行，而不是同时考虑多个维度的信息选题和估计，从这个角度上来看，这一类的双因子 CAT 并不算是完全意义上的多维 CAT。

一、基于探索性因素分析模型的研究现状

传统的项目因素分析方法是基于经典线性因素分析（Classical Linear Factor Analysis，CLFA）进行的，在这种模型下，是从观测变量间的线性相关矩阵或协方差矩阵出发来进行因素分析的。但是这种方法存在的问题是，当"项目—特质"回归线不一致，也就是难度、猜测度等项目参数不一致时，会产生虚假因素、高估维度数、低估因子负荷（俞宗火，戴海琦，唐小娟，2006）。但在实际的心理测验中，项目的难度不一致，往往是一个不可避免的问题，在线性因素分析方法下，可能会产生虚假因素，即使能够估计出恰当的因素，也会导致有偏的因子载荷；除此之外，基于经典线性因素分析在对数据的使用方面也存在不足，由于只采用相关矩阵或协方差矩阵，并没有充分使用到被试的所有作答数据信息，因此，数据信息使用不充分。

针对经典线性因素分析中存在的不足，Bock，Gibbons 和 Muraki（1988）在前人研究的基础上详细论述了一种基于 IRT 的题目因素分析方法，即前文提到的全息项目因素分析，这种方法是一种非线性的因素分析，相较于经典线性因素分析，这种方法的优势体现在以下三点。

第一，不需要计算题目之间的相关系数，并且不会受到题目数量的影响。

第二，作为一种非线性的因素分析方法，更符合心理研究中的实际数据非线

性的情况。

第三，直接采用被试的作答结果进行估计，因此充分运用了被试作答的所有数据信息。

Bock 和 Aitkin(1981)在其论文中，根据 Thurstone 的群因素(Multiple-Factor)模型，假设，存在一个由 m 个因素组成的模型，即

$$X_{ji} = \lambda_{i1}\theta_{j1} + \lambda_{i2}\theta_{j2} + \lambda_{i3}\theta_{j3} + \cdots + \lambda_{im}\theta_{jm} + \varepsilon_{ji} = \sum_{k=1}^{m}\lambda_{ik}\theta_{jk} + \varepsilon_{ji}。 \quad (8.1.1)$$

X_{ji}：表示的是一种没办法观测到的"反应过程"，也就是被试 j 在做第 i 题的过程中所需要的各种主要能力或潜在特质相互作用的过程；

θ_{jk}：表示的是被试 j 的第 k 种能力或是第 k 中潜在特质；

λ_{ik}：表示的是第 i 题在第 k 种能力或是第 k 种潜在特质上的因子载荷；

ε_{ji}：表示不能观测到的随机变量，服从正态分布均值为 0，方差为 σ_i^2 的正态分布。

公式(8.1.1)反映的是一个补偿型的模型，即在一个维度上有较高的特质水平，能够对其他的特质水平低的维度起到补偿的作用。除了补偿型的模型，还有其他的模型。例如，存在交互作用的模型等，具体可以查阅文献。

根据上面的模型，可以得到二级计分题目的 FIIFA 模型。被试 j 答对第 i 题的概率为

$$P(u_{ji} = 1 \mid \theta_j, \lambda_i, \tau_i) = \frac{1}{\sqrt{2\pi}\sigma_i} \int_{\tau_i}^{\infty} \exp\left(-\frac{1}{2}\left(\frac{X_i - \sum_{k}^{m}\lambda_{ik}\theta_{jk}}{\sigma_i}\right)^2\right)dX_i$$

$$= \Phi\left(-\frac{\tau_i - \sum_{k}^{m}\lambda_{ik}\theta_{jk}}{\sigma_i}\right)$$

$$= \Phi_i(\theta_j),$$

$$(8.1.2)$$

其中 τ_i 是第 i 题的阈限。

这里以二级计分的题目作答为例，当 $X_{ji} \geqslant \tau_i$ 时，被试 j 在第 i 题上做出正确作答，记为 $u_{ji} = 1$；而当 $X_{ji} < \tau_i$ 时，被试 j 在第 i 题上出现错误作答，记为 $u_{ji} = 0$。

σ_i^2 的计算分两种情况：

如果特质不相关，则

$$\sigma_i^2 = I - \lambda\lambda'。 \quad (8.1.3)$$

如果特质相关，则

$$\sigma_i^2 = I - \lambda\Phi\lambda'。 \quad (8.1.4)$$

为了简化似然函数的表达式，可以将反应函数中的载荷和阈限转换为截距和

斜率，即

$$-\frac{\tau_i - \sum\limits_{k}^{m} \lambda_{ik}\theta_{jk}}{\sigma_i} = d_i + \sum\limits_{k}^{m} a_{ik}\theta_{jk} \text{。} \tag{8.1.5}$$

根据公式(8.1.5)，全息项目因素分析模型下的因子载荷(λ_i)和阈限值(τ_i)与两参数 Logistic(2PL)模型下的区分度参数(a_i)和截距参数(d_i)就被关联起来了，两套参数之间可以相互转化，以二级计分的数据为例，即

$$\tau_i = -\frac{d_i}{c_i}, \ \lambda_{ik} = -\frac{a_{ik}}{c_i}, \tag{8.1.6}$$

其中

$$c_i = \sqrt{1 + \sum\limits_{k}^{m} a_{ik}^2} \text{。} \tag{8.1.7}$$

因为在 FIIFA 模型中参数计算相对复杂一些，因此在一些实际应用中，会计算 IRT 模型下的 a_i 参数和 d_i 参数，从而能够获得全息项目因素分析模型下的 λ_i 参数和 τ_i 参数。

相较于国内的研究，国外对 FIIFA 模型的研究要更多也更早一些。Bock 和 Aitkin(1981)最早对全息项目因素分析模型进行了描述。他们采用的数据为二值计分的数据，构建了全息项目因素分析的模型。除此之外，他们还探索和比较了极大似然估计、最大后验估计和期望后验估计三种估计潜在特质水平的方法。这个研究算是此类研究中比较早的种子研究，Bock 和 Mislevy(1982)也进行了后续的研究，并且表明了相对于其的估计方法——期望后验估计具有更好的特性。Muraki 和 Engelhard(1985)介绍了 EAP 算法在全息项目因素分析中的应用，并将全息项目因素分析用到了美国士兵职业倾向成套测验中(Armed Services Vocational Aptitude Battery，ASVAB)；Bock，Gibbons 和 Muraki(1988)也进行了扩展性的研究，在他们的研究中，研究者采用了边际极大似然估计和 EM 算法并实现了该模型，丰富和扩展了全息项目因素分析模型。当然有关全息项目因素分析模型研究还不止于此。

国内也有学者对这个领域展开了探索。例如，王权和李金波(2002)就对全息项目因素分析模型进行了比较全面的介绍，从数学模型到相应的参数估计方法都有所涉及。除了王权以外，俞宗火等人也对这个模型进行了简要的介绍，并就其在心理学中的应用提出了一些思路。例如，在其后续的研究中，以 EPQ 为例，比较了传统法的经典线性因素分析和全息项目因素分析，为全息项目因素分析在心理学研究中的应用提供了实证支持(俞宗火，戴海琦，2005)。

二、基于验证性因素分析模型的研究现状

因子分析 IRT 将因素分析和 IRT 理论相结合，从而克服了测验结构单维性的假设，这是这一模型所具有的重要优势，然而大多数因子分析 IRT 都存在这样的不足。首先，这些模型都基于探索性因素分析。例如，全息项目因素分析并不使用先验信息来决定潜在特质的数量，这个模型也不能让我们指定题目和因子之间的一一对应关系。使用者在使用这个模型时，需要不断地探索，直到找到最理想的状态，从而得到与理想的因子结构相应的参数。其次，对探索出的因子结构的理解也是基于主观的，对于得到的因子结构，我们并没有办法根据理论构想来命名，而只能根据对题目类别的理解来提出对因子结构的命名。因此，一些基于验证性因素分析的 IRT 模型也开始被提出，其中，基于双因子模型的 IRT 模型就是这类模型中的一个典型代表。

(一)双因子模型

双因子模型（Bifactor Model）又被称为全局-局部因子模型（General-specific Factor Model）或是嵌套模型（Nested Model）（Chen，West & Sousa，2006；顾红磊，温忠麟，方杰，2014）。最早关于双因子模型的思想是由斯皮尔曼（Spearman）提出的。斯皮尔曼对智力成分进行分析的过程中，他明确提出了二因素说，即能力由一般能力和特殊能力构成，一般能力是人们从事大多数智力活动时，都会运用到的认知能力，而特殊能力则是指人们在从事某一种具体的工作、活动时所运用到的区别于一般性认知能力的认知能力。尽管斯皮尔曼在其智力的研究中提出了有关二因素的思想，但是其理论还是一种早期的思想体系。真正从统计测量学的角度提出双因子模型则是在 1937 年，Holzinger 和 Swineford(1937) 最早将"双因子(bifactor)"一词用到了测量心理特质的测验中。双因子模型和二因素说之间存在着紧密的联系，就如同 Holzinger 和 Swineford 在其论文中说道："双因子模型是在斯皮尔曼的二因素模型的基础上进行的拓展。"

Holzinger 和 Swineford 对双因子模型的定义是：所有的变量都能由公共因子和特殊因子解释，并且两者都能作为一阶的因子，双因子模型假设特殊因子独立于公共因子，并且一个题目只能在多个特殊因子中的一个特殊因子上的载荷非零。例如，一个由 9 个题目、3 个特殊因素组成的双因子载荷模式如下：

$$\lambda=\begin{bmatrix} \lambda_{11} & \lambda_{12} & 0 & 0 \\ \lambda_{21} & \lambda_{22} & 0 & 0 \\ \lambda_{31} & \lambda_{32} & 0 & 0 \\ \lambda_{41} & 0 & \lambda_{43} & 0 \\ \lambda_{51} & 0 & \lambda_{53} & 0 \\ \lambda_{61} & 0 & \lambda_{63} & 0 \\ \lambda_{71} & 0 & 0 & \lambda_{74} \\ \lambda_{81} & 0 & 0 & \lambda_{84} \\ \lambda_{91} & 0 & 0 & \lambda_{94} \end{bmatrix} \tag{8.1.8}$$

双因子结构如图 8-1-1 所示：

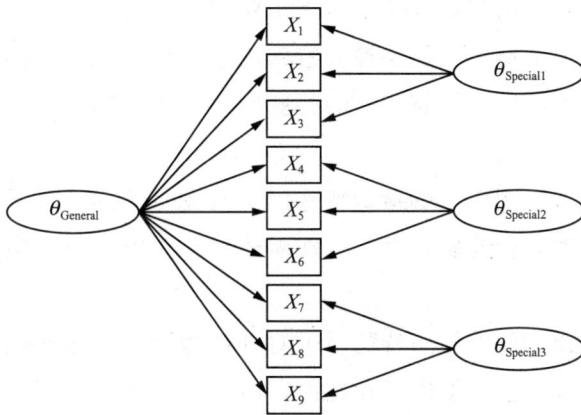

图 8-1-1　双因子结构示意图

这里不得不提到的一个与双因子模型非常相似的模型，便是二阶因子模型。因为当研究者不仅关注一般因子，同时还关注特殊因子时，除了可以使用双因子模型外，还有学者会选择使用二阶因子模型。

二阶因子模型如图 8-1-2 所示：

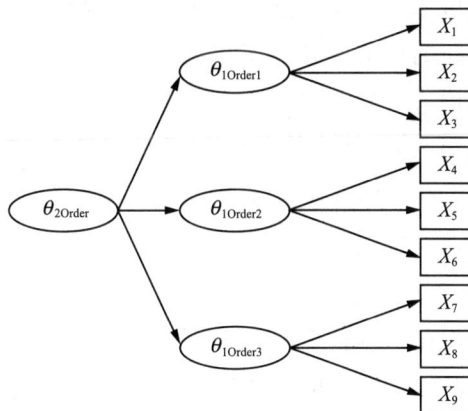

图 8-1-2　二阶因子结构示意图

尽管一些早期的研究表明，双因子模型与二阶因子模型之间在数学上等价，但是后来的研究却指出了二者之间的这种数学上的等价是需要具备一定的条件的，并不是在所有的情况下二者都能够等价。由此可见，尽管二者之间具有相似性，但二者并不是完全等同的。Reise，Morizot 和 Hays(2007)的研究表明：

第一，在双因子模型中，题目大部分的方差是由一般因子解释的，二阶因子解释的是一阶因子的共同变异，而不是观察变量(题目)的变异。

第二，双因子模型中的一般因子和特殊因子都是在同一概念水平上的(都是在题目水平上的变量)，而在二阶因子模型中，二阶因子和一阶因子并不是定义在同一水平上，一阶因子定义在题目水平上，而二阶因子则定义在一阶因子上。

相比于二阶因子模型，双因子模型所具有的优势主要是：

第一，双因子模型的限制少于二阶因子模型。

第二，在双因子模型中，能够检验特殊因子的作用，并且能够识别出不显著的因子；但在二阶因子中，没有作用的特殊因子可能会因为二阶因子的掩盖，不能被识别出来。

第三，在双因子模型中能够检验特殊因子与题目之间的关系，而在二阶因子模型中，就没有办法进行检验，因为特殊因子在二阶因子模型中是用一阶因子的干扰项表示的。

第四，双因子模型能够检验特殊因子对外部指标的预测作用，因为双因子模型中，特殊因子是作为独立的因子存在的，而在二阶因子模型中也能够验证特殊领域对外部预测指标的作用，但是需要采用非标准化的结构方程模型，这种模型在很多软件中都没有提供，因此，对于大多数研究者而言不便于计算和分析。

第五，双因子模型除了能够检验一般因子在不同样本群体上的不变性外，还能够检验特殊因子在不同样本群体上的不变性，而在二阶因子模型中就只能检验二阶因子的样本不变性。

第六，在双因子模型中，研究者能够直接检验一般因素和特殊因素潜在特质水平在不同样本群体之间的均值差异，而在二阶因子模型中，就只能比较二阶因子在不同样本群体上的均值差异。

首先，尽管双因子和二阶因子模型均能很好地拟合数据，但是二阶因子并不能直接解释题目的变异，即二阶因子虽然与一般因子相似，但它不是直接建立在观测指标上，而是建立在一阶因子上的，二阶因子反映的也主要是一阶因子之间的一致性。

其次，二阶因子定义在一阶因子上，由于一阶因子本身存在误差，二阶因子上也存在误差，就可能会导致二阶因子测量误差较大。

最后，由于二阶因子模型的特点，在二阶因子模型中难以估计特殊因子，因此无法检验特殊因子的效应，难以比较不同样本下特殊因子的不变性和差异。

总之，相较于二阶因子模型，双因子模型在分析一般因子与特殊因子作用的过程中，具有明显的优势。

（二）全息项目双因子模型

在前文中已经提到，传统的因素分析均是基于经典的线性分析，以相关矩阵的计算为基础，所以可能会存在前文中所说的产生虚假因子、高估因子个数、数据信息使用不全之类的问题。同样地，传统的验证性因素分析也是基于相关矩阵进行的，因此也会存在数据信息使用不够充分的问题。同时，由于 FIIFA 模型仍然是基于探索性因素分析思路的模型，这种探索性因素分析的模型具有的不足在于无法根据先验的信息，指定题目和因子之间的关系，对于探索出的因子结构的理解相对主观，由于上述不足，基于验证性因素分析模型的 IRT 模型应运而生。这一模型既避免了线性分析存在的弊端，也弥补了探索性模型的不足。作为一种基于验证性因素分析的 IRT 模型，它的优势在于能够提供统计意义明确的心理结构，可以根据理论要求建构心理结构模型。双因子模型的 IRT 模型就是这样一种基于验证性因素分析的 IRT 模型。

1992 年，Gibbons 和 Hedeker（1992）针对二值反应数据开发了一个双因子 IRT 模型，这个模型就是：全息项目双因子分析（FIIBFA）。这是第一个根据多维数据估计题目参数的验证性 IRT 模型。这个模型根据先验的理论结构，来研究观测变量和潜在变量之间的关系。在 FIIBFA 模型下，每一个题目都与一个一般因素和一个特殊因素相关联，相较于前面的 FIIFA 模型，无论模型中包含多少个维度，FIIBFA 模型都只需要进行两重积分，极大地简化了运算的复杂程度（Gibbons & Hedeker，1992；Gibbons，Immekus & Bock，2007；Weiss & Gibbons，2007；Seo，2011；Zheng，Chang & Chang，2013）。通过将似然函数简化，FIIBFA 模型的假设允许一个模型有许多特殊因素，但是这些因素之间是正交的，因此，FIIBFA 相较于 FIIFA 就更容易处理。

从这个角度来看，双因子 IRT 模型是多维 IRT 模型的一个特例。为什么说双因子 IRT 模型是多维模型的一个特例呢？这里需要对测验的维度可能存在的情况进行一些说明。在一些量表或问卷中，测验测度的情况主要包括下面几种。

1. 单维模型

一组题目只测量了一项内容，或是同一份测验下，有多个单维测验，各个测验测量的内容之间没有相关（如成套测验）。在这种情况下，就是典型的单维模型，如图 8-1-3 所示。

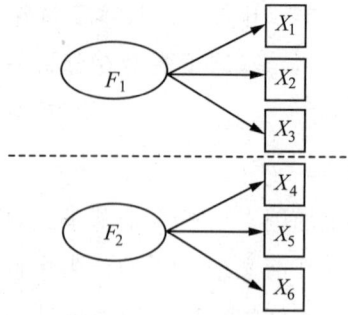

图 8-1-3　单维模型

2. 多维模型

（1）项目间多维。

项目间（Between-Item）多维是指在一份测试内，包含多个维度，维度之间存在相关，不同题目所属的维度可能是不一样的，但每个题目只属于一个维度。如图 8-1-4 所示的情况就是属于项目间多维的情况。

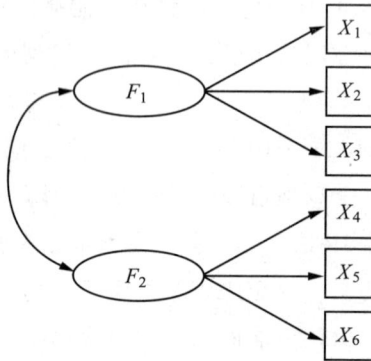

图 8-1-4　项目间多维示意图

如图所示，上述 6 个题目所组成的问卷包含两个因素，并且两个因素之间存在相关，6 个题目分别属于两个因素，但是每个因素下所属的题目并没有重叠，这样的测验结构就是一种项目间多维的情况。

（2）项目内多维。

项目内（Within-Item）多维是指在一份测试内，包含多个维度，每个题目所属的维度为两个或两个以上。如图 8-1-5 所示的情况就是属于典型的项目内多维的情况。

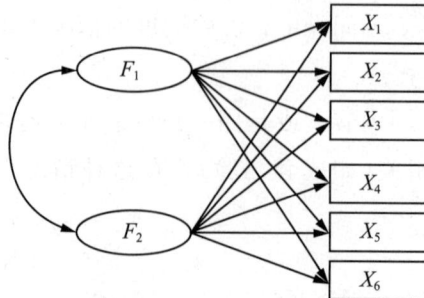

图 8-1-5　项目内多维示意图

根据图示，我们可以看到，由 6 个题目组成的问卷包括两个维度，这 6 个题目都同时属于两个维度，即每一个题目都测量了两个维度的内容，我们说这种一个题目测量两个（以上）维度的情况就是项目内多维（关于测验多维的情况可以参考 Wang，Chen 和 Cheng（2004）的研究）。

那么双因子 IRT 模型属于哪种情况呢？根据双因子的因子结构示意图，结合题目间多维和题目内多维的描述，我们认为双因子模型是一种既包含项目间多维，也包括项目内多维的模型（如图 8-1-6）。

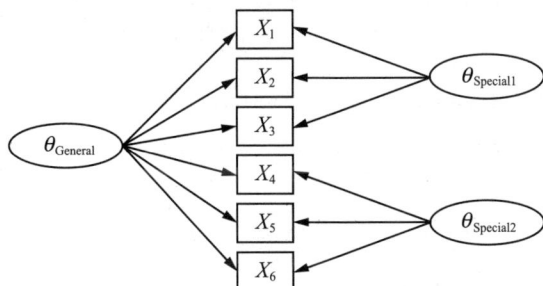

图 8-1-6 双因子结构示意图

上图所示的双因子结构中，每个题目均测量了一个一般因子、一个特殊因子，所以每个题目都存在项目内多维的情况，同时因为双因子模型下存在的一般因子和特殊因子是正交的关系，因此，也可以看作是多个维度的模型。

在双因子模型下，我们允许一份问卷中测量了多个维度，这些维度之间没有相关，每个题目都只在两个维度上存在载荷。所以每个题目只需要计算两个维度，即公共因素（一般因素）和一个特殊因素的信息。

以二值计分的题目为例，被试 j 在第 i 题上正确作答的概率如下：

$$P(\boldsymbol{u}_{ij}=1 \mid \theta_{j1}, \theta_{jk}, \lambda_{i1}, \lambda_{ik}, \tau_i)=\Phi_i(\theta_1, \theta_k)$$

$$=\frac{1}{\sqrt{2\pi}\sigma_i}\int_{\tau_i}^{\infty}\exp\left(-\frac{1}{2}\left(\frac{X_i-\lambda_{i1}\theta_{j1}-\lambda_{ik}\theta_{jk}}{\sigma_i}\right)^2\right)\mathrm{d}X_i, \tag{8.1.9}$$

其中

$$\sigma_i=\sqrt{1-\lambda_{i1}^2-\lambda_{ik}^2}。 \tag{8.1.10}$$

公式中的变量解释与前文中关于 FIIFA 的变量解释相似。

λ_{i1}：表示第 i 题在一般因子上的载荷；

λ_{ik}：表示第 i 题在特殊因子上的载荷；

τ_i：表示第 i 题的阈限；

当 $\lambda_{i1}\theta_{j1}+\lambda_{ik}\theta_{jk}\geqslant\tau_i$ 时，被试 j 对第 i 题反应正确，记为 $u_{ij}=1$；当 $\lambda_{i1}\theta_{j1}+\lambda_{ik}\theta_{jk}<\tau_i$ 时，反应错误，记为 $u_{ij}=0$。

因为在 Logistic MIRM 中指数部分乘 D=1.702 后与正态肩形 MIRM 所得正确作答概率之间的差小于 0.01，所以在实践中，正态肩形模型和 Logistic 模型之间常常可以替换使用(毛秀珍，辛涛，2015)。双因子模型也是 MIRT 模型的一个特例，所以双因子模型除了可以用正态肩形模型之外，也可以用 Logistic MIRT 模型替换。

由于心理学的量表、问卷大多是多等级计分的题目，在这种情况下，采用二级计分的模型进行分析就具有一定的局限性。在这种情况下，Gibbons，Bock 和 Hedeker 在二级计分的 FIIBFA 基础上开发出了针对等级数据使用的 FIIBFA 模型。

假设题目等级数为 $t=1$，2，$\cdots$，n；令被试得 0 分及 0 分以下的概率为 0，即 $P_{i0}^*=0$；被试得 n 分及 n 分以下的概率为 1，即 $P_{in}^*=1$；则被试作答恰为等级 t 的概率为

$$P_{it} = P_{it}^* - P_{it-1}^* = \Phi_{it}(\theta_1,\theta_k) - \Phi_{it-1}(\theta_1,\theta_k)。 \qquad (8.1.11)$$

在 Gibbons 等人的模型中，将 Samejima 的等级反应模型(Graded Response Model，GRM)与双因子模型相结合，从而拓广了双因子 IRT 的应用范围，使双因子模型不只局限在 0，1 计分的数据中。

基于双因子的 IRT 模型在心理学的很多研究中都具有一定的适用性，总结起来体现在以下几个方面。

第一，是一种基于验证性的多维 IRT 模型，在这个模型当中，我们能够按照理论依据指定题目和因素之间的关系。

第二，作为多维 IRT 模型的一个特例，极大地简化了参数估计计算，因为相对于前面的全息项目因素分析而言，在双因子模型下无论因子的个数有多少，模型的使用者也只需要计算两重积分。

第三，基于 IRT 模型，能够与计算机自适应测验相结合，提高施测的效率。

第二节 BCAT 基本过程

目前关于双因子 CAT 的基本过程包括两种，一种是基于单维视角的 BCAT 过程，另一种是基于多维视角的 BCAT 过程。

一、基于单维视角的 BCAT 过程

在基于单维视角的 BCAT(CAT With the Bifactor Model，BICAT)程序中，一般因子与特殊因子的施测过程是分别进行的，首先施测一般因子，接着施测特殊因子，选题的时候只考虑一个维度，被试每完成一个题目，当即估计被试在当

前施测维度上的潜在特质水平(θ)，如图 8-2-1 所示。

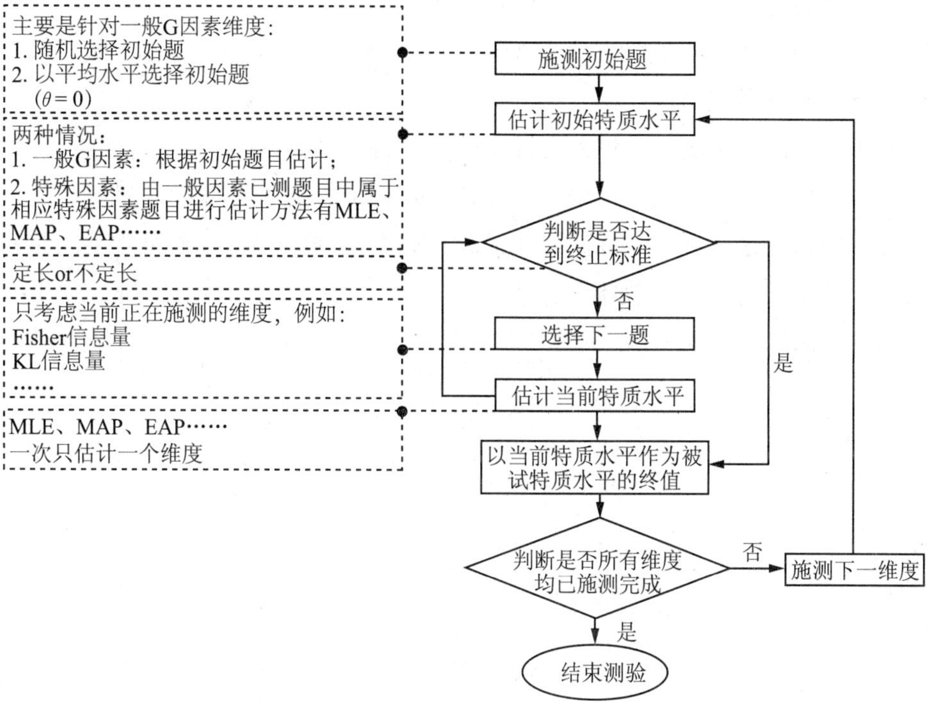
主要是针对一般G因素维度：
1. 随机选择初始题
2. 以平均水平选择初始题
(θ=0)
两种情况：
1. 一般G因素：根据初始题目估计；
2. 特殊因素：由一般因素已测题目中属于相应特殊因素题目进行估计方法有MLE、MAP、EAP……
定长or不定长
只考虑当前正在施测的维度，例如：
Fisher信息量
KL信息量
……
MLE、MAP、EAP……
一次只估计一个维度
施测初始题
估计初始特质水平
判断是否达到终止标准
否
选择下一题
是
估计当前特质水平
以当前特质水平作为被试特质水平的终值
判断是否所有维度均已施测完成
否
施测下一维度
是
结束测验

图 8-2-1　基于单维视角的 BCAT 过程

根据 Weiss 和 Gibbons(2007)的研究过程，BICAT 的算法过程通常需要考虑下面几项内容：

第一步，验证一组题目作答数据是否拟合双因子模型。

第二步，(在数据拟合双因子模型的前提下)把从双因子解中获得的每个题目的截距参数(Intercept Parameter)(γ_i)转换成两参数 Logistic IRT 模型下的 b_i 参数。转换过程可以通过下面的公式获得

$$b_i = -\gamma_i / a_{iG}\,, \tag{8.2.1}$$

在上述公式中，a_{iG} 表示第 i 题在一般因素上的项目区分度。

两参数的 Logistic 模型如下所示：

$$P(u_{ij}=1 \mid a_i,\ b_i,\ \theta_j)=\frac{1}{1+\exp\left[-Da_i(\theta_j-b_i)\right]}, \tag{8.2.2}$$

在上述公式中：

u_{ij} 表示被试 j 在第 i 题上的作答结果，为二级计分，当被试正确作答，则记为 1 分，否则记为 0 分。

θ_j 表示被试 j 的特质水平。

$D=1.7$，是一个常数。

第三步，对每个被试进行一般因素维度题目的 CAT。每次开始进行 CAT 的

时候，都以 0 作为 θ 的初始值，选题过程中只需要考虑一般因子。被试在一般因素上的潜在特质水平 θ 采用贝叶斯模型估计（MAP）或 EAP 等方法进行估计，CAT 的终止策略采用固定 θ 估计标准误（SEM）等方法，从而使得不同被试需要完成的题目数量有所差异。

对于一般因素施测，这里需要说明的是，每个被试在接受一般因素的测试的时候，所选出的题目可能并不完全一样，而且每个人需要完成的题目数量也是不一样的。例如，这里有三个被试：被试1、被试2、被试3，他们分别参与进行了 BICAT，首先进行的是一般维度的施测，那么三位被试参与测试时由 CAT 程序为被试选出的题目可能如图 8-2-2 所示。

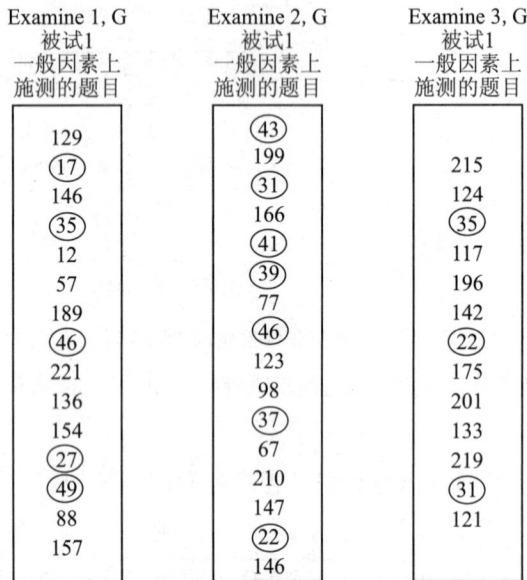

Examine 1, G 被试1 一般因素上 施测的题目	Examine 2, G 被试1 一般因素上 施测的题目	Examine 3, G 被试1 一般因素上 施测的题目
129	㊸ (43)	215
⑰ (17)	199	124
146	㉛ (31)	㉟ (35)
㉟ (35)	166	117
12	㊶ (41)	196
57	㊴ (39)	142
189	77	㉒ (22)
㊻ (46)	㊻ (46)	175
221	123	201
136	98	133
154	㊲ (37)	219
㉗ (27)	67	㉛ (31)
㊾ (49)	210	121
88	147	
157	㉒ (22)	
	146	

图 8-2-2　在三位模拟被试接受一般因子 CAT 时选出的题目

注：圆圈标出的题号表示属于特殊因子1维度的题目；图片引自 Weiss 和 Gibbons（2007）

在一般因素施测满足精度要求，达到预先设定的终止标准之后，BICAT 程序还没有完成，需要依次施测特殊因子1、特殊因子2……特殊因子 n，直到将所有维度施测完成。因此从第四步开始，就是对特殊因子施测的过程说明。

第四步，对于特殊因子1（内容量表1（Content Scale 1））而言，需要找出在一般因素 CAT 测验中已经施测过的属于特殊因子1的题目。

第五步，找到属于特殊因子1的题目之后，根据这些题在特殊因子1上的双因子载荷或是这些题目在特殊因子维度的区分度求取 θ 值，以此作为特殊因子1的 CAT 初始值。

第四步和第五步可以联合起来进行，也就是把被试完成了的一般因素的题目中属于特殊因子 1 维度的题目挑选出来，然后根据这些题目在特殊因子 1 维度上的 IRT 区分度来估计被试在特殊因子 1 维度上的 θ 初始值。在图 8-2-2 中，以被试 1 为例，该被试在一般因子施测时，完成了 15 个题目，其中调选出的 17、27、35、46、49 题属于特殊因子 1 的维度，因此，找到这些题目在特殊维度上的项目参数，估计被试在特殊因子 1 上的初始能力。

这里同样需要说明的是，根据图 8-2-2 可知，不同被试之间除了一般因素上施测的题目不同之外，他们所接受的属于某一特殊因子维度的题目也是不完全相同的，被试之间施测的特殊因子题目会因为被试在一般因素上的 θ 的不同而不同。

第六步，采用特殊因子 1 维度的区分度参数和一个恰当的终止标准实现特殊因子 1 的 CAT。特殊因子维度的 CAT 程序与一般因素的 CAT 程序大致相同，在选题的过程中也只需要考虑当前正在施测的特殊维度，但在特殊因子施测过程中，有两个地方与一般因素施测过程不太一样：①在特殊因子的 CAT 中，采用的是不同的初始值，估计的初始值主要是根据第四步和第五步进行的（而在一般因素的 CAT 程序中，初始值一般是以平均水平，如 $\theta = 0$ 作为初始值，或是从题库随机中挑选题目估计能力作为初始值）；②在特殊因子的 CAT 中，采用固定 SEM 的方法作为测验终止标准，但是不同维度的 CAT 中作为终止标准的 SEM 值可能会不一样。

图 8-2-3 以被试 1 参与特殊因子 1 施测作为例子，说明了采用一般因素 CAT 中特殊因子 1 维度的题目，开始特殊因子 1 维度的 CAT 施测的过程，Scale 1 Item 表示的是剩余题库中属于特殊因子 1 的题目。

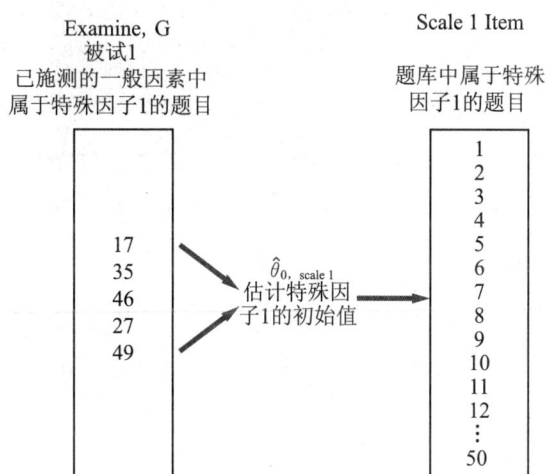

图 8-2-3　特殊因子施测，以被试 1 的特殊因子 1 为例

注：图片引自 Weiss 和 Gibbons(2007)

第七步，对每个特殊因子维度的 CAT 重复进行第五步至第六步，剩余特殊因子的 CAT 施测过程与特殊因子 1 的施测过程相同，即：

（1）从一般因素的 CAT 中找出已经施测了的相应特殊因子维度的题目。

（2）根据这些从一般因素 CAT 中已经施测了的相应特殊因子的题目及其在特殊因子维度上的区分度，估计特殊因子维度 θ 的初始值。

（3）实现这一维度的 CAT 程序。

直到所有特殊因子维度施测完成之后，整个 BICAT 程序终止，那么 BICAT 就算是真正结束了。

如果把一般因子和特殊因子 CAT 过程联合起来，那么基于单维选题策略的双因子 CAT 实测过程就如图 8-2-4 所示。

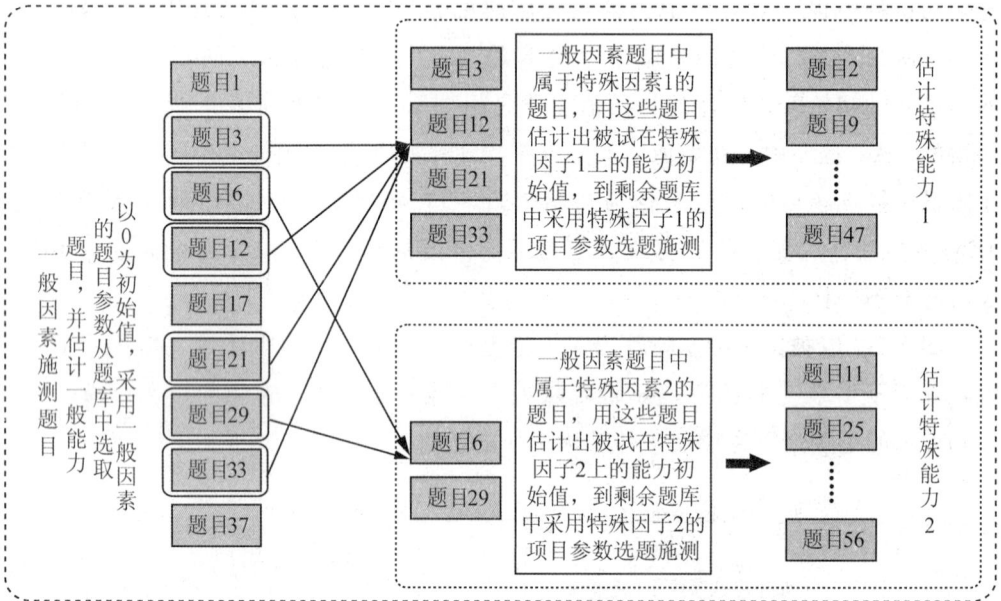

图 8-2-4　BICAT 中一般因子与特殊因子施测示意图

二、基于多维视角的 BCAT 过程

在基于多维视角的 BCAT（Multidimensional Bifactor Algorithm for CAT，MBICAT）程序中，一般因子与特殊因子的施测过程是同时进行的，选题的时候同时考虑多个一般因子和特殊因子，被试每完成一个题目，当即估计被试在一般因素与特殊因素上的潜在特质水平（θ），如图 8-2-5 所示。

施测初始题 ----→ ● 1. 随机选择初始题
 2. 以平均水平选择初始题
 ($\theta = 0$)
 ……

同时估计各维度初始特质水平 ----→ ● MLE、MAP、EAP……

判断是否达到终止标准 ----→ ● 定长or不定长

同时考虑一般因子和特殊因子，采用：D-优化/A-优化/KL信息量……

否

选择下一题

估计当前各维度特质水平 ----→ ● MLE、MAP、EAP……

是

以当前特质水平作为被试特质水平的终值

结束测验

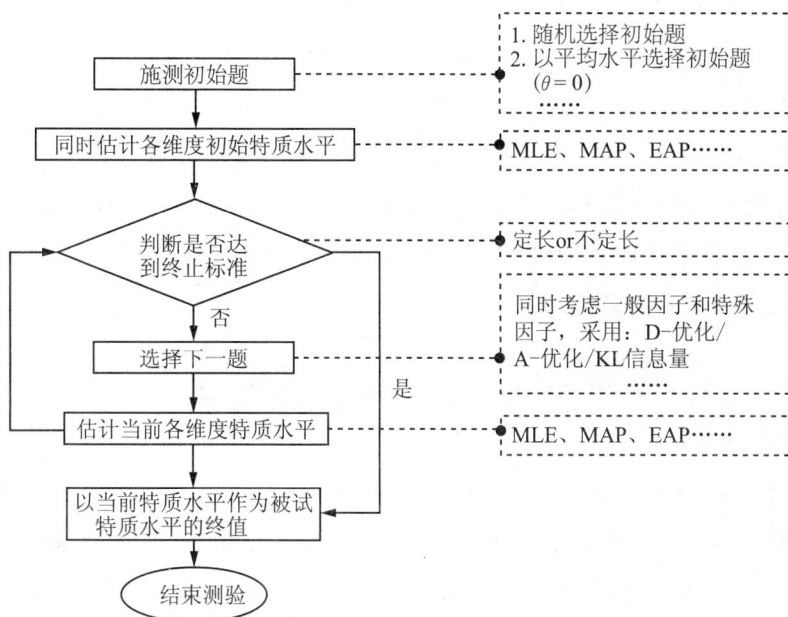

图 8-2-5 基于多维视角的 BCAT 过程

Seo(2011)在有关 BCAT 的研究中，所采用的 CAT 程序就是 MBICAT 的一个典型的例子，根据 Seo 的研究整理，MBICAT 算法过程大致如下：

第一步，施测初始题。在测试开始之前，假设被试所有维度上的特质水平均为平均值，即所有维度 $\theta = 0$，开始初始题目的测试。

第二步，估计被试的特质水平。根据初始题目参数（各维度）的作答结果，同时估计被试在所有维度（一般因子、特殊因子）上的特质水平初始值。可以采用的特质水平估计方法包括：极大似然估计、极大后验估计、期望后验估计等。

第三步，估计测量结果是否达到预先设定的终止标准。关于测验的终止标准，可以采用定长，也可以采用不定长。

在 Seo 的研究中以观测标准误（Observed Standard Error，OSE）作为 CAT 的终止策略，根据定长测验的研究结果，作者采用了 OSE=0.5 或 OSE=0.55 作为多维双因子 CAT 的终止标准。

这里需要指出的是，目前有关多维双因子 CAT 的研究还不是很多，因此在采用何种双因子 CAT 终止标准方面也还有待研究与评估。

第四步，当未达到终止标准时，根据被试在当前题目上估计出的特质水平估计值，同时考虑一般因素与特殊因素，选择和施测下一个题目。

第五步，同时估计被试在各个维度上的特质水平。

第六步，估计测量结果是否达到预先设定的终止标准。

当测验达不到终止标准时，循环执行第四至第六步。

第七步，当测验达到相应的终止标准时，结束选题，以当前各维度的特质估计值作为被试在各个维度上最终的特质估计值。

根据对 BICAT 过程和 MBICAT 过程的描述，我们不难发现，BICAT 和 MBICAT 进行的最大差异在于，各维度的选题和特质估计是否是同时进行的。在 BICAT 条件下，各维度的选题和估计都是分开进行的，而在 MBICAT 条件下，各维度的选题和估计都是同时进行的。

第三节　BCAT 选题算法

与传统 CAT 和 MCAT 一样，BCAT 的实现也离不开特定的算法支持，它同样涉及参数估计、选题策略、曝光控制与终止策略等算法。上述算法中，BCAT 与 CAT 和 MCAT 大体相似，但在选题策略上略有差异，因此本节重点探讨 BCAT 的选题算法。

在第二节关于 BCAT 基本过程的内容里已经提到了，双因子 CAT 中采用的选题策略主要包括两种：一种是 Weiss 和 Gibbons 等人所采用的基于单维的选题策略，另一种就是基于多维的选题策略来实现双因子 CAT。但无论是基于单维的选题策略还是基于多维的选题策略，目前都是以 Fisher 信息量作为选题的依据的。

双因子 IRT 模型是多维 IRT 模型的一个特例，正如前面提到的，双因子模型下，不同维度之间为正交的关系，所以双因子 CAT 具有单维 CAT 的特点，基于这个特点，一些基于单维模型的选题策略也能够在双因子 CAT 中使用。同时，双因子模型中又包含多个维度，且存在题目内多维的情况，即一个题目同时属于一般因素维度和一个特殊因素维度，因此，适用于多维模型的选题策略也能够在双因子 CAT 中使用。在双因子 CAT 中，基于单维的选题策略与目前单维 CAT 中使用的选题方式完全一样，基于多维的选题策略也与多维 CAT 下的选题策略基本一致，所以本章主要是简要介绍目前双因子 CAT 中已经使用过的选题策略，如果读者对相关的选题策略感兴趣，可以参阅本书第三章和第五章或是查阅相关的文献。

一、基于单维的选题策略

(一)基于单维的最大 Fisher 信息量选题策略

因为在双因子模型下，所有的维度之间均为正交关系，即维度之间不存在相关关系，因此，双因子 IRT 模型不仅具有多维 IRT 模型的特性，同时还具有单维 IRT 模型的一些特质。基于这样的特征，尤其当题目在一般因素上的载荷显著高于在特殊因素上的载荷时，研究者更加偏好采用单维的 CAT 算法和基于单维的选题策略，因为采用单维的选题策略相较于多维的选题策略在计算上更为简单，在统计上也更容易实现。

基于单维的选题策略中，在双因子 CAT 中经常使用的就是基于单维的最大 Fisher 信息量选题。在 Weiss 和 Gibbons(2007)所采用的双因子 CAT 算法中，研究者采用的选题策略就是基于单维的最大 Fisher 信息量选题策略。但正如了解 CAT 选题策略的人都知道的那样，最大 Fisher 信息量选题策略的弊端就是这种选题策略在选题过程中会更加偏好选择信息量更大，也就是区分度更高的题目，由此就会带来一些问题。

首先，导致题库使用不平衡，少数的好题过度曝光，而大多数的题目则使用率不足。

其次，施测的测验无法全面地覆盖研究者关心的领域。同一份测验下，有的维度题目在公共因子上的载荷整体都较低，而有的维度题目在公共因子上的整体载荷都较高，因为题目的 IRT 区分度与题目载荷有关，因此在对公共因子施测的过程中，如果采用最大 Fisher 信息量选题，可能会使得不同维度的题目选择不平衡，测验无法覆盖所有维度。

针对测验无法全面覆盖各个领域或维度的问题，Gibbons 和 Weiss 在其双因子 CAT 中使用的策略就是在施测完一般因子的题目之后，再继续施测特殊因子的题目。对于每个特殊维度，只有那些属于这一维度的题目才会被选择施测，施测过程采用的依然是单维模型。在施测特殊因子维度时，所采用的题目难度参数与一般因子的难度参数是一样的，但是所采用的项目区分度则是双因子模型下特殊因子维度的区分度。

尽管 Weiss 和 Gibbons 的这种解决方法在一定程度上解决了内容覆盖不全面的问题，但又带来新的问题，虽然保证测量内容的全面性，但是测量问卷的长度也随之增加。

(二)基于单维的最大 Fisher 信息量选题，结合内容平衡的选题策略

因为基于单维的最大 Fisher 信息量在双因子 CAT 中使用时存在选题内容不

均衡的问题，Zheng 等人（2013）提出了在双因子 CAT 中使用基于单维的最大 Fisher 信息量选题，同时结合内容平衡策略的选题方法。在 Yi Zheng 等人的研究中，采用简明健康状况调查表（36-item Short Form Health Survey，SF-36）的作答数据进行了双因子 CAT 的模拟研究，比较了无内容平衡随机选题、内容平衡随机选题、无内容平衡最大 Fisher 信息量选题和内容平衡最大 Fisher 信息量选题这四种条件下测验的测量精度以及题库使用情况。在他们的研究中，采用的内容平衡策略为改良的约束性 CAT（Modified Constrained CAT，MCCAT）。结果表明：相比于随机选题，最大 Fisher 信息量选题的测量精度更好，而在最大 Fisher 信息量选题中，在一般因子上没有内容平衡的选题策略测量精度略高于采用了内容平衡的选题策略的测量精度，但是这种差别并不是特别大。采用了内容平衡策略却能明显地改善最大 Fisher 信息量选题导致的不同维度之间选题不均衡的情况。

在双因子 CAT 中，很多时候会出现有的维度题目区分度较高，而有的维度区分度较低，在采用最大 Fisher 信息量选题的时候就会使得高区分度维度的题目更有可能被选出，而区分度小的维度的题目被选出的比例更少，通过内容平衡策略的限制，区分度较小的维度的题目也会被选出来，因为区分度的高低反映的是信息量的大小，因为内容平衡的限制，使得一些区分度相对较低的维度的题目也能被选入，从而使得整体的信息量（测量精度）稍有降低。尽管会存在这样的损失，但是带来的收益更高，如提高了题库中一部分题目的使用率，平衡了测验的内容等，因此，采用内容平衡策略还是能够带来一些好处的。

二、基于多维的最大 Fisher 信息量矩阵选题

上述两种选题策略都是基于单维信息量选题提出的，由于采用单维信息量选题，忽略了公共因子与特殊因子之间的重叠的信息，同时为了保证选题内容覆盖的全面，可能会使得测验的长度增加。基于这样的背景，Seo（2011）借鉴了 Segall（1996）提出的使测验的 Fisher 信息量矩阵行列式达到最大的方法（也被称为"D-优化法"）进行双因子 CAT 的选题。研究者把 Weiss 和 Gibbons 的基于单维最大 Fisher 信息量选题的 BICAT 作为参照，以定长测验的形式，比较了以多维选题策略为基础的 MBICAT 和 BICAT 的测量精度。除此之外，研究者还采用了不定长测验的形式，研究了 MBICAT 下测验的长度。结果表明，采用多维双因子 CAT（MBICAT）方法在测量精度上能够满足要求，测验的精度与采用单维双因子 CAT（BICAT）方法下的测量精度比较接近。在特殊因子为 4 个、题库为 400 题的条件下，以 OSE 作为 CAT 的终止标准，结果表明：在 OSE＝0.5 作为 CAT 终止条件时，测验的平均长度为 20.97～36.24 题；而在以 OSE＝0.55 作为测验终止条件时，测验的平均长度为 15.43～23.6 题，总体来看，采用多维双因子 CAT

不仅能够保证测量的精度，同时还能够显著地减少施测的题目。但是在该研究者的研究中，并没有在不定长测验下同时比较 BICAT 和 MBICAT 的测量精度和测验长度，因此，相比于采用单维选题策略的 BICAT，采用多维选题策略的 MB-ICAT 的测验是否会更有效率还有待新的研究发现。该研究使用的数据为模拟的二级计分数据，因此在等级数据以及非模拟的数据上采用以多维选题策略为基础的双因子 CAT 表现如何也亟待后续的研究。

因为双因子 IRT 模型本身是多维 IRT 模型的一个特例，因此，一些针对多维 IRT 模型提出的多维选题策略，应该也可以在双因子 CAT 中进行一些尝试，基于目前在这方面上的探索还不是很多，因此在未来相关的研究中，可以考虑进行一些尝试。例如，设置同样的条件比较 BICAT 和 MBICAT 的测验效率；在使用多维选题策略时，兼顾内容平衡，从而保证测验的全面；不仅采用模拟的数据进行研究，也需要收集实测数据，以实测数据来研究和比较用不同选题策略的双因子 CAT 等。

第四节　BCAT 在心理学应用中的优势

心理学研究中，特别是一些心理健康测验中的心理结构或者模型大多是属于多维的结构。如果问卷的结构并不是单维结构，而我们又需要知道被试整体的心理状况时，就不适合采用直接简单的累加问卷得分来反映被试整体的心理状况；除了需要反映被试整体的心理特质，作答负担也是一个需要考虑的问题，过多的题目，虽然能够保证对所测心理特质测量的稳定性，但是会给被试造成负担，说不定还会引入新的误差。基于上面所提到的问题，就需要我们探索适宜的模型和结构合理合成分数，并且在不过度损失测量精度的基础上缩短所需要施测的题目，减少被试的负担，从而能够更好地反映和说明测量的心理特质。

从上述的角度来看，基于 Bifactor-IRT 模型的 CAT 似乎能够提供一种新的思路。

基于 Bifactor-IRT 模型的 CAT 在心理学应用中所具有的优势主要体现在以下几个方面。

一、拟合性

双因子模型对于一些心理结构或问卷量表具有良好的拟合性。在一些心理健康量表以及患者自陈问卷中，双因子模型似乎拟合更为良好。有研究者对目前常用的一些抑郁问卷、焦虑量表以及患者健康问卷（Patient Health Questionaire，PHQ）进行了分析和研究，结果表明相对于使用单维模型，采用多维的模型，尤其是双因子模型更能很好地拟合问卷结构。

以贝克抑郁问卷为例，在过去的很多年里，许多研究者都对贝克抑郁量表的结构进行过探索和验证，大多为单维结构和多维结构的比较，相对有代表性的模型为 Ward(2006)和 Osman 等人(1997)的三因素模型。Ward 的模型为正交模型，包括三个因子，一个 G 因子，即公共因子、抑郁因子；两个特殊因子分别为：S 因子，即躯体因子(Somatic)，C 因子，即认知因子(Cognitive)，在这个模型当中，所有因子之间均为正交，即不存在相关。Osman 等人的模型为斜交模型，贝克抑郁量表可以划分为三个维度，即消极态度(Negative Attitude)、躯体症状(Somatic Elements)和行动困难(Performance Difficulty)，三个因素之间相关。

在后续的研究中，有研究者比较了针对贝克抑郁量表提出的多种模型，结果表明，Ward 提出的三因素模型相对良好，并且在不同的样本群体(临床样本和非临床样本)上都具有良好的稳定性(Quilty，K Anne & R Michael，2010)。

从总分合成的角度来看，Ward 的模型因为具有一个一般因素，因此能够获得被试在抑郁程度上的一个整体评价。

除了在抑郁症评估工具的维度拟合双因子模型，其他的心理健康测评工具或是心理障碍的症状结构也非常拟合双因子模型。例如，Gibbons 等人(2014)就采用双因子模型开发了针对焦虑症测评的 CAT，而 Yang 等人(2013)的研究结果则表明急性应急障碍的症状可以采用双因子拟合。

二、既能反映特殊维度情况，也能反映整体情况

因为双因子模型的特点，我们在对一个包含众多相关特质的心理结构进行评价时，不光能够报告被试在个别维度上的特质水平，还能够提供被试在整体结构上的特质水平。

三、减少被试的作答负担的同时保证测量的准确程度

采用双因子模型，能够全面地评估被试的心理特质，即使测量的维度较多，但是因为维度之间的正交性，使得计算过程相较于其他多维模型更为简易，同时采用 CAT 技术，能够保证在全面评估被试的前提下，减少被试的做题负担。

在双因子 CAT 的实践与应用方面，Gibbons 等人(2012，2014)基于先前开发的模型以及参数估计方法，将双因子 CAT 用于抑郁症评估以及焦虑症评估当中。

在抑郁症 CAT 开发的研究中，研究者采用了正常被试和抑郁症患者组成的被试，对基于双因子 IRT 模型的抑郁症 CAT 的效率和精度进行了验证，结果表明：在使用抑郁症 CAT 时，平均只需要 12 个题目，就能使作答结果与题库中 389 题所得结果的相关达到 0.95。同时，以汉密尔顿抑郁量表(HAM-D)、流调中

心抑郁量表(CES-D)以及 9 条目患者健康问卷(PHQ-9)作为效标对抑郁症 CAT 进行聚合性效度验证,结果表明:抑郁症 CAT 具有良好的效度,抑郁症 CAT 所得的结果与上述的效标问卷结果之间的相关均超过 0.75。

在焦虑症 CAT 开发的研究中,研究者采用了正常被试和被诊断患有广泛性焦虑症的患者为研究被试群体,基于双因子 IRT 模型开发了用于评估被试焦虑症症状的焦虑症 CAT,结果表明,平均只需要 12 个题目就能够使 CAT 结果与题库中 431 个题目所估计的结果之间相关达到 0.94。同时,CAT 的结果与 DSM-IV 广泛性焦虑症诊断结果之间具有很高的一致性。

Gibson 等人的研究表明,在一些心理健康诊断中,如果数据拟合双因子模型采用双因子 IRT 模型,开发基于双因子 IRT 的心理健康诊断,CAT 不仅能够切实减轻被试的作答负担,减少被试需要作答的题目,还能保证测量的准确性。因为 CAT 技术还可以与网络测试结合,以便于使得能够接触到网络的人能便捷地参与测试,这也对大规模筛查一些心理健康问题,如上面提及的抑郁症、焦虑症,甚至是其他的心理健康问题提供了一个兼顾效率与精确性的新思路。

思考题:

1. 简述多维模型的类型与特征。

2. CAT 与 BCAT 有什么异同?

3. 简述 BCAT 的两种基本过程。

4. BCAT 的选题算法有哪些?

5. BCAT 在心理学应用中有哪些优势?

第九章　CAT中新题参数在线标定

　　CAT是建立在大型题库基础之上，且题库中所有题目参数须标定在同一量尺上，从而保证不同被试作答不同项目所估计的能力值(Theta)之间具有可比性。但随着时间的推移，题库中的部分题目可能会出现过度曝光、内容过时陈旧，或题库参数漂移等问题，而这部分题目需要一些"新题"来替换；但这些"新题"入库前也需要完成参数标定，并且参数需等值到题库参数的量尺上，我们把这一过程称为"新题"参数的标定。新题参数标定可以通过线下纸笔测验方式完成，也可以通过CAT方式在线完成，后者多被称为在线标定。本章重点介绍了在线标定的概念、基本流程、最优设计、在线标定的算法等。

第一节　概　述

一、在线标定的概念

近二十年来，随着电子信息技术的突飞猛进，与新型电子科技结合的考试越来越多，很多传统的考试也都正向计算机化与自适应化方向发展。随着考试设计越来越复杂、计算机自动化成分越来越多，考试的测量学模型也逐渐从传统的经典测量理论(CTT)转为了项目反应理论(IRT)。与CTT相比，IRT可以为题目质量分析提供更多的具体信息。更重要的是，IRT中估计考生能力水平的算法可以支持CAT中实时为每个考生选择不同考题的模式，而CTT无法支持这一模式。这使IRT成了现代计算机化考试的必需。

当使用IRT创建和分析考试时，题目参数标定(Item Calibration)是一个必不可少的环节。题目参数标定指的是将某一选定的IRT模型与考生作答数据拟合，随后通过统计上的算法估计出题目参数的值。现代考试很多都依赖大型题库，而题库中的每一道题，在使用和正式考试之前，都必须完成参数标定。参数标定的准确性直接影响着被试能力估计(Scoring)、等值(Equating)、项目功能差异分析的准确性，从而影响了考试的信度与效度。

对于长期施测的考试，随着时间的推移，题库中的一部分题目可能会出现过度曝光、内容过时陈旧或其他问题，而这部分题目需要被置换。每隔一段时间，考试开发方会开发一部分新题，用于补充题库，而这些新题也需要完成参数标定。那些大型的、高利害的考试对题库的质量要求相对较高，题库置换(Item Bank Replenishment)的需求也相应较高。对于这类考试，如何高效地、准确地完成参数标定，是一个重要的问题。

传统上，IRT参数估计需要通过专门的试测阶段完成。考试开发方组织专门的试测，潜在考生自愿参与，获得的考分与正式成绩无关，收集的作答数据仅用于标定题目参数。这种试测形式在开发一项新的考试时是必要的，然而在首轮考试正式启用后，后续的新题则可以嵌入正式考试中，用以收集数据。美国的SAT考试一直使用这种嵌入式的试测模式。每一次正式考试，都有一部分新题试测。这些新题被分为若干等分，每一等分则被嵌入一部分考生的考卷中，这些新题的分数不计入考生的总分。考生无法判断哪部分是试测题，因此收集的作答数据更接近于真实考试的数据。然而，这也并不是最高效的参数标定模式。

当这种嵌入模式被运用到CAT中时，这种测试模式则被称为在线标定(Stocking，1988)。在线标定的原理与CAT的原理相似：在CAT中，计算机以优化考生能力参数估计效率为目标，为每一位考生选择一组"最佳试题"；而在在线标定中，计算机以优化题目参数估计效率为目标，为每一道测试题选择一系列"最佳考生样本"。

二、在线标定的基本流程

图 9-1-1 说明了在线标定的基本流程。首先，一批试测题（可以是新写的题目，也可以是修改后需要标定的题目）形成试测题库。然后，在正式的 CAT 考试中，当考生到达预先指定的试测题嵌入位置时（考试中的第几题，可以是固定的位置，也可以是有规则的随机位置），计算机根据某种选题法从试测题库中选出一道题并呈现给考生。一次考试中可以安排多个试测题嵌入位置，在考生每一次达到嵌入位置时则重复第二步。在每个考生完成整个考试后，计算机对考试中嵌入的所有试测题进行参数估计。随着 CAT 考试的连续施测，试测题的参数值不断被更新，而取样的最佳值也随之自动调整。当一道试测题的题目达到取样终止条件时（如样本量足够大，或参数估计值足够准确），这道题则被从试测题库输出，即完成试测阶段。

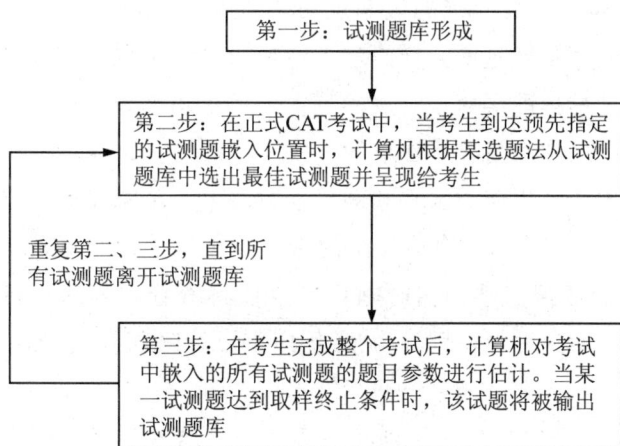

图 9-1-1 在线标定基本流程图

需要注意的是，在第二步选择试测题时，自适应选题法需要利用题目参数值的临时值，也就是不断被更新、精度不断提高的题目参数估计值。而在试测的初始期，试测题并没有任何参数值信息，这时有不同的解决方法。方法一，出题专家可以根据主观判断大致估计题目的初始参数（Wainer & Mislevy，1990）；方法二，试测初期可不采用自适应选题法，而是随机选择测试题，在积累了一定样本量后，题目参数可以完成初步估计，估计值则可以用于下一阶段的自适应选题（Ban，Hanson，Wang，Yi & Harris，2001；Chen，Xin，Wang & Chang，

2012；Kingsbury，2009）。相比之下，第二种方法更容易操作。

三、在线标定与最优设计

在线标定与最优设计（Optimal Design）存在一定的联系。最优设计是现代统计学中非常活跃的一个分支。这一分支的总研究目标是从统计学的角度寻找实验或取样设计的最佳方案，从而提高效率，降低成本。最优设计的一系列理论目前已经被应用在很多领域，如工程、化工、教育、生化药学、市场营销、环境科学等（Berger & Wong，2005）。

在教育测量领域中，最优设计的应用主要有两个方面：一方面，是选取最优的题目，用以优化考生能力水平的估计效率，也就是CAT；另一方面，则是选取最优的考生样本，用以优化题目参数的估计效率，也就是在线标定的目标之一。

目前最常用的试测取样方法是简单随机取样，这种方法的好处是所取得的样本对总体最具有代表性。这也是在纸笔测验的试测中最实际的一种方法。而在CAT环境下，当试测题可以被实时选用，考生的能力水平估计值也可知时，从理论上来说，前人通过计算机模拟研究得出结论，如根据考生能力水平和题目参数值来有规则地取样，参数标定的效率就可以提高（Berger，1991；Lord，1962）。这里参数标定的效率是通过同一样本量下的参数估计标准误来反映的。在样本量等同时，参数估计的标准误越小，效率越高。换个角度说，要达到同样的估计精度，最优设计需要的样本量较小，节约了成本。

然而在实践中，考生能力水平和题目参数的真实值都是不可知的。那么一个折中的方法则是利用在CAT中估计出的考生能力水平值，以及从已有数据中估计出的临时题目参数值。这些临时题目参数值将随着试测的进行、新样本的积累，不断地更新，而这种方法则称为"最优序贯设计"（Optimal Sequential Design）（Berger，1992；Jones & Jin，1994；Ying & Wu，1997）。前人（Chang，2011；Ying & Wu，1997）证明了在一系列正则条件下，这种最优序列设计将会收敛至最优设计。这些统计证明为在线标定的实践应用打下了理论基础。

需要注意的是，事实上，在线标定并不完全符合最优设计的情境。最优设计通过统计计算，为每一道测试题算出最佳样本的取样标准，然后通过这一标准去取样。在在线标定的情境下，这些样本也就是参加CAT考试的考生们，而符合最优设计的情境是所有的考生形成一个考生样本库，而我们可以任意选择某一考生来回答一道测试题。然而在真实的CAT情境下，我们无法控制哪些考生来参加考试。在某一特定时间点，正在参加CAT考试的考生是给定的，可以控制的只有选哪一道测试题给这位考生，如图9-1-1所示。这一情境与最优设计的情境有所偏差。

另外，这套统计理论只考虑了统计估计上的量化指标。有的学者会质疑这种基于统计估计效率的最优取样，因为这样获取的样本很容易失去对总体的代表性，从而成为偏置样本。那么通过这种样本估计出的参数值，尽管量化方面效率提高了，但从质性方面考虑，是否有效呢？这是一个值得探讨的争议。

四、在线标定的主要设计因素

从图 9-1-1 中可以归纳出在线标定程序中的四大设计因素：

第一，试测题嵌入位置。在正式的 CAT 考试过程中，哪些题目位置被安排为试测题？

第二，试测题选题法。如何根据题目临时参数和考生能力估计值将考生和试测题合理搭配？

第三，参数估计法。如何将已有常规参数估计方法改编成适合在线标定情境的参数估计方法？

第四，试测终止规则。在什么条件下终止一道试测题的试测过程？

测量学界对在线标定的探索始于 20 世纪 80 年代（Stocking，1988）。目前存在的研究可以归类为两大方向：一是对于在线标定情境下参数估计方法的开发（Ban，Hanson，Wang，Li & Harris，2001；Chen，Xin，Way & Chang，2012；Segall，2003；Stocking，1988）。二是对试测题选题的探索（Chang & Lu，2010；Chen，Xin，Way & Chang，2012；Kingsbury，2009；van der Linden & Ren，2015）。目前，研究试测题嵌入位置和试测终止规则的文献还较少。

另外，大多数可见文献都是关于单维二级评分模型下在线标定的讨论，而在其他模型下（如单维多项评分、多维度模型、认知诊断模型）的研究则仍处于起步状态。下文将先对文献资料比较成熟的单维二级评分模型下的在线标定进行详细的论述，之后再对其他模型下的研究情况进行概括。

第二节　单维二级评分模型下的在线标定

一、试测题选题法

试测题选题法决定了如何将不同的考生和测试题搭配起来。目前文献中存在的试测题选题法可归为三大类：随机选题法、以考生能力值为中心的选题法、以试测题参数值为中心的选题法。

(一)随机选题法

随机选题法的定义是：在正式的 CAT 过程中，当一位考生前进到某个预先指定的试测题嵌入题目位置时，计算机随机从试测题库中抽取出一道测试题呈现给考生。这个选题法是最容易执行的，并且生成的样本最具多样性和对总体的代表性。当考生总体能力值呈正态分布时，这种选题法也将会为每道试测题生成一个大致呈正态分布的样本。

然而一个潜在的问题是，在 CAT 中试题的难度理论上一般会呈现逐渐升高或降低的平稳轨迹，而一道随机选出的测试题可能会在周围平稳过渡的题目之中表现出明显不同的难度，而这个情况有可能会给考生带来不必要的困惑或焦虑感（Kingsbury，2009），或者也可能会使考生察觉到这是一道不计入总分的试测题，于是不努力作答，从而影响到作答数据的质量。

（二）以考生能力值为中心的选题法

以考生能力值为中心的选题法的定义为：在正式的 CAT 过程中，当一位考生前进到某个预先指定的试测题嵌入题目位置时，计算机采用与正式 CAT 的选题法相同的方法选取试测题（Chen，Xin，Wang & Chang，2010；Kingsbury，2009）。由于正式 CAT 的选题法大多以优化考生能力值估计为目标，所以在这里我们将这种用同一方法选取试测题的设计称为以考生能力值为中心的选题法。然而正是因为这种选题以优化考生能力值估计为目标，所以它的缺点也在于，它并不是为优化试测题参数估计而设计的。

Kingbury(2009)讨论了在 1PL 模型下的用此选题法的在线标定设计。这种选题法在 1PL 模型下是比较合理的，因为根据 1PL 模型的特点，CAT 最常用的最大信息量选题法，将通过选取其难度参数值最接近被试能力估计值的题目来优化考生能力值估计。而用这种方法选择测试题，也会达到将题目难度参数值与考生能力估计值相搭配的效果，从而优化试测题参数标定的效率。

然而在其他 IRT 模型下，情况就没有这么简单了，对于不同的题目参数（如区分度、难度、猜测度），能够优化参数估计的被试能力值分布是截然不同的。

例如，一道 3PL 模型下的测试题有三个题目参数：区分度（a）、难度（b）和猜测度（c）。其项目反应方程为

$$P_j(\theta_i) = c_j + \frac{1 - c_j}{1 + \exp\left[-a_j(\theta_i - b_j)\right]}。 \tag{9.2.1}$$

将这三个题目参数看作一个向量，估计这个向量的 Fisher 信息量矩阵可表达为：

$$I_j(\theta_i) = \begin{bmatrix} I_{aaij} & I_{abij} & I_{acij} \\ I_{abij} & I_{bbij} & I_{bcij} \\ I_{acij} & I_{bcij} & I_{ccij} \end{bmatrix}, \tag{9.2.2}$$

其中

$$\boldsymbol{I}_{aaij} = -E\left[\frac{\partial^2 \ell_{ij}}{\partial a_j \, \partial a_j}\right] = (\theta_i - b_j)^2 \, \frac{1 - P_j(\theta_i)}{P_j(\theta_i)}\left[\frac{P_j(\theta_i) - c_j}{1 - c_j}\right]^2, \qquad (9.2.3)$$

$$\boldsymbol{I}_{bbij} = -E\left[\frac{\partial^2 \ell_{ij}}{\partial b_j \, \partial b_j}\right] = a_j^2 \, \frac{1 - P_j(\theta_i)}{P_j(\theta_i)}\left[\frac{P_j(\theta_i) - c_j}{1 - c_j}\right]^2, \qquad (9.2.4)$$

$$\boldsymbol{I}_{ccij} = -E\left[\frac{\partial^2 \ell_{ij}}{\partial c_j \, \partial c_j}\right] = \frac{1 - P_j(\theta_i)}{P_j(\theta_i)} \times \frac{1}{(1 - c_j)^2}, \qquad (9.2.5)$$

$$\boldsymbol{I}_{abij} = -E\left[\frac{\partial^2 \ell_{ij}}{\partial a_j \, \partial b_j}\right] = -\, a_j(\theta_i - b_j)\frac{1 - P_j(\theta_i)}{P_j(\theta_i)}\left[\frac{P_j(\theta_i) - c_j}{1 - c_j}\right]^2, \qquad (9.2.6)$$

$$\boldsymbol{I}_{acij} = -E\left[\frac{\partial^2 \ell_{ij}}{\partial a_j \, \partial c_j}\right] = (\theta_i - b_j)\frac{1 - P_j(\theta_i)}{P_j(\theta_i)} \times \frac{P_j(\theta_i) - c_j}{(1 - c_j)^2}, \qquad (9.2.7)$$

$$\boldsymbol{I}_{bcij} = -E\left[\frac{\partial^2 \ell_{ij}}{\partial b_j \, \partial c_j}\right] = -\, a_j \, \frac{1 - P_j(\theta_i)}{P_j(\theta_i)} \times \frac{P_j(\theta_i) - c_j}{(1 - c_j)^2}。 \qquad (9.2.8)$$

Fisher 信息量代表了参数估计的效率, 信息量越高, 算法对于区别参数的真值与真值周围的其他值越敏感。图 9-2-1 举例说明了三个信息量的显著区别。图中三条曲线分别由上文中的 $\boldsymbol{I}_{aaij}$, $\boldsymbol{I}_{bbij}$ 和 $\boldsymbol{I}_{ccij}$ 的公式生成。对于不同的参数, 提供高信息量的被试能力值区域截然不同: 对于难度参数, 与其真实难度参数值接近的考生能力值区域提供了最高信息量; 对于区分度参数, 与其真实难度参数值接近的考生能力值区域反而提供了接近于零的信息量, 而两边相距一段距离的区域信息量最高; 对于猜测度参数, 考生能力值越低, 信息量反而越高。

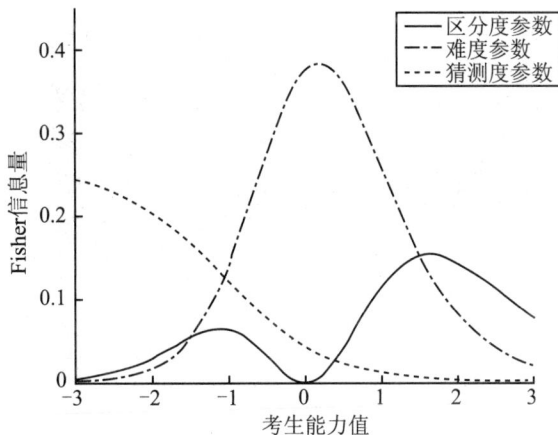

图 9-2-1　一道 3PL 题目（$a=1$, $b=0$, $c=0.2$）中
不同被试能力值为估计三个参数分别生成的 Fisher 信息量曲线

而对于 3PL 模型的 CAT 来说, 常用的最大信息量选题法的目标是使考生能力值参数估计的 Fisher 信息量最大化, 而从模型公式推得, 这个选题法最终会将考生能力值与题目难度参数大致相配。而如用这种选题法来同样选取试测题, 将

会为估计难度参数提供很高的信息量，但却为估计区分度参数和猜测度参数提供几乎为零的信息。也就是说，以考生能力值为中心的选题法，对于 3PL 模型的题目来说，不仅不能优化效率，反而可能导致严重的估计不准。

同样的分析也适用于其他非 1PL 的模型。总而言之，试测题的选取必须综合考虑各参数的信息需求，取得总体上的优化。而如何整合不同参数各异的信息需求呢？下文中以测试题参数值为中心的选题法提供了几种不同的角度。

（三）以试测题参数值为中心的选题法

与以考生能力值为中心的选题法形成对比的是，以试测题参数值为中心的选题法的选题指标则是围绕优化试测题的参数估计而设计的。而在以优化试测题的参数估计为目标的统计指标中，使用最广泛的是 D-optimal 指标（Berger，1992；Berger，King & Wong，2000；Chang & Lu，2010；Jones & Jin，1994；Zhu，2006）。

D-optimal 指标是最优设计领域中经典的统计指标，它的原理是通过最大化 Fisher 信息量矩阵的行列式来最小化整个参数向量估计的广义方差（Generalized Variance）。广义方差向量差定义为 $|Cov(\hat{\boldsymbol{\beta}})|$，其中 $\boldsymbol{\beta}$ 代表了需要估计的参数向量，$\hat{\boldsymbol{\beta}}$ 为该参数向量从数据中获取的估计值，在几何上它又表现为参数向量估计的置信椭圆体的体积（Silvey，1980）。根据数学推导，广义方差与 Fisher 信息量矩阵的行列式（由 $|\boldsymbol{I}|$ 表示）有以下关系：

$$\arg \max_{\theta} |\boldsymbol{I}| = \arg \min_{\theta} \frac{1}{|\boldsymbol{I}|} = \arg \min_{\theta} |\boldsymbol{I}^{-1}| \xrightarrow{\text{asy}} \arg \min_{\theta} |Cov(\hat{\boldsymbol{\beta}})| \quad (9.2.9)$$

也就是说，D-optimal 指标值越高，题目参数估计的误差越小，题目标定的效率越高。

1. 早期文献：作为一种取样设计的在线标定

部分早期的在线标定文献（Chang & Lu，2010；Jones & Jin，1994；Zhu，2006）将在线标定等同于取样设计来处理，即直接借用最优设计的理论架构：以优化试测题参数估计效率为目标，寻找最优考生能力值样本。他们考虑的情境与上文第一节第二部分描述的在线标定流程不同。

他们的设计是假设有一个"考生库"可供试测题取样任意选用。对于每一道试测题，最优样本标准的计算、样本的取得、题目参数的更新这三步循环进行。而常用的最优样本标准是如下的 D-optimal 标准：对于一道已经有 $k-1$ 个样本的题目 j，选取第 k 个样本时，选取合适的考生能力值（θ_k）使其最大化如下：

$$\left| \sum_{i=1}^{k-1} \boldsymbol{I}_j(\theta_i) + \boldsymbol{I}_j(\theta_k) \right| \quad (9.2.10)$$

其中第一部分是之前所有取得的样本为题目 j 的参数向量估计提供的 Fisher

信息量矩阵总和，第二部分是由 θ_k 值提供的信息量矩阵。这里 Fisher 信息量的可加性是基于不同考生相互独立的假设。

有学者由上述原理延伸出更简单易行的一些指标（Berger，1992；Buyske，1998；Chang & Lu，2010；Zhu，2006）。例如，Berger（1992）将 2PL 模型中的 D-optimal 指标简化为了题目的 Logistic 曲线上的第 17.6 和第 82.4 两个百分位。基于这个设计，Chang 和 Lu（2010）的在线标定由两大步组成：

第一步，完成正式的 CAT 考试，为每一位考生估计能力值。

第二步，对于每一道试测题，选取第一步中能力估计值最接近于该题目临时参数值形成的 Logistic 曲线上的第 17.6 和第 82.4 两个百分位的考生，即和。随后更新题目参数值，再取两个新样本，直到参数向量估计的置信椭圆体的最长轴长度小于某域限值。

而 Buyske（1998）提出了以最终考生能力估计精确度为优化目标的 L-optimal 设计。对于 2PL 模型，这等同于题目的 Logistic 曲线上的第 25 和第 75 两个百分位。对于 3PL 模型，Buyske（1998）也提出了"三点设计"。Zhu（2006）用计算机模拟的方式比较了基于 D-optimal 和 L-optimal 的"两点设计"，结果发现两种方法效果相似。

然而，如前文所述，以上这些直接基于最优设计理论的方法，在现实中是不可行的。这些方法假设所有的考生形成一个"考生库"，而库中的考生可以随时被任意选取作为题目标定的样本。然而在真实的 CAT 情境下，考生在不同的自选时间来参加考试，他们作答试测题的时间也可能各自不同，并且时间窗口非常有限，难以形成一个考生库。

2. van der Linden 和 Ren（2015）的贝叶斯 D-optimal 设计

van der Linden 和 Ren（2015）提出了另一种在线标定的设计，同样基于 D-optimal 的统计指标，但整个流程的设计考虑了现实可行性。他们的设计基本符合本章第一节第二部分中描述的流程。考生可以在不同的时间参加 CAT 考试，而当某一考生在考试过程中到达了预定的试测题嵌入位置时，计算机取得该考生的能力估计值，而后为试测题库中的每一道试测题 j 计算出如下贝叶斯 D-optimal 指标值：

$$\left| \sum_{i=1}^{k-1} \boldsymbol{I}_j(\hat{\theta}_i) + \boldsymbol{I}_j(\hat{\theta}) \right| - \left| \sum_{i=1}^{k-1} \boldsymbol{I}_j(\hat{\theta}_i) \right| \, 。 \tag{9.2.11}$$

其中前一项中第一部分和后一项是该测试题之前已获取的所有样本的 Fisher 信息量矩阵的总和，前一项中第二部分是用考生目前能力估计值算出的该考生可以对该测试题参数估计提供的信息量。请注意，在同一时间，测试题库中不同的题目已积累的样本量可以不同，因此公式中的 k 带有下标 j。

这个设计，不再是在一个不现实的"考生库"中比较考生，而是在试测题库中的题目之间进行比较，因而变得可行。而被选取的试测题，也总是在所有试测题之中，可以生成上述贝叶斯 D-optimal 指标最大值的题目。

然而这种设计有一个潜在的问题：不同的试测题自身的统计质量是有高低之分的，质量较高的题目更容易生成较高的贝叶斯 D-optimal 指标值，而总被选取；质量较低的题目总是生成较低的贝叶斯 D-optimal 指标值，而一直不被选取。

图 9-2-2 举例说明了这种偏向优势。图中第 1 题的参数值为 $a=2$，$b=1$，$c=0.2$，第 2 题的参数值为 $a=1$，$b=0$，$c=0.25$。图中的曲线是 61 名考生为两道题分别生成的贝叶斯 D-optimal 指标值。前 60 名考生的能力值是从正态分布中随机抽取的值，组成了公式(9.2.11)中前一项中的第一部分和后一项。第 61 名考生的能力值形成了图 9-2-2 中的横坐标，也构成了公式(9.2.11)中前一项中的第二部分。很明显，对于这两道题，不论第 61 名考生的能力估计值在 -3 与 3 之间的什么水平，van der Linden 和 Ren(2015)的贝叶斯 D-optimal 方法都将选择第一道题。

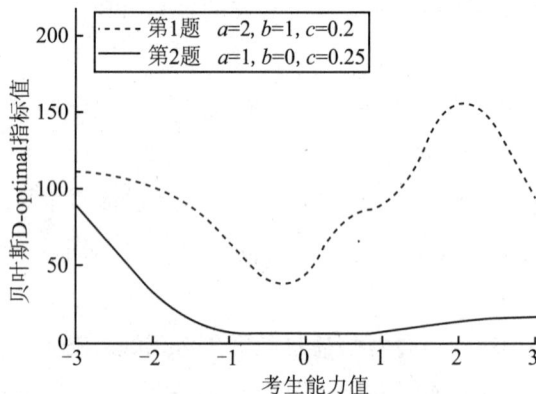

图 9-2-2　两道 3PL 题目的贝叶斯 D-optimal 指标值

在这种选题设计下，如果考试实施方在某一时间点统一终止所有试测，那么获取的试测题参数中可能会有一部分题因为取得很多样本而估计得非常精确，而另一部分题因为一直极少被选取而估计得非常不精确，甚至无法被标定。

另外，这种设计也可能导致试测题的难度与前后正式题目的难度存在唐突变化，而导致考生不必要的疑惑和焦虑，或者识别出试测题而影响作答动机。

3. Zheng(2014)的区间排序信息量优先权设计

针对上文所述的问题，Zheng(2014)提出了一个新的选题指标：区间排序信息量优先权指标(Ordered Informative Range Priority Index, OIRPI)。这一设计同样符合本章第一节第二部分中描述的在线标定基本流程：当某一考生在 CAT 考试过程中到达了预定的试测题嵌入位置时，计算机为试测题库中的每一道试测题计算出 OIRPI 指标的值，而后选取优先权最高的试测题呈现给考生。

这一指标衡量的是各试测题对当前考生的需求度，而该设计的核心思想在于对该需求度的定义：如果与其他考生可能提供的能力值相比，当前考生所拥有的能力值可以为某测试题的参数标定生成更大的信息量，那么说明这道试题对当前考生的需求量很高，因为如果这道试测错过了该考生的样本，那么之后出现的拥有其他能力值的考生只能提供相对较低的信息量。

OIRPI 设计包含以下三大步骤。

第一步，将考生能力值合理范围划分为 R 个区间，取每个区间的中间值 θ_r 代表该区间。一种划分方法是在能力值量尺上取等长区间；另一种划分方法是在相应百分位量尺上取等长区间，然后再转化成对应的能力值，这种转化可依照假设的能力值分布进行，也可依照之前考试的能力估计经验分布进行。

第二步，当某一考生在 CAT 考试中到达预定的试测题嵌入位置时，对试测题库中的每一道题 j 分别完成以下步骤，以获取各题的 OIRPI 指标值。

第二(1)步，为每个区间计算如下 D-optimal 指标值：

$$D_{jr} = \left| \sum_{i=1}^{k_j-1} \boldsymbol{I}_j(\hat{\theta}_i) + \boldsymbol{I}_j(\theta_r) \right|. \tag{9.2.12}$$

其中第一部分是之前所有取得的样本为题目 j 的参数向量估计提供的 Fisher 信息量矩阵总和，第二部分是由 θ_r 值提供的信息量矩阵。

第二(2)步，将该题所有能力区间上的 D_{jr} 值内部标准化：

$$S_{jr} = (D_{jr} - \min_r(D_{jr}))/(\max_r(D_{jr}) - \min_r(D_{jr})). \tag{9.2.13}$$

这里 S_{jr} 代表了该区间与其他区间相比，提供的信息量的相对大小。

第二(3)步，将当前考生能力估计值所在区间的 S_{jr} 值指定为该题的 OIRPI 指标值。

第三步，在所有的试测题 OIRPI 计算完成后，选取 OIRPI 值最高的题目，呈现给考生。

与 van der Linden and Ren(2015)的贝叶斯 D-optimal 指标相比，贝叶斯 D-optimal 指标是将所有试测题产生的信息量相比较，可理解成"基于价值的指标"；而 OIRPI 指标是将当前考生能力值与其他的能力值范围相比较，产生每一道试测题的需求度，可理解成"基于需求的指标"。与前者相同的是，OIRPI 设计也同样存在试测题的难度与前后正式题目的难度有唐突变化的可能性。

4. Ali 和 Chang(2014)的适合度指标

Ali 和 Chang(2014)提出了另一种试测题选题法，命名为适合度指标(Suitability Index)。他们的方法并没有用基于信息量的统计指标(如 D-optimal 指标)，而是重点考虑控制每一道测试题在不同的考生能力值上的样本量。他们的适合度指标定义如下：

$$S_j = \frac{1}{|\hat{b}_j - \hat{\theta}|} \prod_{k=1}^{K} w_k f_{jk}, \tag{9.2.14}$$

其中

$$f_{jk} = \frac{T_{jk} - t_{jk}}{T_{jk}}. \tag{9.2.15}$$

考生能力水平值范围被分为 k 个区间；对于测试题 j，T_{jk} 代表在区间 k 上的目标样本量，而 t_{jk} 代表在区间 k 上的样本量，所以 f_{jk} 代表了题目 j 在考生能力值区间 k 上的样本缺乏度。而公式(9.2.14)取得 K 个区间上样本缺乏度的加权整合值(w_k 为权重)，并与考生能力值与题目难度参数的接近度整合，形成了适合度指标。

这种设计理论上可以平衡在任一时间点上各试测题获取的样本量，是解决 van der Linden 和 Ren(2015)的贝叶斯 D-optimal 设计的潜在问题的方法之一。另外，将考生能力值与题目难度参数的相配度列入考虑范围，理论上可能可以缓解嵌入试测题的难度与前后题目的难度存在唐突变化的问题，但实际上是否有效果值得验证。

而它的缺陷则在于适合度指标定义的主观性。首先，T_{jk} 和 w_k 的选取完全由主观决定。其次，对于样本的缺乏度以及考生能力值与题目难度参数的相配度的整合，适合度参数采用了简单相乘的方法。这两种定义不同的量，取值的范围可能相差很大，但简单相乘的方法没有对不同的量级或两者间的重要性进行加权处理，可能过于简单化了。这也会使人对指标中前半部分是否能够有效缓解嵌入试测题的难度与前后题目的难度唐突变化的问题产生疑问。

(四)总结

综合以上可见，目前在单维二级评分模型下的试测题选题法的种类很多。以考生能力值为中心的选题法，对除 1PL 模型之外的模型，有思路上的问题；而对以试测题为中心的选题法的早期探索，实际上不可行。除此之外，其他选题法包括以试测题为中心的选题法以及随机选题法，策略各异，各有不同的优势。目前还没有哪一种试测题选题法像 CAT 中的最大 Fisher 信息量一样，获得学术界和应用界的一致公认和采用。未来还需要更多的研究来充实这一方面的科学认识。

除了在统计学上特点不同之外，在试测题选题法的考虑中也包括了质性问题以及现实中与考生交互作用的讨论。如第一节所说的，通过最优取样理论获取的样本很容易失去对总体的代表性，从而成为偏置样本。那么这种样本从本质上来说是否有效呢？假如从这个角度来看，也许唯一有效的选题法就是随机取样。另外，如果嵌入试测题的难度与前后题目的难度之间有所不同，考生是否真的能察觉到？例如，Vispoel，Clough，Bleiler，Hendrickson 和 Ihrig(2002)及 Vispoel，Clough 和 Bleiler(2005)通过真人实验发现，考生对于题目难度的判断差别很大，这并不准确。而这又对考生的心理和行为到底有什么真正的影响？这些都是值得思考和讨论的问题。

二、在线标定情境下的参数估计方法

(一)概述

1. 在线标定与传统试测

在线标定情境下的题目参数估计和传统情境下的题目参数估计有明显的区别。在传统情境下，首先进行完整的试测，获取所有的作答数据，随后一次性完成题目标定。而作答数据一般是完整矩阵(所有参加试测的考生完成所有试测题)，或者完整模块式矩阵(每一组题有规律地分配给一组考生，从而作答矩阵形成一个个方形模块)。与之相比，在线标定情境下，每一道题将实时分配给完全不同的考生样本，同时每一个考生作答的题目(包括正式 CAT 题和测试题)可以完全无系统规律。另外，在在线标定情境下，作答数据的获取和参数的标定是交替循环进行的。

传统的题目参数估计可以将整齐的作答矩阵提供给参数标定软件，统一估计出题目参数。对于大型的模块式矩阵，有些软件也可能无法处理。而在线标定情境下的作答数据，既不能形成整齐的矩阵，也有很多缺失值(因为每一个考生只作答正式 CAT 题库中的一小部分题目，以及试测题库中的一小部分题目)，并且需要在样本不断积累的过程中反复估计和更新题目参数。因而在这种情境下，想要应用传统的参数估计软件可能会面临较大的困难，而需要开发新的计算程序来进行实时的、逐题的参数标定。

2. 参数量尺的锚定

另一个需要考虑的方面是参数量尺(Scale)的锚定。由于 IRT 有参数量尺不确定(Scale Indeterminacy)的性质，在参数估计之后，需要对参数量尺进行锚定即等值。

如果是对一个全新的题库进行参数标定，而没有任何已知的参数量尺，那么在参数估计之后，可以任意变动参数量尺，而不影响模型的拟合效果。一般的程序会按难度参数或者考生能力参数分布进行量尺标准化，从而将参数量尺锚定。

如果存在现有的题库和相应的参数量尺，在试测和标定新题时，需要将新题的参数锚定到已有的参数量尺上，那么可以有两种方法完成：一种是将新题单独估计，事后通过量尺链接(Linking)的方法将新题参数折换到已有量尺上。这种链接需要倚靠常规等值设计中的锚题(Anchor Items)或锚人(Anchor Persons)来提供新旧量尺间的桥梁。这种方法环节多，成本大，对于锚题或锚人的要求复杂。另一种是将旧题引入新题参数估计的过程中，使旧题参数固定在已知参数值上，而后估计新题参数，这样估计出的新题参数毋需经过量尺链接，已直接锚定在已有量尺上了。这种方法相当于隐含地利用了锚人设计，因为每位考生都既完成了部分旧题也完成了部分新题。

适合在线标定的方式是上述第二种情境的第二种方法：每一次估计新题参数，将利用完成这一题的所有考生的作答数据，其中包含了他们各自完成的正式 CAT 的题目数据，用于对新题参数量尺的锚定。Kim(2006)讨论了几种在传统试测模式下使用的固定参数标定法(Fixed Parameter Calibration)，这与下文要介绍的几种在线标定文献里参数估计法主旨相同，不同点在于在线标定的作答数据更分散，计算流程更机动灵活。

3. 计算流程

在考试进行过程中，不需要在考生完成试测题之后马上进行参数标定，因为其后呈现的正式 CAT 题目的作答数据，仍可以被包含在参数标定的计算之中，提高估计的精度。所以正确的做法是在每位考生完成整个考试之后，对考试中嵌入的所有试测题进行标定。

另一种可行的计算流程是，在一道试测题积累若干个(如 10 个)新的作答数据之后再进行标定。也就是说，不需要在每位考生完成考试之后都实施参数标定，而是如果这位考生完成的试测题中，有一道题刚好积累了 10 个新的作答数据，则只对该题进行参数标定；而其他试测题只记录作答数据，不标定，等到有其他考生作答了这些题，达到 10 个新数据时，再集合之前记录的所有相关数据，来标定那些题。这个方法可以节省计算机的计算量。

下文将介绍已有文献中的几种适用于在线标定的参数估计方法。

(二)Stocking-A

Stocking-A(Stocking，1988)是最早被提出的针对在线标定情境的参数估计方法。在这一设计下，当一位考生完成了整个考试后，先利用正式 CAT 题目来估计考生的能力水平值。而后，把估计出的考生能力值当作已知定量，应用条件极大似然估计法(Conditional Maximum Likelihood Estimation)来估计参数值。在具体实现条件极大似然估计时，目标是找到能够最大化对数条件似然值的题目参数，一般需要采用计算机循环近似的算法。常用的算法是将二分法(Bisection)和牛顿-拉夫逊(Newton-Raphson)循环结合使用。

这个方法是思路上最直接，计算上最容易的。但 Stocking(1988)的研究中发现，由于这一方法使用的是考生能力估计值，而不是真实能力值，产生的试测题参数值可能存在量尺漂移(Scale Drift)。

(三)OEM

OEM 方法由 Wainer 和 Mislevy(1990)提出，全称为单循环 EM 方法(One-cycle Expectation-maximization Method)。它是由传统参数估计中最受认可、最常用的边际极大似然估计法(Marginal Maximum Likelihood)衍生出来的。

边际极大似然估计法的理念是当考生能力值未知，无法运用条件极大似然估计法时，基于从作答数据中算出的后验考生能力值分布，可以算出题目参数的边际似然值表达式，而后以最大化这一边际似然值为目标，算出题目参数值。

在 Baker 和 Kim(2004)的详解中，这一算法的具体实现，利用了统计上 EM 算法的架构。EM 算法包含了交替循环的 E 步骤(Expectation)和 M 步骤(Maximization)：E 步骤先根据当前题目参数临时值，算出所有考生能力的后验分布，再利用这些后验分布来算出题目参数的对数似然值表达式；M 步骤以最大化前述表达式为目标，算出题目参数估计值。下一循环的 E 步骤则利用了新的题目参数估计值，更新完善考生能力的后验分布，算出新的对数似然值表达式，如此往复，不断更新完善题目参数估计值，直到算法收敛(如参数估计值在循环之间不再变动)。这种方法既无须知道考生能力值，又从作答数据中获取了考生能力值的信息，帮助题目参数的估计，是在统计上相对完善的设计，因而也是最受认可的参数估计法。

在在线标定的情境下，OEM 的方法只包含了一个循环。在 E 步骤中，考生的后验能力分布是从所有该考生完成的正式 CAT 题目中获得的；而后的 M 步骤，利用前述考生能力后验分布算出的对数似然值，以最大化该值为目标，找到试测题参数估计值。

这一方法的理念是，在传统参数标定中，所有题目的参数都是未知的，因而考生能力后验分布的获取需要通过 EM 循环不断完善；然而在在线标定的情境下，正式 CAT 题目的参数值是已知的，理论上可以利用那些正式题目，仅一步就可以直接获取精准的考生能力后验分布，从而避免了反复循环，节省了计算时间。

(四)MEM

MEM 方法由 Ban 等人(2001)提出，全称为多循环 EM 方法(Multiple-cycle Expectation-maximization Method)。它包含了正常的 EM 循环，直到参数收敛终止。在第一个 E 步骤中，考生的后验能力分布只从该考生完成的正式 CAT 题目中获得；而在之后所有的 E 步骤中，考生的后验能力分布的获得，既利用了所有该考生完成的正式 CAT 题目，也利用了试测题作答数据和其新估计的参数值。

(五)贝叶斯估计法

在上述三种估计法中，都可以在似然值表达式中加入贝叶斯先验值，形成对贝叶斯后验似然值的最大化，具体算法见 Baker，Kim(2004)及 Zheng(2014)。贝叶斯成分的加入可以使参数估计中牛顿-拉夫逊(Newton-Raphson)循环更加稳定。尤其是对于 3PL 模型的题目，或样本量小的情况，普通的牛顿-拉夫逊循环有可能不收敛，而加入贝叶斯成分可以有效缓解这一问题。而在线标定的情境正好符合样本量小的情况，因为在试测题作答样本积累的过程中，题目参数不断被更新，而在样本积累的初期，样本量自然是小的。

(六) 其他方法及方法间的比较

针对 Stocking-A 的量尺漂移问题，Stocking(1988)又提出了 Stocking-B 的方法。这一设计要求在考试中安排锚题(正式 CAT 题目，要求所有人作答)。在对试测题进行参数标定之后，利用锚题再完成一轮等值。这一方法并不太实际，因为它显著加长了考试长度，同时纠正效果也不一定显著，因为等值过程也引入了相应的不可忽略的误差。

Ban 等人(2001)还讨论了一种利用在 BILOG 程序里加入强先验分布来锚定试测题参数的方法。另外，Segall(2003)提出了如何在在线标定情况下利用 MCMC (Markov-chain Monte Carlo)算法估计参数。前者过于依赖特定程序，而后者 MCMC 的计算又用时极长，两者都不太实际。

Ban 等人(2001)通过模拟研究对其他上述方法在 3PL 模型下进行了比较，得出的结论是 MEM 估计结果最精确，OEM 第二，Stocking-A 最不准。需要注意的是，在其文章中，OEM 和 MEM 的方法中均提到了加入贝叶斯先验值，而在 Stocking-A 中并未提到。

Zheng(2014)对于 Stocking-A，OEM，MEM 以及这三种方法各加入贝叶斯先验值，共六种方法，在 1PL，2PL，3PL 模型下进行了比较。结论是：在三种模型下，加入贝叶斯先验值的三种方法都好于未加入贝叶斯先验值的三种方法；这个差别在 3PL 模型下最明显，远大于三种方法本身之间的差异；在 2PL 模型下，这个差别的程度有所缩减；而在 1PL 模型下，这个差别的程度更加缩小。而在未加入贝叶斯先验值的三种方法之间，在三种模型的 b 参数估计结果中都观测到了 MEM 好于 OEM，且好于 Stocking-A 的模式。这个模式在其他参数中并未出现。Zheng(2014)对于各算法的具体步骤和表达式进行了详细描述。

三、试测题嵌入位置

试测题嵌入位置理论上会影响参数标定的精准度，因为随着嵌入位置从考试刚开始的题目位置逐渐向考试尾端移动，考生能力水平估计值越来越精准(前提是模型拟合较好)，而实时最优选题算法中正用到了这个考生能力水平估计值。这个值中包含的测量误差越小，最优选题的计算越接近真正的最优，理论上说估计效率也越高。当然我们用随机选题法选取试测题时，试测嵌入位置不影响参数标定的结果，因为随机选题法并没有利用考生能力水平估计值。

我们也可以利用这个理论来检验不同的试测题选题法，如果某最优选题法不符合这一规律，有可能说明这个选题法的机制里有一些不合理的地方。例如，Zheng(2014)的模拟研究中发现了在 2PL 和 3PL 模型下，以考生能力值为中心的选题法呈现出从考试前部的嵌入位置到考试中部，再到考试后部，试测题参数估计效率逐渐降低的趋势。而这也印证了前文中所分析的，以考生能力值为中心的选题法并不是为优化题目参数估计效率而设计的，它的机制是不合理的。

在理想情况下，在使用最优选题法时，试测题应被嵌入在考试最后的位置，以获得最好的参数标定效率。但是，如果这个信息被考生得知，并且他们也知道试测题不计入总分中，那么他们的答题动机将显著减小，从而影响了试测的效度。因此，更加实际的方法是将试测题随机嵌入考试中，可以是随机嵌入全卷，或者考试的某一部分。

已有文献中的研究尝试了不同的嵌入设计。例如，随机嵌入全卷（Chen et al.，2012），固定在全长 52 题的考试中的第 22 题和第 28 题（Kingsbury，2009），随机嵌入全长 28 题的考试中的最后 6 题中的 3 题（van der Linden & Ren，2015）。Kingsbury(2009)建议试测题不应连续呈现。Zheng(2014)在模拟研究中比较了随机嵌入全卷前三分之一、中三分之一及后三分之一的设计，结果发现这一因素与试测题选题法有明显的交互作用，即在不同的试测题选题法下，各嵌入位置呈现的模式很不一样。

四、试测终止规则

试测终止规则决定了在什么情况下结束一道试测题的试测。试测结束后，试题将面临审核，审核通过后即可进入正式题库，被用在正式考试中。当没有试测终止规则时，随着正式 CAT 考试的进行，试测题库中所有题目都可以任意被选择。在考试窗口的任一时间，试测题库中的各题将拥有各异的参数估计精准度。

最简单的试测终止规则是基于样本量的规则（Ali & Chang，2014；Kingsbury，2009；Zhu，2006）：当一道测试题的样本量达到某一指定量时，即结束该题的试测。

然而，在同一样本量下，不同试题的参数估计的误差可以差异很大，因此试测终止规则也可以基于参数估计的标准误值：当一道试测题的参数估计标准误低于某一指定阈限时，即结束该题的试测。这一方法理论上比基于样本量的终止规则效率更高。在这种设计下，建议同时也叠加一个最大样本量规则，以避免某些试题长期不终止试测。

Kingsbury(2009)还提出另一种可能的终止规则：当一道试测题的参数估计值在前后两次估计之间不再变动时，终止该题的试测。终止规则是未来在线标定研究中很有价值的研究方向。

第三节　其他模型下的在线标定

一、认知诊断考试的在线标定

与单维二级评分模型下的在线标定相比，对于 CD-CAT 情境下的在线标定的研究还比较稀少。套用认知诊断模型的考试，与套用单维 IRT 模型的考试相比，二者的不同是，后者只给出一个总体能力水平估计值，而前者则可以提供每位考生在不同被考量方面（Attribute，又常翻译为属性）的掌握情况（二项结果：掌握或未掌握）。与多维度 IRT 模型相比，二者都可以给出多个考量方面的测量结果，但多维度 IRT 给出的结果是各维度上的连续分数，而认知诊断模型给出的是二项结果。正因如此，多维度 IRT 的参数估计程序复杂，需要的考试题目较多，而认知诊断模型的参数估计程序简单，可以从非常短的考试中较准确地分析出结果。而把 CAT 技术应用在认知诊断考试中，更进一步缩短了考试的长度，使得 CD-CAT 成为信息化课堂内对短期学习内容得力的快速诊断工具。

Chen 等人（2012）开创性地讨论了 DINA 模型题目参数（失误参数 s 和猜测参数 g）的在线标定算法。文章重点提出了由 Stocking-A，OEM，MEM 三种方法衍生出的 CD-Method A，CD-OEM 和 CD-MEM 三种参数估计法。在其他的设计因素方面，他们使用了随机选题法和以考生能力值为中心的试测题选题法，将试测题随机嵌入全卷中，而他们并没有使用任何试测终止规则。他们的模拟研究发现，当题目中的真实猜测度参数和失误参数都较小时，CD-Method A 对题目参数的估计比 CD-OEM 和 CD-MEM 更精准；当真实猜测度参数和失误参数都较大时，CD-Method A 不如 CD-OEM 和 CD-MEM 精准。

上述研究假定 $\boldsymbol{Q}$ 矩阵是已知的，而 Chen，Liu 和 Ying（2015）提出了将 $\boldsymbol{Q}$ 矩阵和题目参数一起在线标定的算法。具体来说，他们的算法分为两步，第一步先为每一种可能的 $\boldsymbol{Q}$ 矩阵算出使似然值最大化的题目参数，第二步再比较不同 $\boldsymbol{Q}$ 矩阵生成的最大似然值，找到使这个最大似然值最大化的 $\boldsymbol{Q}$ 矩阵。

二、多维 IRT 的在线标定

目前对多维 CAT 的在线标定的研究也非常稀少，主要可见的成果为 Chen 和 Xin（2013），Chen 和 Wang（2015），Chen（2015）。在这一系列研究中，Chen 和

Xin(2013)最先将传统的 Stocking-A，OEM，MEM 延伸到 MCAT 中，提出了 M-Method A，M-OEM，和 M-MEM。而后，为了纠正 M-Method A 中将考生能力向量估计值当作真实值使用带来了误差，Chen 和 Wang(2015)提出了 Full Functional MLE-M-Method-A(FFMLE-M-Method A)。最近 Chen(2015)又提出了在 M-OEM 和 M-MEM 中加入贝叶斯先验成分的方法：M-OEM-BME 和 M-MEM-BME。

三、单维多项评分模型的在线标定

目前对单维多项评分的 IRT 模型的研究也处于起步阶段。Zheng(2015)将传统的 Stocking-A，OEM，MEM 延伸到 Generalized Partial Credit Model(GPCM，Muraki，1992)中。模拟研究采用了随机选题法和以考生为中心的选题法，也比较了考试前部、考试中部、考试后部三种测试题嵌入位置。以上这些在线标定的新方向都有待未来的研究进一步充实。

综合全章所述，首先在线标定是一项拥有实践意义、价值和需求的技术。随着计算机化和自适应化考试的逐渐普及，对大型题库的应用将越来越大，而题库中题目的置换是一个实际需求。对于在线标定的研究，将对高效的、准确地完成新题的试测和标定起到至关重要的辅助作用。

如前文所述，对于在线标定的研究还处于起步阶段，有着很大的拓展空间。目前还没有一种设计是被普遍认可的，大型考试实践中也还尚未采用这一技术。要实现从理论到实践的推进，还需要此领域里更多的研究支持。

另外，正如前文提到的，除了在统计学上、技术上的研究和讨论之外，在线标定的应用还有不少实际的、概念上的障碍。比如，通过最优取样理论获取的样本很容易失去对总体的代表性，而这种样本从本质上来说是否有效？另外，如果嵌入试测题的难度与前后题目平衡过渡的难度趋势不符，考生是否真的能察觉到？如果能察觉到，是否会产生不必要的疑惑和焦虑，或者识别出试测题而影响作答动机等，这还需要更多的研究来探索和回答这些问题。

思考题：

1. 什么是在线标定？它有什么特点？
2. 在线标定测试题的选题方法有哪些？
3. 简述在线标定的方法与特点。
4. 谈谈在线标定未来可能的研究领域。

第十章　CAT 技术在实践中的应用

本章探讨了 CAT 技术在实践中的一些具体应用，重点介绍了三个实用实例：MCAT 技术在 GRE 测试中的应用、CD-CAT 技术在英语听力理解中的应用以及 CAT 技术在心理健康评估中的应用，希望为实际运用者在 CAT 系统开发与构建提供指导和借鉴。

第一节 Multistage-CAT 在 GRE 中的应用

美国研究生入学考试(GRE)自开始使用至今，经历了一个漫长的进化过程。在这个过程中，考试形式越来越个性化，测验的测量精度越来越高，并且测验安全性也越来越高。新的测验形式如何实现以上所述的特性，本节将从 GRE 测验的选取、设计、测验规范以及测验评估几个方面进行介绍。

一、为什么选用 MST

GRE 是由美国教育考试服务处(Educational Testing Service，ETS)主办的，适用于除法律和商业以外各专业的考试。GRE 考试分为两种，一种是能力倾向性测验(General Test)，另一种是高级测验(Advanced Test)。本文中所述的 GRE 测验为第一种测验，不涉及第二种测验。GRE 考试自从与世人见面开始，经历了由纸质测验过渡到基于计算机的测验(CBT)，发展为计算机化自适应测验(CAT)，直至现在转变为计算机化多阶段自适应测验(MST)的历程。在这个发展进化过程中，GRE 逐渐开始采用自适应测验的形式，对于不同能力的被试匹配不同难度的题目，真正做到"因人而异"，体现了"量体裁衣"的思想。在 GRE 测验发展过程中，新的测验形式也逐步改进了题目曝光的问题，提升了被试能力估计的精确性，使测验更加安全、公平。

在最近一次大型测验修订中，测验总体设计提出了以下要求：新测验需要提高测验安全性，引入使测验变得更加友好的特性，同时也要提高测验的效度。

基于以上考虑，新测验设计的主要目标为：

第一，支持测验内容的转换，使被试无法进行预测，以此来确保测验安全性(由于网络便利性，增加了测验题目曝光的可能性，使被试可能预先接触到部分题目)；

第二，提升测量精度；

第三，支持分数量尺的修订；

第四，维持测验总时长不超过 4 小时；

第五，测验形式更加灵活，在每一部分内允许被试浏览或检查题目，并且可以对答案进行修改。

由于 MST 测验设计的独特性，能够满足以上新测验设计的所有要求，在保证测验安全性的同时，也可以保证测验时长，并且能够使被试自由作答，消除考试焦虑。因此，MST 被研究者选定作为新的 GRE 测验形式。

二、GRE 测验的 MST 设计

基于一系列预研究和模拟研究的结果，完整的 GRE 测验结构如下所述：主要包含三个独立的测验，分析性写作（Analytical Writing）（简称写作），语言推理（Verbal Reasoning）（也称语文）和数量推理（Quantitative Reasoning）（也称数学），以及一个不计分的部分。分析性写作部分包含两个作文，立论写作（Issue）和驳论写作（Argument），每个题目 30 分钟，分数区间为 0～6 分。语言推理包含两个部分，每个部分 20 个题目，30 分钟完成，分数区间为 130～170 分。数量推理也包含两个部分，每个部分 20 个题目，35 分钟完成，分数区间为 130～170 分（Educational Testing Service 2013a；Robin & Steffen，2014）。其中，语言推理和数量推理部分具有相同的 MST 设计。基于已有的研究结果表明，对于语言推理和数量推理的测量，一个简单的两阶段 MST 设计（图 10-1-1）就可以满足预期的信度和效率（测验时间保持在 4 小时以内）。还有研究结果表明，使用更复杂的 MST 设计并不能提升测验的信度（Robin & Steffen，2014；Robin，Steffen & Liang，2014）。

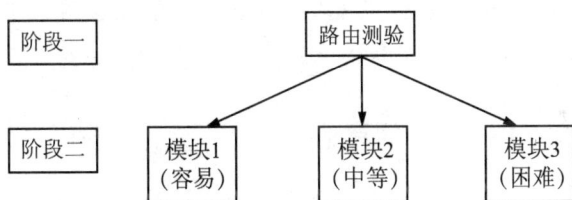

图 10-1-1　两阶段 MST 测验

GRE 测验的 MST 设计应具备以下特征：

第一，两阶段三水平设计，由 20 个题目组成；

第二，使用两参数 IRT 的正确次数得分（NC）计分；

第三，设定路由划界分数，使分别有三分之一的被试被分配到简单、中等和困难的阶段二模块中，并且每一个分组的被试能力值能够与他们被分配到的阶段二模块的难度良好匹配。

当测验设计完成后，所有的目标规范都应该被实现。特别是，限制题目曝光率，模块和面板之间的重叠，以及大多数被试完成测验所需要的时间估计等（Hambleton，Swaminathan & Rogers，1991；Kolen & Brennan，2004；Meijer & Nering，1997；Stocking，1996；Stocking，Steffen & Eignor，2002；Thissen & Wainer，2001）。

三、GRE 测验规范

GRE 测验主要考虑三个方面的规范：内容，精度和测验安全性（Davey & Pitoniak，2006；van der Linden & Glas，2010）。

内容规范规定了题目应涉及的范围和数量以及题目类型，具体包括不同领域的题目及其特征。例如，生物科学或社会科学，理论知识或真实生活情境，图或表等。内容规范也规定，若题目之间相关度过高，使用过多相同的词汇，或者题目相互之间可以提供答题线索，这些题目则不允许出现在同一个测验中。

测量规范规定了每一个测验应该达到以下要求：

第一，避免性别和种族的偏见；

第二，非速度测试；

第三，对所有能力范围的被试都能良好的测量；

第四，精确计分。

安全性规范规定，考虑到过去的曝光率，在测验中应仅有很小的概率会出现被试可以预期的任何题目或者题组（Robin & Steffen，2014）。也就是说，在测验过程中，被试要完成的题目应是"新题"，而不是其事先接触过的题目。否则，不但无法考察该被试的真实能力，也会对其他被试造成不公平。

四、GRE 测验 MST 设计的评估

GRE 测验的测量结果是否精确，还需要更多研究结果的验证。图 10-1-2 所示为一个典型的计分结果报告图。图中显示了一次测验中简单、中等、困难模块的正确次数得分能获得的所有可能的报告分数。计分考虑了阶段二不同模块的特殊性。从图中可以看到同样是正确次数得分 20，但是对于不同难度的模块会有 146，149 和 153 三个不同的报告分数。不同难度的模块对应不同的分数范围限制，在一次测验中只能将被试分配到简单、中等和困难其中的一个模块中。从图中还可以看出，错误作答 1 个题目会引起不超过 2 个报告量尺分数的变化。正确次数得分到报告分数的转换表明了计分过程稳健性的程度较好。

分数转换图也突出了测验设计和组卷时需要注意的潜在问题。一个问题是，得分差距。图 10-1-2 所示正确次数得分 38 和 39 分别对应报告量尺分数 167 和 169，这里跳过了 168。由于这个问题与量尺化有关，组卷蓝图与修订量尺同时开发以确保每一个测验的分数差距不会超过 1，将这个准则设定为规范和量尺化的目标。另一个问题是，简单、中等和困难模块计分的显著重叠，这与路由决策的不确定性有关。当路由决策是由部分信息量来做出决定时，一些被试的真实能力与路由划界分数会非常靠近，这些被试将被分配到难度较为简单的模块中。由此

可见，在分数转换的过程中，量尺的转换会引起一定的偏差，并且路由决策的结果也会对被试的能力值估计以及分数的转换带来一定的影响（Robin & Steffen，2014；Robin，Steffen & Liang，2014）。

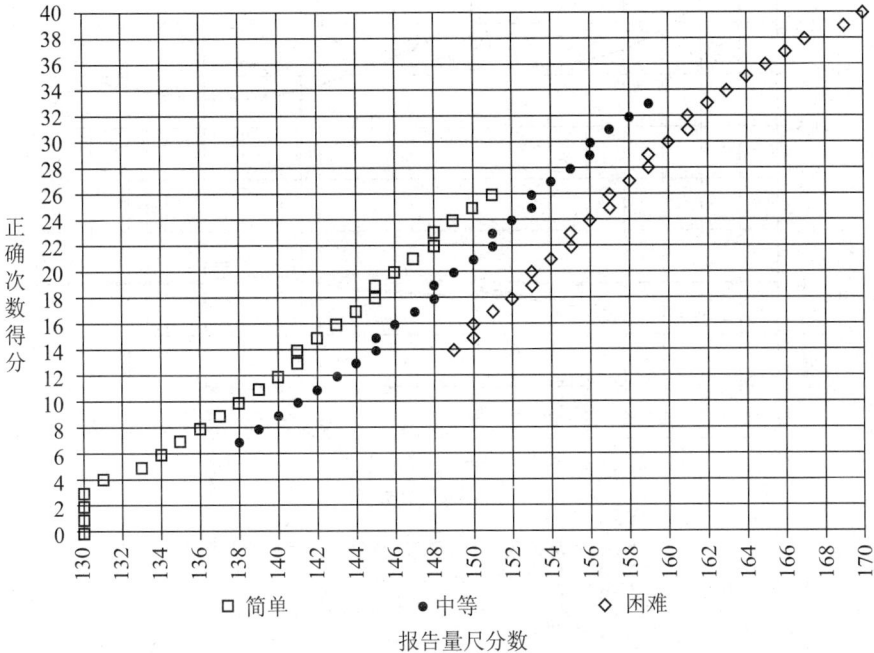

图 10-1-2　正确次数得分与报告量尺分数转换图

（摘自 Robin & Steffen，2014）

图 10-1-3 所示为一个典型的测量结果报告图。该测量结果显示了图 10-1-1 中所示的 MST 测验被试可能被分配到阶段二中每一个模块的情况。除非被试得分低于 138，则低能力或者高能力的被试将被分配到中等难度的模块，测量的标准误和计分错误保持在可接受的 3.0±0.3 范围内。路由划界分数设定在估计的量尺分数 146 和 155 之间，因此分别有接近 30%，40% 和 30% 的常模群体会被分配到简单、中等和困难的模块中。这符合了 GRE 测验 MST 设计的基本要求。顶部的实线表示每一个模块的测量标准误（SEM）。底部的实线表示每一个模块的计分误差（Robin & Steffen，2014；Robin，Steffen & Liang，2014）。

新的 GRE 测验在满足了所有设计目标要求的前提下，还能使被试有更好的测验体验。MST 测验形式让考试充分保持了纸笔测验形式的优势，既可以在模块内对题目进行浏览和检查，还能够修改答案。其又结合了 CAT 测验自适应的特性，对不同被试匹配不同难度的模块，从而能够更加准确测量被试的能力值，也使得测验更加个性化。并且大量的研究也证明 MST 测验设计具有一个较为稳健的结果，测量误差较小。

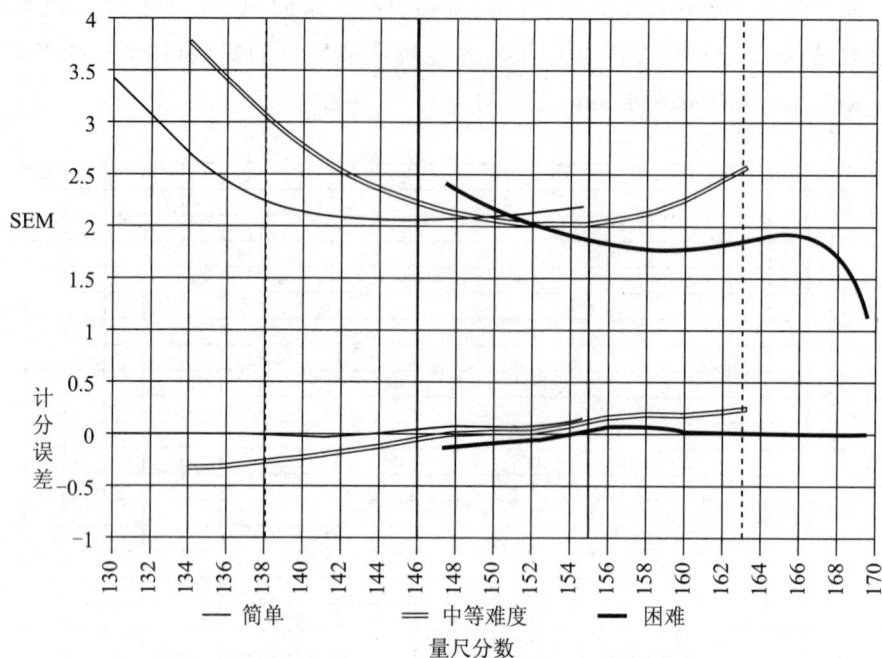

图 10-1-3　两阶段 GRE 测验 MST 设计测量结果
（摘自 Robin & Steffen，2014）

第二节　CD-CAT 在英语听力理解中的应用

本节主要介绍具有 CD-CAT 技术在二级英语听力理解中的应用（Liu，You，Wang，Ding & Chang，2013），主要介绍题库建设、选题策略、参数估计、真实题库下模拟实验和真实测试效度验证等。

一、题库建设

一个成功的具有认识诊断功能的自适应测试，需要一个优质、大型的题库。建设一个题库需要做一系列工作。对于基于二级英语认知诊断的题库建设大约分以下几步来完成：第一，所有的试题命制基于课程标准，体现课程标准的基本理念和要求，注重考查学生对核心知识、技能的理解和掌握；第二，由学科专家确定测试考查的属性，界定属性，甚至给出属性层次结构，再由测量专家根据属性层次结构给出命题蓝图；第三，学科专家由命题蓝图命制试题，并给定每个项目属性，得到测验 Q 阵；第四，选取代表性学生样本进行预测；第五，数据分析和整理，进行参数估计、等值、模型拟合检验，甚至 Q 阵修正等；第六，题目入库。

对于二级英语测试，学科专家给出 8 个属性，分别是：A1～A8 共 8 个属性，见表 10-2-1。共编制了 352 道试题，其中包括听力对话、短文听力、语法词汇题和阅读理解题，题型均为选择题。共编制 13 份试卷，收集到 38722 个有效被试数据。采用 3PLM 和 DINA 模型进行参数估计，并进行了参数等值，从而得到统一在同一量表上的题库参数。

表 10-2-1　二级英语听力属性

记号	属性名	说明
A1	词语识别	学生能辨别单词和短语
A2	词语理解	学生能准确理解单词和短语的含义及其在语境中的用法
A3	了解语法	学生能在有关语境中识别所学语法知识，并能进行正确判断和选择
A4	听后获取直接信息	学生能在图片支持下听懂句子，辨别关键词；学生能在简短文字支持下听懂简单对话，准确捕捉对话直接给出的具体信息
A5	听交际用语然后做出反应	学生能听懂交际用语并准确应答
A6	听后获取间接信息	学生听对话或语段并能通过简单地判断、推理等理解所听内容
A7	通过读获取直接信息	学生能读懂简单的故事或小短文，并能找出短文或故事中直接描述的具体信息
A8	通过读获取间接信息	学生能读懂简单的故事或小短文，并能通过简单地判断、推理等分析获得短文或故事中没有直接给出的信息

为验证专家指出的 Q 阵的结构效度（Construct Validity），本文采用属性对难度（3PLM 的难度）的回归方法（Yang & Embretson，2007），或者说是属性对难度的预测或解释能力（决定系数 $R^2 = 0.455$，仅列出一份试卷的分析结果，其他试卷结果类似）。表 10-2-2 列出了线性回归模型的标准化和非标准化回归系数，除了 A1，A4 和 A7，其他属性均显著。除了 A1，其他属性的斜率参数都较大，表明属性预测难度的权重较大。从以上实验结果来看，一般来说，项目属性能够较好地预测项目难度。

表 10-2-2　属性对难度的线性回归系数

模型	未标准化系数		标准化系数	t	p 值
	b	误差	beta		
截距	−1.469	0.506		−2.906	0.007
A1	0.173	0.405	0.090	0.427	0.673
A2	1.339	0.502	0.579	2.669	0.013
A3	1.198	0.560	0.623	2.138	0.042
A4	0.880	0.577	0.410	1.525	0.139
A5	1.787	0.550	0.702	3.248	0.003
A6	1.696	0.699	0.486	2.427	0.022
A7	0.728	0.540	0.315	1.349	0.188
A8	1.388	0.495	0.480	2.804	0.009

二、选题策略

确定了认知诊断模型，接下来 CD-CAT 中最重要的一部分就是选择选题策略，选题策略的好坏直接影响到测试结果的精度。本应用中采用香农熵(Shannon Entropy，SHE)的方法进行选题，减少知识状态空间的期望后验分布的熵(不确定性)，对被试进行序贯分类，当某个知识状态的后验分布达到 0.80 时引入终止测试(Tatsuoka，2002)。下面主要介绍 SHE 方法。

一个离散随机变量 X 的熵的定义为 $H(X) = -\sum_X P(x)\log(P(x))$，其中约定 $0\log 0 = 0$。熵是对随机变量的不确定性的度量，随机变量 X 的熵越大，说明它的不确定性也越大。熵具有非负性、存在最大值、凸性、连续性、对称性和扩展性等。

在 CD-CAT 中，知识状态的后验分布 g_t 的熵为

$$H(g_t) = -\sum_{c=0}^{2^K-1} g_t(\alpha_c)\log(g_t(\alpha_c))。 \tag{10.2.1}$$

对于待选的第 $t+1$ 个项目 j，在先验分布为 g_t 时得分为 x 的概率为

$$Pr(X_{ij} = x \mid u_i^{(t)}) = \sum_{c=0}^{2^K-1} P(X_{ij} = x \mid \alpha_c)g_t(\alpha_c)。 \tag{10.2.2}$$

将 g_t 看成先验分布，则被试 i 对于项目 j(做完 $t+1$ 个项目，$X_{ij} = x$)的条件后验分布 $g_{t+1}(\alpha_c \mid X_{ij} = x)$ 为

$$g_{t+1}(\alpha_c \mid X_{ij} = x) = \frac{p_{0c}L(\alpha_c; u_i^{(t+1)})}{\sum_{c=0}^{2^K-1} p_{0c}L(\alpha_c; u_i^{(t+1)})} = \frac{p_{0c}L(\alpha_c; u_i^{(t)})P_{cj}^x(1-P_{cj})^{1-x}}{\varphi_{it+1}}。$$

$$\tag{10.2.3}$$

则给定 $X_{ij} = x$ 时，g_{t+1} 的条件熵为

$$H(g_{t+1}(\alpha_c \mid X_{ij} = x)) = g_{t+1}(\alpha_c \mid X_{ij} = x)\log(g_{t+1}(\alpha_c \mid X_{ij} = x))_\circ$$

(10.2.4)

当 x 变化时，g_{t+1} 的期望熵为

$$SHE(g_{t+1} \mid X_{ij}) = \sum_{x=0}^{1} \left[g_{t+1}(\alpha_c \mid X_{ij} = x)\log(g_{t+1}(\alpha_c \mid X_{ij} = x)) \right] \Pr(X_{ij} = x \mid u_i^{(t)})_\circ$$

(10.2.5)

采用 SHE 方法即选择下一个项目使得：

$$j^{(t+1)} = \arg \min_{j \in R_i^{(t)}}(SHE_{ij}(g_{t+1}))_\circ$$

(10.2.6)

通过选择项目 j 使得随机变量 α_c 的分布 g_{t+1} 不确定性减少，最终达到尽快确定 $\hat{\alpha}_i$ 的目的。

三、参数估计

诊断测验不像传统计算机化自适应测验只估出一个单独的能力，它还要得到所考察的每个属性的掌握水平，甚至还要给出每个属性的掌握程度和处于群体中的位置信息等反馈信息。本应用中采用最大后验估计，取先验分布为均匀分布时，即为极大似然估计（MLE），最大后验估计即使下式最大化。

$$\hat{\alpha}_i = \arg \max_{\alpha_t = 0,1,\cdots,2^K - 1}(P(\alpha_t \mid X_i))_\circ$$

(10.2.7)

其中 $P(\alpha_c \mid X_i)$ 为后验概率，可仿照 SHE 方法中后验分布计算。

由于题库可能缺乏区分某几个知识状态的项目，估计结果中，就会出现后验分布众数集中在两个或两个以上的知识状态的情况，只要由后验概率 $P(\alpha_c \mid X_i)$ 对每个属性边际求和即可，如属性 k 为 1 的边际概率为

$$mp_k = \sum_{t=0}^{2^K - 1} P(\alpha_{tk} = 1 \mid X_i)_\circ$$

(10.2.8)

边际后验概率方法不仅可以用于计算属性掌握水平，同时也可根据划界分数，得出属性掌握与未掌握的知识状态。

四、真实题库下模拟实验

采用预测得到的 3PLM 和 DINA 模型项目参数组合题库（共 352 道试题），模拟被试人数 1000，模拟方法采用祝玉芳和丁树良（2009）提出的对数似然比方法，实验重复次数 30 次。选题策略中分别考虑无内容约束选题和内容约束选题（听力理解、语法词汇和阅读理解）。评价三种知识状态最终估计方法 A 方法（Leighton，Gierl & Hunka，2004），对数似然比方法（祝玉芳，丁树良，2009）和 DINA

模型极大似然估计方法(de la Torre，2009)的模式和边际判准率，并且给出测验结束时的 3PLM 的平均信息量。表 10-2-3 给出了真实题库下 CD-CAT 分类结果，结果显示两种约束方式选题下，分类结果较为一致，极大似然估计方法好于其他两种分类方法。

表 10-2-3　真实题库下 CD-CAT 分类结果(模拟研究)

	分类方法	模式判准率(%)	边际判准率(%)	测验信息量
不含内容约束	A	75.55	95.43	16.1941
	LL	57.32	91.33	
	MLE	92.47	96.20	
含内容约束	A	39.62	88.52	17.2480
	LL	33.43	86.68	
	MLE	69.37	95.49	

五、真实测试效度验证

真实测试采用真实题库下模拟实验中内容限定的方法，既能保证较好的精度，又能使项目曝光控制相对好些。采用定长 CD-CAT，题量为 36 题，限制总的时间，采用倒计时的方式。对 CD-CAT 应用中的效度进行全面的验证，主要评价 CD-CAT 结果和英语学业水平分类的一致性。

在北京选择三所学校，它们都参加过北京义务教育评估，具有英语学业水平结果。英语学业水平报告了学生的表现水平，如优秀、良好、合格和不合格。对于 CD-CAT 评估，可以得到每个考生掌握的属性数目。表 10-2-4 显示，在 CD-CAT 结果中，27 位学生中有 23 位学生掌握了所有的 8 个属性，这 23 位学生的学业水平均为优秀，并且可以看出他们掌握的属性数越多，学业水平越高，这意味着 CD-CAT 结果的可靠性较好。

表 10-2-4　CD-CAT 结果与英语学业水平分类的一致性

英语学业水平	掌握的属性数目									
	0	1	2	3	4	5	6	7	8	合计
优秀	0	0	1	1	1	3	4	6	23	39
良好	0	0	1	2	8	5	7	7	3	33
合格	1	1	3	5	3	1	0	0	1	15
不合格	0	1	2	0	0	0	0	0	0	3
合计	1	2	7	8	12	9	11	13	27	90

本节简要叙述了二级英语 CD-CAT 的整个构建过程，主要是建立了认知诊断

的题库，真实题库下模拟试验显示在 DINA 模型下，伴随内容约束的 SHE 选题策略，估计精度较高并且项目曝光控制较好，为保证实际测验的有效性做了铺垫，然后进行实测和效度验证，结果显示二级英语 CD-CAT 系统效果理想。

第三节　CAT 在心理健康评估中的应用

Fliege 等人(2005)采用模拟研究的方法，开发了基于 IRT 的抑郁症的 CAT (Depression-CAT，D-CAT)来测量患者的抑郁症状。本节就以其研究为例，通过呈现其具体的研究过程，示例 CAT 在抑郁症中的应用。以下详细介绍 Fliege 等人(2005)的研究。[①]

一、研究目的

抑郁症是精神和行为障碍中最普遍的疾病。对于抑郁症的严重程度的评估对疾病分期和结果评估都非常重要。传统评估抑郁症状的方法主要依靠基于 CTT 编制的量表，如 BDI、CES-D、PHQ、HADS、SDS 等。这些量表有 CTT 固有的劣势，一个最主要的问题是想取得高测量精度，就必须使用大量的题目，而测验精度与被试负担之间的平衡难以协调。

已有的基于 IRT 编制的抑郁测验经研究显示：使用 IRT 理论可以揭示项目信息，这可以为提高测量工具的性能提供很多有用的信息(Baer et al.，2000；Olsen et al.，2003)；而且，并不是每一个题目都与每个被试都有关系，CAT 可以使"静止"的问卷变得因人而异而又具有"适应性"。例如，如果病人报告心情很好，自我感觉良好，那他就不太可能报告会有严重的自杀念头。在这种情况下，自杀的念头这道题目，几乎没有提供什么有用的信息；但是对一些重度抑郁的被试来说，涉及自杀的念头能提供很大的信息。最后，CAT 测验已有一些尝试，它运用已答题目的信息，去挑选下一个合适的题目，为每个被试选择最合适的问题，实现了在完整测量结构中、在保证测验准确性的前提下，只需呈现更少的问题，减轻了被试负担。

正是出于这样的目的，Fliege 等人希望开发出 D-CAT，并在真正临床环境中发挥作用。

---

① Fliege H，Becker J，Walter O B，Bjorner J B，Klapp B F，et al. Development of a computer-adaptive test for depression(D-CAT). Qual Life Res，2005，14(10)：2277-2291.

二、研究方法与过程

（一）样本

患者样本总体（$n=3270$）由两个子样本组成（$n_1=1581$，$n_2=1689$），这两个被试子样本接受了不同的测验内容（$n_{1\,items}=88$，$n_{2\,items}=86$）。其中有 30 道题目作为锚题来关联这两个题目子样本（$n_{items\ overall}=144$）。被试样本中有 991 名男性（30.3%）、2279 名女性（69.7%），平均年龄为 42.4 岁（SD=14.5，年龄范围为 16～87 岁）。

（二）D-CAT 开发

开发基于 IRT 的 CAT 用来诊断抑郁症状，需要以下三个步骤。

1. 题库建设

美国精神病学 DSM-IV 中诊断抑郁症的标准，主要包括：①抑郁心境；②愉快感和兴趣的缺失；③精神运动性激越或者迟滞；④食欲/体重明显下降或增加；⑤睡眠障碍；⑥疲倦或者缺乏精力；⑦自责或者内疚；⑧注意集中能力减退，或者犹豫不决；⑨反复出现自杀或死的想法。

运用德尔菲法（Delphi Method）来选择题目。首先，我们汇集了临床诊断中常用的 11 个有着固定题目数的抑郁问卷（这包括已经通过了心理测量学评估的 6 个德国本土抑郁量表——ALL、BSF、GBB、GT、LZI 和 NI90 以及 5 个国际通用量表——CES-D、BDI、SF36、STAI 和 SES/LOT）中的 320 道作为可用的题目，让患者在计算机上作答了这些问卷中的题目。

因为这些题目来自多个测量工具，一些题目可能并不指示抑郁症状。因此在不告知这是抑郁量表中的题目的情况下，请三位研究小组的成员（两位分别有 8 年和 10 年临床经验的心理治疗师，一位有 9 年研究经验的医师）审查这些问卷中的题目，他们各自独立地评估问卷的各个题目是否指示抑郁症状。三位评估者的内部一致性系数需在可接受的范围内（配对 kappa，$k_{1\text{-}2}=0.80$，$T=7.43$，$k_{1\text{-}3}=0.83$，$T=7.71$，$k_{2\text{-}3}=0.88$，$T=8.16$；所有的 p 值均小于 0.001），如果评估者们就某道题目没有达成一致意见，他们将一起讨论，然后再重新评估该题。只有当三位评估者都认为一个题目测查到了抑郁症状，这个题目才会被放置在题库中。最终挑选出了 144 道题。

2. 项目分析和筛选

两批题目子样本分别接受了单维性检验、局部独立性检验、项目特征曲线（Item Response Curves /Item Characteristic Curve）、项目功能差异（DIF）、测验等值、项目参数。

(1)单维性检验和局部独立性检验。

第一，单维性。尽管题库中题目的单维性并不是 IRT-CAT 的一个先决条件，但是大部分的 IRT 应用模型都含有单维性假设。这意味着在项目作答数据中，公共方差可归因为有单一的潜在特质变量。该研究中所采用的 GPCM 模型也是基于单维性假设的。为考察这组数据的单维性，使用 Mplus 软件做了验证性因子分析（CFA），并删除了因子载荷小于 0.4 的题目（Nunnally，1978）。

第二，局部独立性。这是 IRT 模型所固有的，这意味着，当被试的特质水平不变时，他在任何一道题目上的作答与在其他题目上的作答是独立的。为了检验局部独立性，研究者使用 Mplus 软件分析了单因子模型的残差相关。尽管局部独立性意味着残差相关为 0，一些研究发现 IRT 模型的参数估计在轻微违反单维性假设时还是相当稳健的（Drasgow F，Parsons C，1983；Reckase M，1979）。当一个题目与其他题目残差相关大于 0.25，且占比超过题目总数的 15%，就删掉这道题。研究者也指出，选择相关系数 0.25 作为分界值，这个标准多少是有些主观的，毕竟就他们所知还没有一个被证实了的经验标准。正如 Embretson 和 Reise（2000）所说，所有模型的局部独立性是可以与现实近似的，稍微偏离局部独立性假设对模型参数的估计是不受影响的。经 CFA 检验，剩余的 64 道题目符合单因素模型。

(2)项目特征曲线(项目反应曲线)。

应用非参数平滑技术，使用 TestGraf 软件计算出了项目特征曲线，以便题目更好地发挥功能，方便 IRT 模型分析。每个项目选项特征曲线均与潜在特质相关。

(3)项目功能差异(DIF)。

DIF 检验用来识别因为群体的差异所造成的系统误差，如性别、年龄、取样等。使用有序多分类 Logistic 回归模型（Polytomous Logistic Regression Model）来实现 DIF 分析，其中题目的作答作为因变量，群组成员作为自变量。当控制住了量表分数，不同的群体成员在项目得分上有直接作用，则称为良性 DIF，当量表分数与群体发生交互作用时，这称为不一致的 DIF。鉴于本研究中的样本量较大，微弱 DIF 效应可能会统计显著，因此使用 Nagelkerke（1991）的决定系数 R^2 作为指标来评估 DIF。决定系数 R^2 被用来解释回归模型中变异的比率。当群体效应或群体与量表的交互效应使 R^2 增加了 0.03 以上，则认为存在 DIF。研究者解释道，应用这么一个相对严格的临界值是为了保证所有的项目对于不同年龄或性别的群体都是适用的。

(4)测验等值。

使用锚测验设计的方法进行等值处理。

(5)项目参数。

使用 GPCM 模型估计项目参数。GPCM 是一个双参模型，允许项目之间有不同的区分度，双参模型比条件苛刻的单参数模型可能更拟合数据特征。区分度允许我们为每一道题估计项目信息函数。低区分度的试题被应用的可能性很低，因此，从题库中删除低区分度 $a<0.7$ 的题目。先前的模拟研究发现，这类低区分度的项目在题库中被选中的概率不到 0.05%，所以将这些项目舍去，测试也不受任何影响。

3. 评估算法和测验特性

(1)评估算法。

CAT 题库中最终包含 62 个题目，CAT 开始时选择的第一个题目是根据特质分数 θ 为 0 时（中间值），信息量最大的题目。在研究中，这个题目是："During the past week I felt depressed（过去的一周，我感到抑郁）"。程序运用期望后验算法 EAP 根据被试在此题上的作答估计其潜在特质分数。

接下来，程序根据当前的能力值基于最大信息量的原则挑选下一题。如果两道题的信息量相同（出现这种情况的概率很小），程序将在其中随机选择一题。θ 在每次对新的题目作答反应后，都被估计一次，直到其精度达到标准。在 CTT 中，信度值 $r \geqslant 0.9$ 被认为是极好的，根据公式 $\rho=1-\mathrm{SE}^2$，这里我们采用这个标准，当标准差 $\mathrm{SE} \leqslant 0.32$ 时测验停止。

(2)测验特性。

为了评估 D-CAT 的特性，研究者做了两个模拟研究。

模拟研究 A：模拟 100 种不同特质水平被试的 θ 值。在 $-3.5 \sim 3.5$，以 0.25 为间隔，每个点上模拟 100 个被试，共模拟了 2900 个被试，被试的反应作答模式的生成采用 Wang(1999)的方法。这可以使我们评估题库对于不同水平被试的区分能力。当标准误达到小于 0.32 的标准时，自适应测验的程序停止。

模拟研究 B：使用在构建题库时已经收集到的真实患者的作答数据，在这个"真实数据的模拟研究"中，只有自适应测验的过程是模拟的。对于每个被试，模拟开始于同一个问题："During the past week I felt depressed"，使用被试对于这道题目的真实的作答反应，程序使用自适应算法为被试挑选下一个题目，接下来的每一步都用这种同样的方式。同样，终止规则都为标准误小于或等于 0.32。

三、研究结果

(一)单维性

根据删题标准：CFA 中因子载荷低于 0.4，样本 1 删除了 5 道题目，样本 2 删除了 24 个题目；残差相关大于或等于 0.25，样本 1 删除了 25 个题目，样本 2

删除了 25 个题目。这样，样本 1 包含 58 个题目，样本 2 包含 37 个题目。其中有 15 道题目是重复的。误差相关在两个样本中的变化范围为 0.00～0.24。对余下的题目再做一次 CFA，样本 1 的 RMSEA 为 0.07，样本 2 的 RMSEA 为 0.08。RMSEA 值在 0.05 及以下通常被认为指示模型是非常拟合的，其值在 0.05～0.08 被认为是可以接受的（MacCallum，Browne & Sugawara，1996；Browne，Cudeck，1993；Hu，Bentler，1999）。

（二）项目特征曲线和测验精度

大多数题目的项目特征曲线表现不错，不同类别得分轨迹曲线间的差异明显（参见图 10-3-1(a)-(d)）。

稍微差一点的题目，如图 10-3-1(e)所示。选项 2 和选项 3 的作答曲线并没有很好地区分出来，为了获得一个比较明显的最大值，将这两个选项合并为一个，在这个例子中，结果非常成功，得到了图 10-3-1(f)中的结果。因此研究者将这种策略用在了 29 道题目上。除此之外，有 8 道题目因为其他的原因删去了，其中的 7 道题目是因为不能使每个作答选项获得一个清晰的最大值曲线。

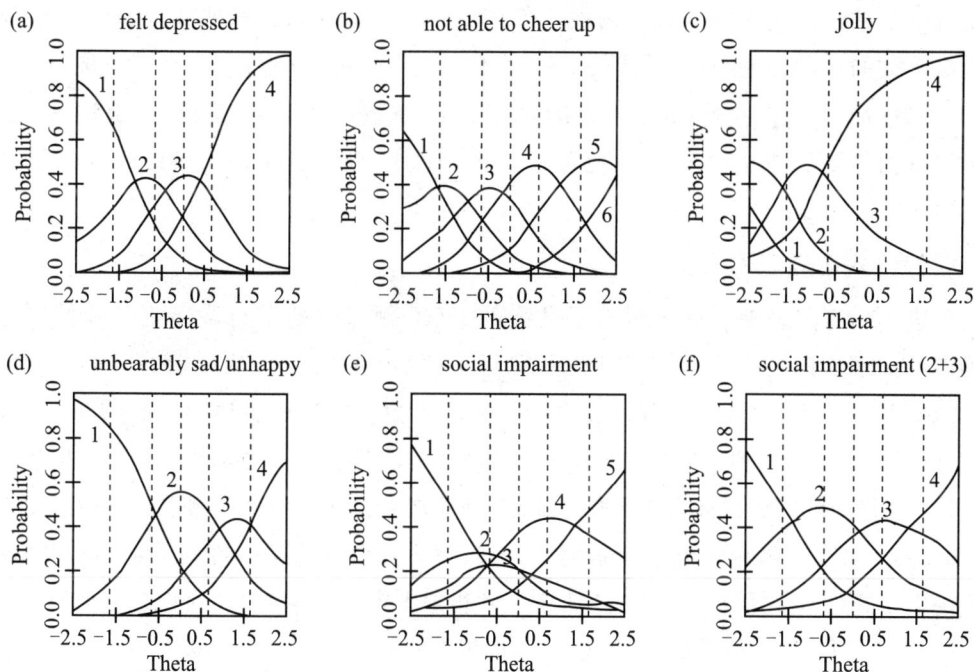

图 10-3-1 θ 值标准分数的项目特征曲线

（三）DIF

有 4 道题目在年龄上有 DIF，则"blaming oneself"，年轻人的得分会高一些（$\Delta\chi^2 = 1.041$，$R^2 = 0.048$）；"losing libido"，年长的得分会高些（$\Delta\chi^2 = 0.654$，R^2

$=0.061$）；"jaded"：年长的得分高一些（$\Delta\chi^2=13.859$，$R^2=0.036$），"extreme mood changes"，年轻人的得分高一些（$\Delta\chi^2=7.778$，$R^2=0.035$）），因此这 4 道题目被删去了。

(四)测验等值

在测验等值之前，项目分析都是在两个题目样本下独立进行的。题目样本 1 目前包含 51 道题目，题目样本 2 包含 25 道题目，其中两个样本中有 12 道题目是重叠的。将两个样本中的参数标准化后放在一个刻度上。在 12 道重叠的题目中，选出来自同一个量表中的 9 道作为锚题，这可以为后续使用相同锚题的等值研究提供便利。固定住样本 1 中 θ 的平均值和标准差为 0 ± 1，样本 2 中的平均数和标准差变为了 -0.16 ± 1.09。两样本中锚题的区分度的差值在 0.01（"insecure"）至 0.19（"depressed"）之间；难度参数的差值在 0.00（"lethargic"）至 0.10（"concerned"）之间。

(五)项目参数

在项目参数估计出来后，删去了区分度低于 0.7 的题目后，对剩下的题目重新进行了估计。题库中题目的选项数目在 2~6 不等：1 道二分式选项的题目和 63 道多分类的选项的题目（34 道题目有 4 个作答选项，24 道题是 5 个，5 道题目有 6 个）。最后 CAT 中剩下 64 道题目的截距参数（猜测参数）在 -3.15~3.17 变化，可以认为是题库中的题目均匀地覆盖了范围很广的抑郁症状，项目的区分度在 0.71~2.25 变化。

(六)入选题库题目概述

表 10-3-1、表 10-3-2 呈现出了最终的 CAT 题库中的题目，涵盖了我们预先确定的抑郁症的九类症状：25 个题目测量了抑郁情绪症状，从极端的水平"not able to cheer up"或"unbearably sad unhappy"到相反的一极表述"feeling happy"或"enjoying life"。与抑郁情绪相关联的焦虑和不安全感觉有 8 道，丧失个性的题目有 2 个。这些抑郁的症状被列在诊断标准 DSM-Ⅳ之下。其他的题目测量了机能障碍（8 道题目），疲劳或者精力下降（7 道题目），自我谴责或者内疚（4 个题目），愉快感和兴趣的缺失（3 道题目），注意力不集中或者犹豫不定（3 道题目），死亡或自杀的病态想法（2 道题目），睡眠障碍（1 道题目）和体重下降或胃口不好（1 道题目）。

总之，因为数据的原因，144 道题目中的 80 道被排除在外。表 10-3-1、表 10-3-2 列出了排除在外的题目和相应的排除理由。其中的 28 道题目问题集中在社会联系（13 道题目），性（10 道题目），或者工作和义务（5 道题目）。这些被删去的题目最不可能来自准确通用的抑郁量表（CES-D，BDI）。比较被删去的题目和保留下来的题目在措辞上的差异，微弱地揭示了两者在语言上的复杂性。进一步检

表 10-3-1 两次 CFA 分析结果以及删题理由 (1)

缩略的题目内容	是否为锚题	样本 $n_1=1581$			缩略的题目内容	样本 $n_2=1689$		
		因子载荷 CFA 1	因子载荷 CFA 2	删除原因		因子载荷 CFA 1	因子载荷 CFA 2	删除原因
Depressed	√	0.79	0.84		Depressed	0.78	0.86	
Sorrowful	√	0.79	0.83		Sorrowful	0.77	0.86	
Exhausted		0.67		RES	Exhausted	0.67		RES
Lethargic	√	0.66	0.76		Lethargic	0.65	0.83	
Insecure	√	0.66	0.69		Insecure	0.71	0.75	
Weary	√	0.65	0.74		Weary	0.64	0.81	
Worried		0.63		RES	Worried	0.62		RES
Weariness		0.59		RES	Weariness	0.61		RES
Feeling tired		0.57		RES	Feeling tired	0.59	0.71	
Quickly exhausted		0.56	0.62		Quickly exhausted	0.56	0.65	
Jaded		0.56	0.61	DIF	Jaded	0.56	0.69	DIF
Impassive	√	0.56	0.62		Impassive	0.61	0.68	
Concerned	√	0.55	0.65		Concerned	0.52	0.71	
Fatigued		0.51		RES	Fatigued	0.54		RES
Uninvolved		0.50		RES	Uninvolved	0.57		RES
Things won't go my way		0.45	0.48		Things won't go my way	0.47	0.49	SLO
Fidgety		0.43		RES	Fidgety	0.46	0.52	SLO

续表

缩略的题目内容	是否为锚题	样本 $n_1=1581$			重叠题目（$n=30$）缩略的题目内容	样本 $n_2=1689$		
		因子载荷 CFA 1	因子载荷 CFA 2	删除原因		因子载荷 CFA 1	因子载荷 CFA 2	删除原因
Indifferent		0.41		RES	Indifferent	0.51		RES
Longing for sleep		0.37		CFA	Longing for sleep	0.39		CFA
Things will go wrong		0.34		CFA	Things will go wrong	0.39		CFA
Attentive		−0.42		RES	Attentive	−0.53		RES
Look on the bright side		−0.52		RES	Look on the bright side	−0.62		RES
Concentrated		−0.53	−0.55	SLO	Concentrated	−0.59	−0.61	
Cheery		−0.55		RES	Cheery	−0.61		RES
Relaxed	√	−0.55	−0.61		Relaxed	−0.62	−0.70	
Rely on coping abilities		−0.56	−0.59		Rely on coping abilities	−0.64	−0.67	
Amused		−0.56		RES	Amused	−0.58		RES
Cheerful		−0.6	−0.69		Cheerful	−0.62	−0.71	
Even-tempered	√	−0.61	−0.69		Even-tempered	−0.66	−0.76	
Optimistic		−0.62		RES	Optimistic	−0.69	−0.71	

注：题目被删除的原因有 CFA：因子载荷<0.4；RES：残差相关 $r>0.25$；IRC：项目特征/反应曲线无区分力；DIF：决定系数 $R_2>0.03$；SLO：区分度参数<0.7.

表 10-3-2　最终 D-CAT 所挑选出来的 64 道题目（包括锚题）的项目参数（2）

缩略的题目内容	是否为锚题	样本 $n_1=1581$ 因子载荷 CFA 1	因子载荷 CFA 2	删除原因	缩略的题目内容	样本 $n_2=1689$ 因子载荷 CFA 1	因子载荷 CFA 2	删除原因
Felt depressed		0.8	0.62		Feeling on verge of breaking down	0.73	0.79	
Downhearted and sad		0.77	0.82		Distressed	0.73	0.77	IRC
Not able to cheer up		0.76	0.80		Feeling empty, paralysed	0.72	0.77	
Sad		0.75	0.83		Despair panic	0.72	0.78	
Unbearably sad unhappy		0.73	0.81		Feeling useless	0.71		RES
Life is a failure		0.71	0.79		Desire to fall into a deep sleep	0.62	0.66	
Everything is an effort		0.69	0.76		Feeling unreal	0.59	0.65	
Happy		0.67	0.73		Displeased with abilities	0.58	0.59	
Not able to get going		0.66	0.70		Self-reproach	0.58	0.60	SLO
Lack of concentration		0.65	0.70		Feeling of not being oneself	0.54		RES
Troubled		0.65	0.69		Like one's own body	0.51		RES
Problems in decision making		0.64	0.69		Extreme changes of mood	0.51	0.54	DIF
Lonely		0.62		RES	Self-detest, bodily deficiencies	0.50		RES
Be full of get up and go		0.62		RES	Feeling shame when can't do sth.	0.50	0.50	
Ill at ease		0.62		RES	Alienation of body	0.49		RES
Future seems hopeless		0.61	0.71		Dissatisfied with personality	0.47		RES
Unsatisfied bored		0.61	0.68		Hard to get in contact	0.44	0.45	SLO
Full of energy		0.61	0.66		Plain body	0.43		RES
Unable to work		0.59	0.64		sth. wrong with my body	0.43	0.46	SLO

续表 1

缩略的题目内容	是否为锚题	非重叠题目 ($n_1=58, n_2=56$) 样本 $n_1=1581$			缩略的题目内容	样本 $n_2=1689$		
		因子载荷 CFA 1	因子载荷 CFA 2	删除原因		因子载荷 CFA 1	因子载荷 CFA 2	删除原因
Social impairment		0.58	0.61		Being ashamed of failure	0.42		RES
Being worried		0.56		RES	Easily embarrassed	0.41		RES
Sombre		0.56	0.62	IRC	Hard to come out of one's shell	0.40		RES
Feelings of guilt		0.55		RES	Low faith in others	0.38		CFA
Self-hate		0.55		RES	Others dissatisfied with my work	0.38		CFA
Worried sth. will go wrong		0.55	0.59		Avoiding company	0.35		CFA
Cramped		0.55	0.60		Unsatisfied with sexual life	0.35		CFA
Being easily fatigued		0.54	0.60		Giving little love	0.35		CFA
Feeling of failure		0.54		RES	Need for reassurance	0.32		CFA
Talking less		0.52	0.57		Ups and downs	0.32		CFA
Things bothered me		0.51	0.56		Being less capable of enjoying love	0.29		CFA
Blaming oneself		0.50	0.56	DIF	Committing oneself for a long time	0.27		CFA
Lack of interest		0.50	0.61		Showing little need for love	0.20		CFA
Crying		0.49	0.59		Exposing little about self	0.18		CFA
Thoughts of suicide		0.48	0.60		Worrying less about others	0.06		CFA
People don't like me		0.47		RES	Being capable of working hard	-0.21		CFA
Slept badly		0.44	0.80	IRC	Faith in oneself	-0.28		CFA
Feeling of being punished		0.44	0.54		Having sex with partner	-0.31		CFA
Feeling unattractive		0.43		RES	Tasks are challenging	-0.33		CFA
Losing libido		0.42	0.47	DIF	Faith in ability to survive	-0.34		CFA
Disturbed appetite		0.41	0.48		Resilient love for oneself	-0.34		CFA

续表 2

缩略的题目内容	是否为锚题	样本 $n_1=1581$			缩略的题目内容	样本 $n_2=1689$		
		因子载荷 CFA 1	因子载荷 CFA 2	删除原因		因子载荷 CFA 1	因子载荷 CFA 2	删除原因
非重叠题目（$n_1=58,n_2=56$）								
Bad tempered		0.40	0.45		Always keeping a goal in mind	-0.34		CFA
Worrying about health		0.40	0.43	IRC	Feeling attractive	-0.36		CFA
Sleep disorder		0.37		CFA	Stable self-esteem	-0.37		CFA
Losing weight		0.17		CFA	Making oneself popular	-0.38		CFA
Afraid of problems with health		-0.28		CFA	Hope of recovering	-0.40		RES
Working carelessly		-0.46		RES	Working with others	-0.42	-0.41	IRC
Doing less due to depression		-0.47		RES	Fulfill tasks at work home	-0.44		RES
Tired		-0.49		RES	Doing pleasurable activities	-0.49		RES
Accomplishing less/feeling down		-0.51	-0.64		Feeling inferior	-0.50		RES
Feeling safe		-0.53	-0.57		Being distant from others	-0.51		RES
Enjoying life		-0.62	-0.77		Hard to be exuberant	-0.54	-0.54	SLO
Jolly		-0.63	-0.81		Fulfill obligations	-0.57	-0.61	IRC
Worn out		-0.63	-0.69		Making oneself comfortable	-0.59	-0.64	
Self-confident		-0.63	-0.68		To get one's way	-0.61	-0.60	IRC
Glad		-0.67	-0.81		Being interested in sth.	-0.64	-0.68	
Feeling well		-0.68	-0.78		Self-acceptance	-0.69	-0.70	IRC
Feeling happy		-0.69	-0.76					
Content		-0.70	-0.81					

注：题目被删除的原因有 CFA：因子载荷 CFA；因子载荷<0.4；RES：残差相关 r>0.25；IRC：项目特征/反应曲线无区分力；DIF：决定系数 R_2>0.03；SLO：区分度参数<0.7.

查题目内容中词数（词数在 3～29，平均数为 9.5，标准差为 4.9）和从句个数（个数在 0～5，平均个数为 0.59，标准差为 0.75）。被排除的题目包含更多的词（10.4 VS 8.3，$t=2.55$，$df=141$，$p=0.01$）和更多的从句（Mann-Whitney U＝1919，$p=0.007$；53 VS 47%）。

（七）测验特性

1. 模拟研究 A

将模拟的被试数据应用到 CAT 算法当中。当潜在特质值在 -2～2 时，程序平均需要用到 7.15 道题目（标准差为 1.39）来估计被试的潜在特质值，就可以达到之前设定的标准 SE≤0.32。当潜在特质值在两个标准差之外时，需要的题目数明显更高（M＝27.77，SD＝10.75）。图 10-3-2 显示出了测量不同水平的潜在特质要达到预定的准备度所需要的平均题目数。

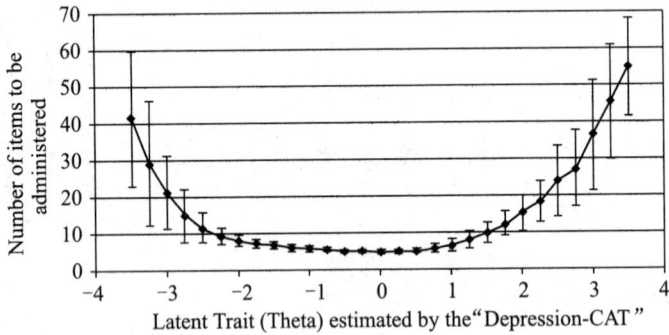

图 10-3-2 D-CAT（终止规则 SE≤0.32）中不同潜在特质所需的题目数（和标准差）

2. 模拟研究 B

当用真实的患者作答数据来运行算法的时候，θ 在样本平均数±2 个标准差附近的被试需要平均 6.12 个题目（SD＝2.11）来估计就能达到测验精度标准。只有 61 个患者在这个范围之外，这些患者需要 18.3±11.7 个题目（表 10-3-3）。

基于 IRT 的 θ 值与题库中所有题目的总分高度相关（积差相关值 $r=0.95$），而且令人满意的是与一些已编制的抑郁测量工具相关度也很高（BDI：$r=0.79$；CES-D：$r=0.83$）。为了与定长的 CAT 进行比较，Fliege 等人也考查了基于 IRT 的 θ 值与 CES-D 8 道题目版本的总分之间的联系（$r=0.76$）。图 10-3-3 的散点图的形状较平缓呈 S 形，这说明了在潜在特质连续体的高低两端，CAT 的区分能力比定长的量表好一些。

表 10-3-3　最终 D-CAT 所挑选出来的 64 道题目（包括锚题）的项目参数

题目编号	缩略的题目内容	所在样本	位置参数	最小难度值	最大难度值	区分度参数	题目来源
1	Lack of interest	1	1.92	1	3.17	0.98	BDI12
2	Feeling of being punished	1	1.57	0.77	2.37	0.95	BDI06
3	Impassive	1/2	1.37	0.34	2.6	0.8	BSF22
4	Thoughts of suicide	1	1.34	0.57	2.1	1.12	BDI09
5	Feeling shame/insufficiency	2	1.34	0.59	2.08	0.73	NI43
6	Feeling unreal	2	0.98	-0.14	2.11	1.13	NI22
7	Future seems hopeless	1	0.79	0.2	1.38	1.54	BDI02
8	Problems in decision making	1	0.71	-0.51	2.42	1.18	BDI13
9	Being easily fatigued	1	0.71	-1.37	2.03	0.91	BDI17
10	Cramped	1	0.69	-0.36	1.38	0.81	STAI14
11	Talking less	1	0.66	-0.13	1.32	0.72	CES-D13
12	Crying	1	0.65	-0.09	1.39	1.1	BDI10
13	Life is failure	1	0.44	-0.73	1.61	1.38	CES-D09
14	Bad tempered	1	0.44	0.34	0.77	0.74	BDI11
15	Concerned	1/2	0.36	-0.59	0.83	0.87	BSF12
16	Feeling on verge of breaking down	2	0.36	-0.02	0.85	1.48	NI17
17	Things bothered me	1	0.34	-0.78	1.47	0.96	CES-D01
18	Desire to fall into a deep sleep	2	0.3	-0.67	1.08	1.25	NI09
19	Worried sth. will go wrong	1	0.3	-0.62	1.23	0.75	STAI07
20	Weary	1/2	0.27	-1.72	2	0.88	BSF01
21	Feeling tired	2	0.24	-1.41	1.43	0.74	BSF11

续表 1

题目编号	缩略的题目内容	所在样本	位置参数	最小难度值	最大难度值	区分度参数	题目来源
22	Feeling empty, paralysed	2	0.21	−0.3	0.87	1.03	NI24
23	Sorrowful	1/2	0.19	−1.07	1.36	1.73	BSF30
24	Disturbed appetite	1	0.17	0.17	0.17	0.89	BDI18
25	Insecure	1/2	0.14	−1.35	1.13	0.9	BSF23
26	Not able to cheer up	1	0.12	−1.5	2.07	1.44	SF36_9c
27	Not able to get going	1	0.11	−0.79	0.79	1.08	CES-D20
28	Depressed	1/2	0.1	−0.9	0.98	1.69	BSF24
29	Lethargic	1/2	0.08	−1.38	1.41	0.83	BSF7
30	Unbearably sad unhappy	1	0.07	−0.46	0.61	2.25	BDI01
31	Despair panic	2	0.07	−0.47	0.57	1.02	NI11
32	Being interested in sth.	2	0.05	−1.35	1.53	0.9	ALL32
33	Troubled	1	0.02	−1.25	1.15	1.16	STAI4
34	Social impairment	1	−0.02	−1.39	1.14	0.89	SF36_6
35	Displeased with abilities	2	−0.03	−2.43	2.47	1.02	LZI07
36	Happy	1	−0.05	−1.3	1.37	1.41	SF36_09h
37	Sad	1	−0.21	−1.1	0.58	1.78	CES-D18
38	Downhearted and sad	1	−0.25	−2.14	1.74	1.6	SF36_9f
39	Lack of concentration	1	−0.26	−1.22	1.15	1.03	CES-D05
40	Full of energy	1	−0.26	−1.09	0.57	1.08	SF36_9e
41	Unsatisfied/bored	1	−0.28	−1.43	0.87	1.58	BDI04
42	Felt depressed	1	−0.29	−1.01	0.39	2.21	CES-D06
43	Optimistic	2	−0.31	−1.63	0.83	1.17	SES/LOT4

续表 2

题目编号	缩略的题目内容	所在样本	位置参数	最小难度值	最大难度值	区分度参数	题目来源
44	Rely on coping abilities	1	−0.34	−2.19	1.23	0.88	SES/LOT8
45	Unable to work	1	−0.4	−1.22	0.42	1.31	BDI15
46	Self-acceptance	2	−0.42	−1.79	1.4	1.28	ALL33
47	Concentrated	2	−0.42	−1.72	1.38	0.72	BSF02
48	Worn out	1	−0.46	−2.8	2.16	0.85	SF36_9g
49	Making oneself comfortable	2	−0.47	−1.73	0.92	0.74	ALL21
50	Quickly exhausted	1	−0.51	−2.21	0.61	0.72	GBB29
51	Everything an effort	1	−0.53	−1.27	0.06	1.17	CES-D07
52	Feeling safe	1	−0.71	−2.11	0.6	0.79	STAI02
53	Self-confident	1	−0.74	−2.32	0.54	1.13	STAI11
54	Accomplishing less/feeling down	1	−0.91	−0.91	−0.91	1.41	SF36_5b
55	Cheerful	1	−1	−1.27	−0.13	1.02	BSF10
56	Feeling happy	1	−1.06	−1.79	−0.2	1.62	CES-D12
57	Content	1	−1.12	−2.07	−0.17	1.68	STAI16
58	Things won't go my way	1	−1.12	−2.54	0.1	0.71	SES/LOT06
59	Feeling well	1	−1.24	−2.42	0.02	1.57	STAI10
60	Glad	1	−1.24	−2.61	−0.03	1.6	STAI19
61	Enjoying life	1	−1.36	−1.76	−0.74	1.4	CES-D16
62	Relaxed	1/2	−1.57	−2.76	−0.37	0.74	BSF03
63	Even-tempered	1/2	−1.58	−3.15	−0.43	0.96	BSF20
64	Jolly	1	−1.63	−2.61	−0.6	1.67	STAI20

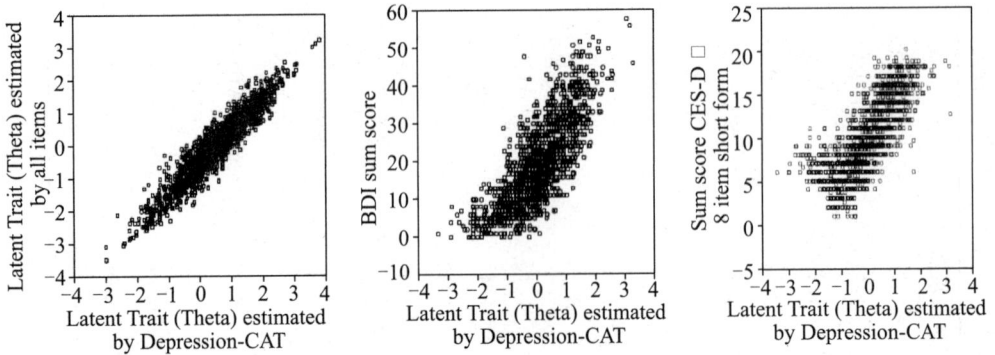

图 10-3-3　模拟 D-CAT 得分的散点图

四、讨论

最后，研究者回顾了开发 D-CAT 的整个流程。目前对于基于 IRT 测验的开发在每一步中哪些可用的方法是最合适的，并没有一个统一的意见。研究者在本研究中所选择的方法都是基于最终 CAT 得以实际应用的角度来考虑的。

许多科学家质疑健康统计数据是否真的适用于 IRT 模型，Hambleton 等人 (1991) 提出了对于基本模型假设的系统的组合检验。例如，单维性；模型固有的特性；依靠这个模型可能得到的预测结果。他们一共提出了 22 种不同的方法，本研究用到了其中的 6 种。

模拟研究结果显示，完整题库中 64 道题目得分与 CAT 中平均 6 道题目的得分几乎没有什么大的差异。节省了相当大部分的题目并且没有与之相对应的题目信息的损失，这与先前的研究是一致的。表示 CAT 得分与固定长度的抑郁量表之间相关的散点图呈平缓的 S 形曲线，说明了 CAT 在潜在特质低分和高分的两端有着更高的区分度。

我们 CAT 的测验信息曲线显示了信息量在潜在特质的最末端信息量会下降。然而，较之传统测量工具的优势是可以得到每个患者的测量精度，而且可以记录下潜在特质。结果表明，测量潜在特质值在最末端的被试需要数量更多的题目。然而，所需题目的平均数也并没有超过抑郁标准问卷，即使是对于 Theta 值在 −2 以下或者 2 以上的被试。

尽管本研究证明了基于 IRT 编制的测验优于基于 CTT 的测验，这里还有些待解决的问题。比如，我们不知道是否会有题目顺序效应；我们还不知道一个测验中这种变化的题目作答选项是否会影响到作答行为，这样可以防止自动作答模式，但是是否会耗费被试更多的精力？另外一个更实际的问题是关于 CAT 的实现，如技术要求、被试的接受度等，都是有待考证的。

总体上来说，Fliege 等人坚信，这种与患者相关数据的研究必然会受益于已经测验出的 IRT-CAT 的技术优势，并且在文章中也提到，截至该研究的论文发表时，本研究中所开发出来的 D-CAT 已经惯常地应用在研究者的所在部门。感兴趣的读者还可以详见 Fliege 等人（2005）的原文。

五、展望

CAT 是一种全新的测验形式，采取"因人施测""量体裁衣"的自适应测量思想，为每个被试/个体选择一份最适合他/她的测验，即为每个被试/个体选择一份具有最小测量误差（最大测量信度）的测量工具，从而真正实现自适应的测量方式；与传统纸笔测验相比，CAT 不仅可以达到更高的测量精度，还可以减少测验长度，减轻被试测试负担等优势；当前关于计算机化自适应测验的研究已受到国内外研究者和应用者的广泛关注。

计算机化自适应测验目前已引起国内外学者和应用者的广泛关注，对于计算机化自适应测验的研究与应用也如火如荼，涉及的领域包括题库建设、选题策略、参数估计、曝光控制、终止策略等。未来 CAT 在以下方面有待进一步完善：

(一)CAT 的题库建设新技术研究

题库建设与开发需要大量的人、财、物投入，且非常耗时，这也是导致目前 CAT 使用不是十分广泛的重要原因之一。项目自动生成（Automated Item Generation，AIG）技术的出现有望改善这一状况，它强调题库试题由计算机自动即时生成（题库中只有组成试题的基本元素，试题均是在测验过程中由计算机根据这些基本元素即时自动生成），它不仅可以节省传统题库开发的人、财、物投入，还可以大大改善 CAT 题库的安全性。

(二)CAT 项目曝光率与能力估计精度兼顾的选题策略研究

题库项目曝光率与被试能力估计精度对当前 CAT 选题策略是一对矛盾体，即若要保证有较好的能力估计精度，则会牺牲项目曝光率；若要保证有较均匀的项目曝光率，则会牺牲能力估计精度。因此，未来需要进一步探讨两者兼顾的新选题策略。

(三)多种 CAT 测量形式的优势互补

本文中我们提到多种形式的 CAT，如多维 CAT（MCAT）、多阶段 CAT（Multistage CAT）、双因子 CAT（BCAT）、可修改答案的 CAT（RCAT）、认知诊断 CAT（CD-CAT）等，这些不同形式的 CAT 适用于不同的测量情境，未来研究可以考虑这些不同形式 CAT 的统一与综合。

(四)CAT 的效度研究

效度研究一向是测验理论非常关心的问题，而 CAT 由于需大量人、财、物的投入，这就使其效度研究显得更为迫切。

(五)CD-CAT 的研究与开发

认知诊断(Cognitive Diagnosis)有助人们更好地了解个体内部心理活动规律及加工机制，实现对个体认知发展实况(含优点与缺陷)的诊断评估，以促进个体全面发展；它对于教学中的形成性评估特别有价值，对促进教育发展有举足轻重的作用。随着测量技术的不断发展，研究者们目前已初步成功将认知诊断技术与CAT 结合起来，充分发挥认知诊断与 CAT 两者的优势，从而产生了一种全新的测量模式——认知诊断计算机化自适应测验(CD-CAT)。CD-CAT 是将认知诊断基本理论、方法与计算机化自适应测验结合起来的产物，由计算机(或 Internet)智能化且高效、快速和准确地实现对被试的认知诊断(还可实现在线学习、诊断、反馈及辅助教学以及 E-learning 等)，从而有利于认知诊断更好地服务实践。CD-CAT 因充分结合了认知诊断和计算化自适应测验的双重优点而深受国内外研究者推崇，它对于自适应学习具有重要价值。

任重而道远，CAT 的进一步发展还需要更多研究者和应用者付出更多的智慧与汗水。本书也希望能起抛砖引玉的作用，让更多研究者加入进来，从而促进CAT 的进一步发展并为我国实践服务。让我们展开双臂，拥抱未来！

思考题：

1. 开发一个 CAT 系统有哪些具体过程/任务？

2. 如何进行 CAT 的题库建设？

3. 如何检验一个 CAT 系统的信度与效度？

参考文献

蔡艳. CAT 中能力参数估计方法的改进，R-MLE 估计法. 心理学探新，2016，36（1）：92-96.

蔡艳，丁树良，涂冬波. 英语阅读问题解决的认知诊断. 心理科学，2011（2）：272-277.

蔡艳，苗莹，涂冬波. 多级评分的认知诊断计算机化自适应测验. 心理学报，2016，48（10）：1300-1308.

蔡艳，谭辉晔，涂冬波. 哪个测验 Q 矩阵更合理：基于 DINA 模型测验 Q 矩阵合理性侦查指标及其比较与应用. 心理科学，2015（5）：1239-1247.

蔡艳，涂冬波. 属性多级化的认知诊断模型拓展及其 Q 矩阵设计. 心理学报，2015，47（10）：1300-1308.

蔡艳，涂冬波. 基于属性层级关系的 rRUM 模型优化——模型解释力及判准率的提升视角. 江西师范大学学报（自然科学版），2016，40（1）：47-55.

蔡艳，涂冬波，丁树良. 认知诊断测验编制的理论及方法. 考试研究，2010（3）：79-92.

蔡艳，涂冬波，丁树良. 基于群体水平评估的认知诊断模型开发与应用. 心理科学，2014（2）：468-472.

蔡艳，涂冬波，丁树良. MIRT 模型中多维能力及其相关矩阵估计的影响因素. 心理学探新，2014，34（5）：426-430.

蔡艳，涂冬波，丁树良. 五大认知诊断模型的诊断正确率比较及其影响因素：基于分布形态、属性数及样本容量的比较. 心理学报，2013（11）：1295-1304.

车芳芳. 融合模型在初中代数认知诊断中的应用. 硕士学位论文. 上海：华东师范大学，2010.

陈平. 认知诊断计算机化自适应测验的项目增补——以 DINA 模型为例. 博士学位论文. 北京：北京师范大学，2011.

陈平，丁树良. 允许检查并修改答案的计算机化自适应测验. 心理学报，2008，40（6）：737-747.

陈平，丁树良，林海菁，周婕. 等级反应模型下计算机化自适应测验选题策略. 心理学报，2006，38(3)：461-467.

陈平，李珍，辛涛. 认知诊断计算机化自适应测验的题库使用均匀性初探. 心理与行为研究，2011，9(2)：125-132.

陈平，辛涛. 认知诊断计算机化自适应测验中在线标定方法的开发. 心理学报，2011，43(6)：710-724.

陈平，辛涛. 认知诊断计算机化自适应测验中的项目增补. 心理学报，2011，43(7)：836-850.

陈艳梅. 初中三年级学生阅读能力评价研究. 硕士学位论文. 南昌：江西师范大学，2009.

程小扬，丁树良，严深海，朱隆尹. 引入曝光因子的计算机化自适应测验选题策略. 心理学报，2011，43(2)：203-212.

计算机化自适应测验：理论与方法参考文献戴海琦. 心理测量学. 北京：高等教育出版社，2010.

丁树良，罗芬，涂冬波，等. 项目反应理论新进展专题研究. 北京：北京师范大学出版社，2012.

丁树良，汪文义，罗芬. 认知诊断中 Q 矩阵和 Q 矩阵理论. 江西师范大学学报(自然科学版)，2012(5)：441-445.

杜文久，肖涵敏. 多维项目反应理论等级反应模型. 心理学报，2012，44(10)：1402-1407.

杜宣宣. 具有认知诊断功能的计算机化自适应测验的选题策略研究. 硕士学位论文. 南昌：江西师范大学，2010.

范士青. 小学生加减法计算错误的分类与认知分析. 硕士学位论文. 武汉：华中师范大学，2008.

甘媛源，余嘉元. 心理测量理论的新进展：潜在分类模型. 中国考试(研究版)，2009(3)：3-8.

高旭亮，涂冬波，王芳，张龙，李雪莹. 可修改答案的计算机化自适应测验的方法. 心理科学进展，2016(4)：654-664.

顾红磊，温忠麟，方杰. 双因子模型：多维构念测量的新视角. 心理科学，2014(4)：973-979.

郭磊. 变长认知诊断计算机化自适应测验：终止规则、曝光控制及题库质量监控技术. 博士学位论文. 北京：北京师范大学，2014.

郭磊，郑蝉金，边玉芳. 变长 CD-CAT 中的曝光控制与终止规则. 心理学报，2015，47(1)：129-140.

简小珠. IRT 模型中 c、γ 参数对被试能力高估和低估现象的纠正. 博士学位论文. 广州：华南师范大学，2011.

康春花，辛涛. 测验理论的新发展：多维项目反应理论. 心理科学进展，2010，18(3)：530-536.

李小兰. 知识空间理论与规则空间模型在汉语听力理解技能测验编制中的应用. 硕士学位论文. 北京：北京语言大学，2008.

林海菁，丁树良. 具有认知诊断功能的计算机化自适应测验的研究与实现. 心理学报，2007，39(4)：747-753.

林喆，陈平，辛涛. 允许 CAT 题目检查的区块题目袋方法. 心理学报，2015，47(9)：1188-1198.

刘发明，丁树良. 多维自适应测验初探. 江西师范大学学报（自然科学版），2006(5)：428-430.

刘启亮. 规则空间模型在初中生化学知识学习诊断与补救中的应用研究. 硕士学位论文. 南昌：江西师范大学，2008.

刘珍，丁树良，林海菁. 基于 GPCM 的计算机自适应测验选题策略比较. 心理学报，2008，40(5)：618-625.

罗芬，丁树良，王晓庆. 多级评分计算机化自适应测验动态综合选题策略. 心理学报，2012(3)：400-412.

毛秀珍，辛涛. 多维计算机化自适应测验：模型、技术和方法. 心理科学进展，2015，23(5)：907-918.

毛秀珍，辛涛. 计算机化自适应测验选题策略述评. 心理科学进展，2011，19(10)：1552-1562.

漆书青，戴海崎，丁树良. 现代教育与心理测量学原理. 北京：高等教育出版社，2002.

涂冬波. 项目自动生成的小学儿童数学问题解决认知诊断 CAT 编制. 博士学位论文. 南昌：江西师范大学，2009.

涂冬波，蔡艳. 基于属性多级化的认知诊断计算机化自适应测验设计与实现. 心理学报，2015，47(11)：1405-1414.

涂冬波，蔡艳，戴海琦. 认知诊断 CAT 选题策略及初始题选取方法. 心理科学，2013(2)：469-474.

涂冬波，蔡艳，戴海琦. 基于 HO-DINA 模型的多级评分认知诊断模型的开发. 心理科学，2013(4)：984-988.

涂冬波，蔡艳，戴海琦. 基于项目自动生成的认知诊断测验开发. 心理科学，2013(1)：209-214.

涂冬波, 蔡艳, 戴海琦. 基于 DINA 模型的 Q 矩阵修正方法. 心理学报, 2012, 44 (4): 558-568.

涂冬波, 蔡艳, 戴海琦. 认知诊断 CAT 选题策略及初始题选取方法. 心理科学, 2013(2): 469-474.

涂冬波, 蔡艳, 戴海琦. 几种常用非补偿性认知诊断模型的比较与选用: 基于属性层级关系的考量. 心理学报, 2013, 45(2): 243-252.

涂冬波, 蔡艳, 戴海琦, 丁树良. HO-DINA 模型的 MCMC 参数估计及模型性能研究. 心理科学, 2011(6): 1476-1481.

涂冬波, 蔡艳, 戴海琦, 丁树良. 项目反应理论新进展——题组模型及其参数估计的实现. 心理科学, 2009(6): 1433-1435.

涂冬波, 蔡艳, 戴海琦, 丁树良. 一种多级评分的认知诊断模型: P-DINA 模型的开发. 心理学报, 2010, 42(10): 1011-1020.

涂冬波, 蔡艳, 戴海琦, 丁树良. 小学儿童数学问题解决认知诊断. 心理科学, 2010(6): 1461- 1466.

涂冬波, 蔡艳, 戴海琦, 丁树良. 多维项目反应理论: 参数估计及其在心理测验中的应用. 心理学报, 2011, 43(11): 1329-1340.

涂冬波, 蔡艳, 戴海琦, 丁树良. 项目反应理论新进展: 基于 3PLM 和 GRM 的混合模型. 心理科学, 2011(5): 1189-1194.

涂冬波, 蔡艳, 戴海琦, 丁树良. 一种多策略认知诊断方法: MSCD 方法的开发. 心理学报, 2012, 44(11): 1547-1533.

涂冬波, 蔡艳, 戴海琦, 漆书青. 现代测量理论下四大认知诊断模型述评. 心理学探新, 2008, 28(2): 64-68.

涂冬波, 蔡艳, 丁树良. 认知诊断理论、方法与应用. 北京: 北京师范大学出版社, 2012.

涂冬波, 漆书青. 认知诊断与大规模统一考试的改革. 教育与考试, 2007(1): 38-41.

涂冬波, 漆书青, 蔡艳, 戴海琦, 丁树良. IRT 模型参数估计的新方法——MCMC 算法. 心理科学, 2008, 31(1): 177-180.

涂冬波, 漆书青, 戴海琦, 蔡艳, 丁树良. 教育考试中的认知诊断评估. 考试研究, 2008(4): 4-15.

涂冬波, 张心, 蔡艳, 戴海琦. 认知诊断模型-资料拟合检验统计量及性能, 心理科学, 2014(1): 209-214.

汪文义, 丁树良. 题库结构对原始题在线属性标定准确性之影响研究. 心理科学, 2012(2): 452-456.

汪文义，丁树良，游晓锋. 计算机化自适应诊断测验中原始题的属性标定. 心理学报，2011，43(8)：964-976.

王权，李金波. 一种新的多维特质、多级评分的项目反应理论——全息项目因素分析. 第四届海峡两岸心理与教育测量学术研讨会，2002.

吴芳菲. 六年级学生数学能力评价研究. 硕士学位论文. 南昌：江西师范大学，2009.

谢小庆. 语言能力测试如何适应语言教学方式的发展. 考试研究，2010(4)：29-40.

辛涛，焦丽亚. 测量理论的新进展：规则空间模型. 华东师范大学学报(教育科学版)，2006，24(3)：50-56.

辛涛，乐美玲，张佳慧. 教育测量理论新进展及发展趋势. 中国考试，2012(5)：3-11.

徐式婧. C. TEST 听力理解测验的诊断性评价研究. 硕士学位论文. 北京：北京语言大学，2007.

徐式婧. 汉语测试的诊断性评价研究. 中国考试，2010(7)：12-16.

许志勇，丁树良，钟君. 高考数学试卷多维项目反应理论的分析及应用. 心理学探新，2013，33(5)：438-443.

余嘉元. 运用规则空间模型识别解题中的认知错误. 心理学报，1995，27(2)：196-203.

余嘉元. 关于新课程改革中的诊断性测验研究. 教育探索，2006(5)：24-25.

余娜，辛涛. 认知诊断理论的新进展. 考试研究，2009(3)：24-36.

俞宗火，戴海琦. 中国大学生艾森克人格问卷测试因素结构之探讨. 心理学探新，2005(1)：58-63.

俞宗火，戴海琦，唐小娟. 全息项目因素分析在心理学研究中的应用. 心理与行为研究，2006，4(4)：306-311.

张宠. 汉语作为第二语言的阅读理解诊断性成绩测试研究. 硕士学位论文. 北京：北京语言大学，2009.

张军. HSK 潜在维度的探索性分析——多维项目反应理论的应用. 考试研究，2011(6)：47-58.

张敏强，简小珠，陈秋梅. 规则空间模型在瑞文智力测验中的认知诊断分析. 心理科学，2011(2)：266-271.

赵顶位. HO-DINA 下属性结构和失误与猜测水平对诊断正确性的影响. 第十届海峡两岸心理与教育测验学术研讨会暨全国教育与心理统计测量学术年会，2012.

祝玉芳，丁树良. 基于等级反应模型的属性层级方法. 心理学报，2009，41 (3)：267-275.

Adams R J，Wilson M R. A random coefficients multinomial logit：A generalized approach to fitting rasch models. In Engelhard G，Wilson M(Eds.)，Objective measurement III：Theory into practice，1996：143-166. Norwood，NJ：Ablex.

Adams R J，Wilson M，Wang W. The multidimensional random coefficients multinomial logit model. Applied Psychological Measurement，1997，21(1)：1-23.

Ali U S，Chang H H. An item-driven adaptive design for calibrating pretest items (ETS RR-14-38). ETS Research Report Series，2014：1-12.

Andrich D. A rating formulation for ordered response categories. Psychometrika，1978，43(4)：561-573.

American Psychiatric Association. Diagnostic and statistical manual of mental disorders(DSM-IV). Washington，DC：American Psychiatric Association，1994.

Armstrong R D，Jones D H，Koppel N B，Pashley P J. Computerized adaptive testing with multiple-form structures. Applied Psychological Measurement，2004，28(3)：147-164.

Armstrong R D，Kung M T，Roussos L A. Determining targets for multistage adaptive tests using integer programming. European Journal of Operational Research，2010，205(3)：709-718.

Attkisson C，Zich J M. Depression in primary care：Screening and detection. Journal of Nervous & Mental Disease，1990，180(8)：21-31.

Baer L，Jacobs D G，Meszler-Reizes J，Blais M，Fava M，Kessler R，et al. Development of a brief screening instrument：The HANDS. Psychotherapy and psychosomatics，2000，69(1)：35-41.

Baker F B，Kim Seock-Ho. Item response theory：Parameter estimation techniques (Second ed.). New York：Marcel Dekker，Inc，2004.

Ban J C，Hanson B A，Wang T，Yi Q，Harris D J. A comparative study of online pretest item：Calibration/Scaling methods in computerized adaptive testing. Journal of Educational Measurement，2001，38(3)：191-212.

Barrada J R，Olea J，Ponsoda V，Abad F J. Incorporating randomness in the Fisher information for improving item-exposure control in CATs. British Journal of Mathematical and Statistical Psychology，2008，61(2)：493-513.

Barton M A，Lord F M. An upper asymptote for the three-parameter logistic item-response model. Princeton, NJ: Educational Testing Services, 1981.

Bech P, Rasmussen N A, Olsen L R, Noerholm V, Abildgaard W. The sensitivity and specificity of the Major Depression Inventory, using the Present State Examination as the index of diagnostic validity. Journal of affective disorders, 2001, 66(2): 159-164.

Beckmann D, Brahler E, Richter H E. Der giessen-test: ein test für individual- und gruppendiagnostik: Handbuch. Hans Huber Publishers, 1991.

Belov D I, Armstrong R D, Weissman A. A Monte Carlo approach for adaptive testing with content constraints. Applied Psychological Measurement, 2008, 32(6): 431-446.

Berger M P F. On the efficiency of IRT models when applied to different sampling designs. Applied Psychological Measurement, 1991, 15(3): 293-306.

Berger M P F. Sequential sampling designs for the two-parameter item response theory model. Psychometrika, 1992, 57(4): 521-538.

Berger M P F, King C Y J, Wong W K. Minimax d-optimal designs for item response theory models. Psychometrika, 2000, 65(3): 377-390.

Berger M P F, Wong W K. Applied optimal designs. England: John Wiley & Sons Ltd, 2005.

Birnbaum A. Statistical theory for logistic mental test models with a prior distribution of ability. Journal of Mathematical Psychology, 1969, 6(2): 258-276.

Bjorner J B, Kosinski M, Ware Jr J E. Calibration of an item pool for assessing the burden of headaches: An application of item response theory to the Headache Impact Test(HITTM). Quality of Life Research, 2003, 12(8): 913-933.

Bjorner J B, Kosinski M, Ware Jr J E. The feasibility of applying item response theory to measures of migraine impact: A re-analysis of three clinical studies. Quality of Life Research, 2003, 12(8): 887-902.

Bloxom B M, Vale C D. Multididmensional adaptive testing: A procedure for sequential estimation of the posterior centriod and dispersion of theta. Montreal: Paper presented at the meeting of the Psychometric society, 1987.

Bock R D. Estimating item parameters and latent ability when responses are scored in two or more nominal categories. Psychometrika, 1972, 37(1): 29-51.

Bock R D, Aitkin M. Marginal maximum likelihood estimation of item parameters: Application of an EM algorithm. Psychometrika, 1981, 46(4): 443-459.

Bock R D, Mislevy R J. Adaptive EAP estimation of ability in a microcomputer environment. Applied Psychological Measurement，1982，6(4)：431-444.

Bock R D，Gibbon R D，Muraki E. Full-information item factor analysis. Applied Psychological Measurement，1988，12(3)：261-280.

Bolt D M，Lall V F. Estimation of compensatory and noncompensatory multidimensional item response models using Markov chain Monte Carlo. Applied Psychological Measurement，2003，27(6)：395-414.

Bowles R，Pommerich M. An examination of item review on a CAT using the specific information item selection algorithm. Paper presented at the annual meeting of the National Council of Measurement in Education，Seattle，WA，2001.

Brähler E，Scheer J W. Der Giessener Beschwerdebogen(GBB)，Testmappe mit 2.，ergänzter und revidierter Auflage des Handbuchs. Bern：Huber，1995.

Breithaupt K，Hare D R. Automated simultaneous assembly of multistage testlets for a high-stakes licensing examination. Education and Psychological Measurement，2007，67(1)：5-20.

Browner M W，Cudeck R. Alternative ways of assessing model fit. Testing Structural Equation Models，1993：136-162.

Budescu D V，Karelitz T M，Douglas J. Identifying cognitive diagnostic information in assessment models. Poster at the 4th Spearman conference "Diagnostics for education：Theory，measurement，applications"，Philadelphia，2004.

Bullinger M，Kirchberger I. Fragebogen zum Gesundheitszustand：SF-36；Handanweisung. Hogrefe，Verlag für Psychologie，1998.

Bunderson C V，Inouye D K，Olsen J B. The four generations of computerized educational measurement. ETS Research Report Series. Priceton，NJ：Educational Testing Service，1988.

Buyske S G. Optimal Design for Item Calibration in Computerized Adaptive Testing：The 2PL Case. Doctoral dissertation，Rutgers，The State University of New Jersey，1998.

Cella D，Chang C H. Response to hays et al and mchorney and cohen：A discussion of item response theory and its applications in health status assessment. Medical Care，2000，38(9)：66-72.

Chan K S，Orlando M，Ghosh-Dastidar B，Duan N，Sherbourne C D. The interview mode effect on the Center for Epidemiological Studies Depression (CES-D) scale：An item response theory analysis. Medical care，2004，42(3)：281-289.

Chang H H，Ying Z L. A Global Information Approach to Computerized Adaptive Testing. Applied Psychological Measurement, 1996, 20(3): 213-229.

Chang H H, Ying Z L. A-stratified multistage computerized adaptive testing. Applied Psychological Measurement, 1999, 23(3): 211-222.

Chang H H, Ying Z L. Nonlinear sequential designs for logistic item response theory models with applications to computerized adaptive tests. The Annals of Statistics, 2009, 37(3): 1466-1488.

Chang H H, Qian J H, Ying Z L. A-stratified multistage computerized adaptive testing with b blocking. Applied Psychological Measurement, 2001, 25(4): 333-341.

Chang H H, Ying Z L. To weight or not to weight? Balancing influence of initial items in adaptive testing. Psychometrika, 2008, 73(3): 441-450.

Chang H H, Ying Z L. Nonlinear sequential designs for logistic item response theory models with applications to computerized adaptive tests. The Annuals of Statistics, 2009, 37(3): 1466-1488.

Chang H H. William Stout. The asymptotic posterior normality of the latent trait in an IRT model. Psychometrika, 1993, 58(1): 37-52.

Chang H H. The asymptotic posterior normality of the latent trait for polytomous IRT models. Psychometrika, 1996, 61(3): 445-463.

Chang H H. Psychometrics behind computerized adaptive testing. Psychometrika, 2014: 1-20.

Chang H H. Psychometrics Behind Computerized Adaptive Testing. Psychometrika, 2015, 80(1): 1-20.

Chang H H, Ying Z L. Computerized Adaptive Testing. In Salkind N J, Rasmussen K (Eds.). Encyclopedia of measurement and statistics. Thousand Oaks, CA: SAGE Publications, Inc, 2007: 170-173.

Chang Y-c I. Sequential estimation in generalized linear models when covariates are subject to errors. Metrika, 2011, 73(1): 93-120.

Chang Y-c I, Lu H Y. Online calibration via variable length computerized adaptive testing. Psychometrika, 2010, 75(1): 140-157.

Chen F F, West S G, Sousa K H. A comparison of bifactor and second-order models of quality of life. Multivariate Behavioral Research, 2006, 41 (2): 189-225.

Chen P H. Three-Element Item Selection Procedures for Multiple Forms Assembly: An Item Matching Approach. Applied Psychological Measurement,

2015，40（2）：114-127.

Chen P，Xin T. Developing online calibration methods for multidimensional computerized adaptive testing. Paper presented at the 78th Meeting of the Psychometric Society，Arnhem，the Netherlands，2013.

Chen P，Wang C. A New Online Calibration Method for Multidimensional Computerized Adaptive Testing. Psychometrika，2015，81（3）：674-701.

Chen P，Wang C，Xin T. Chang，H. H. Developing new online calibration methods for multidimensional computerized adaptive testing. The British Journal of Mathematical and Statistical Psychology，2017，70（1）：81-117.

Chen P，Xin T，Wang C，Chang H H. Online calibration methods for the DINA model with independent attributes in CD-CAT. Psychometrika，2012，77（2）：201-222.

Chen Y，Liu J，Ying Z. Online Item Calibration for Q-Matrix in CD-CAT. Applied Psychological Measurement，2015，39（1）：5-15.

Cheng Y. The dual information method for item selection in cognitive diagnostic computerized adaptive testing（Master Thesis）. University of Illinois at Urbana-Champaign，2007.

Cheng Y. Computerized adaptive testing-new developments and applications（Unpublished doctoral dissertation）. University of Illinois at Urbana-Champaign，2008.

Cheng Y. When cognitive diagnosis meets computerized adaptive testing：CD-CAT. Psychometrika，2009，74（4）：619.

Cheng Y. Improving cognitive diagnostic computerized adaptive testing by balancing attribute coverage：The modified maximum global discrimination index method. Educational and Psychological Measurement，2010，70（6）：902-913.

Cheng Y，Chang H H. The maximum priority index method for severely constrained item selection in computerized adaptive testing. British Journal of Mathematical and Statistical Psychology，2009，62（2）：369-383.

Cheng Y，Chang H H，Yi Q. Two-phase item selection procedure for flexible content balancing in CAT. Applied Psychological Measurement，2007，31（6）：467-482.

Cheng Y，Chang H H，Douglas J，Guo F. Constraint-Weighted a-Stratification for Computerized Adaptive Testing With Nonstatistical Constraints Balancing Measurement Efficiency and Exposure Control. Educational and psychological measurement, 2009, 69(1): 35-49.

Childs R A, Dahlstrom W G, Kemp S M, Panter A T. Item response theory in personality assessment: A demonstration using the MMPI-2 depression scale. Assessment, 2000, 7(1): 37-54.

Clauser B E, Margolis M J, Clyman S G, Ross L P. Development of automated scoring algorithms for complex performance assessments: A comparison of two approaches. Journal of Educational Measurement, 1997, 34(2): 141-161.

Cooke D J, Michie C. An item response theory analysis of the hare psychopathy checklist--revised. Psychological Assessment, 1997, 9(1): 3-14.

de la Torre J. Multidimensional scoring of abilities: The ordered polytomous response case. Applied Psychological Measurement, 2008, 32(5): 355-370.

de la Torre J. Improving the quality of ability estimates through multidimensional scoring and incorporation of ancillary variables. Applied Psychological Measurement, 2009, 33(6): 465-485.

de la Torre J, Douglas J A. Higher-order latent trait models for cognitive diagnosis. Psychometrika, 2004.

Dai B Y, Zhang M Q, Li G M. Exploration of item selection in dual-purpose cognitive diagnostic computerized adaptive testing: based on the RRUM. Applied Psychological Measurement, 2016.

Davey T, Pitoniak M. Designing computerized adaptive tests. In Downing S M, Haladyna T M(Eds.). Handbook of test development. Mahwah, NJ: Erlbaum, 2006: 543-573.

Davey T, Fan M. Specific information item selection for adaptive testing. Paper presented at the annual meeting of the National Council on Measurement in Education, New Orleans, 2000.

DeCarlo L T. On the Analysis of Fraction Subtraction Data: The DINA Model, Classification, Latent Class Sizes, and the Q-Matrix. Applied Psychological Measurement, 2011, 35(1): 8-26.

DeMars C E. "Guessing" parameter estimates for multidimensional item response theory models. Educational and Psychological measurement, 2007, 67(3): 433 - 446.

Deng H, Ansley T, Chang H H. Stratified and Maximum Information Item Selection Procedures in Computer Adaptive Testing. Journal of Educational Measurement, 2010, 47(2): 202-226.

DiBello L V, Roussos L A, Stout W F. A review of cognitively diagnostic assessment and a summary of psychometric models. In Rao C R, Sinharay S(Eds.). Handbook of statistics, Amsterdam: Elsevier Science, 2007: 979-1030.

DiBello L V, Stout W F, Roussos L A. Unified cognitive/psychometric diagnostic assessment likelihood-based classification techniques. Cognitively Diagnostic Assessment, 1995: 361-389.

Drasgow F, Parsons C K. Application of unidimensional item response theory models to multidimensional data. Applied Psychological Measurement, 1983, 7 (2): 189-199.

Educational Testing Service. GRE guide to the use of scores. Princeton, NJ: Author, 2013a.

Educational Testing Service. Introduction to the analytical writing measure. Princeton, NJ: Author, 2013b.

Edwards M C, Thissen D. Exploring Potential Designs for Multi-form Structure Computerized Adaptive Tests with Uniform Item Exposure. In Weiss D J (Ed.). Proceeding of the 2007 GMAC Conference on Computerized Adaptive Testing, 2007.

Embretson S E, Reise S P. Item response theory for psychologists. London: Lawrence Erlbaum Associates, 2000.

Embretson S E, Yang X. A multicomponent latent trait model for diagnosis. Psychometrika, 2013, 78(1): 14-36.

Feng Y, Habing B T, Huebner, A. Parameter estimation of the reduced RUM using the EM algorithm. Applied Psychological Measurement, 2014, 38 (2): 137-150.

Finkelman M D, Kim W, Roussos L, Verschoor A. A binary programming approach to automated test assembly for cognitive diagnosis models. Applied Psychological Measurement, 2010, 34(5): 310-326.

Finkelman M, Nering M L, Roussos L A. A conditional exposure control method for multidimensional adaptive testing. Journal of Educational Measurement, 2009, 46(1): 84-103.

Firth D. Bias Reduction of Maximum Likelihood Estimates. Biometrika, 1993, 80(1): 27-38.

Fischer G H. The linear logistic test model as an instrument in educational research. Acta Psychologica, 1973, 37(6): 359-374.

Fliege H, Becker J, Walter O B, Bjorner J B, Klapp B F, et al. Development of a computer-adaptive test for depression(D-CAT). Qual Life Res, 2005, 14 (10): 2277-2291.

Fliege H, Rose M, Bronner E, Klapp B F. Prädiktoren des behandlungsergebnisses stationärer psychosomatischer therapie. PPmP-Psychotherapie Psychosomatik Medizinische Psychologie, 2002, 52(2): 47-55.

Fliege H, Rose M, Cotta L, Bullinger M, Klapp B F. Der Fragebogen Alltagsleben: Restrukturierung und klinische Validierung. Zeitschrift für Medizinische Psychologie, 2002, 11(3): 121-128.

Folk V G, Green B F. Adaptive Estimation When the Unidimensionality Assumption of IRT is Violated. Applied Psychological Measurement, 1989, 13(4): 373-390.

Frederiksen N, Mislevy R J, Bejar I I. Test theory for a new generation of tests. Journal of the Royal Statistical Society, 1993.

Frey A, Seitz N N. Hypothetical use of multidimensional adaptive testing for the assessment of student achievement in the programme for international student assessment. Educational and Psychological Measurement, 2011, 71(3): 503-522.

Fu J, Li Y. An integrative review of cognitively diagnostic psychometric models. Inannual meeting of the National Council on Measurement in Education, 2007.

Gallo W T, Bradley E H, Siegel M, Kasl S V. Health effects of involuntary job loss among older workers: Findings from the health and retirement survey. The Journals of Gerontology Series B: Psychological Sciences and Social Sciences, 2000, 55(3): S131-S140.

Gardner W, Kelleher K J, Pajer K A. Multidimensional adaptive testing for mental health problems in primary care. Medical Care, 2002, 40(9): 812-823.

Gardner W, Shear K, Kelleher K J, Pajer K A, Mammen O, Buysse D, Frank E. Computerized adaptive measurement of depression: A simulation study. BMC psychiatry, 2004, 4(1): 13.

Gass C S, Gonzalez C. MMPI-2 short form proposal: CAUTION. Archives of Clinical Neuropsychology, 2003, 18(5): 521-527.

Gaynes B N, Burns B J, Tweed D L, Erickson P. Depression and health-related quality of life. Jama the Journal of the American Medical Association, 2002, 190(12): 799-806.

Gershon R, Bergstrom B. Does cheating on CAT pay: Not! Paper presented at the annual meeting of the American Educational Research Association, 1995.

Gibbons R D, Hedeker D R. Full-information item bi-factor analysis. Psychometrika, 1992, 57(3): 423-436.

Gibbons R D, Bock R D, Hedeker D, Weiss D J, Segawa E, Bhaumik D K, et al. Full-Information Item Bifactor Analysis of Graded Response Data. Applied Psychological Measurement, 2007, 31(1): 4-19.

Gibbons R D, Immekus J C, Bock R D. The Added Value of Multidimensional IRT Models. Plant & Cell Physiology, 2007, 46(1): 185-191.

Gibbons R D, Weiss D J, Pilkonis P A, Frank E, Moore T, Kim J B, et al. Development of a Computerized Adaptive Test for Depression. Archives of General Psychiatry, 2012, 69(11): 1104-1102.

Gibbons R D, Weiss D J, Pilkonis P A, Frank E, Moore T, Kim J B, et al. Development of the CAT-ANX: A Computerized Adaptive Test for Anxiety. American Journal of Psychiatry, 2014, 171(2): 187-194.

Gilbody S M, House A O, Sheldon T A. Routinely administered questionnaires for depression and anxiety: systematic review. Bmj, 2001, 322(7283): 406-409.

Gorin J S, Embretson S E. Item Diffficulty Modeling of Paragraph Comprehension Items. Applied Psychological Measurement, 2006, 30(5): 394-411.

Guo L, Bao Y, Wang Z R, Bian Y F. Cognitive diagnostic assessment with different weight for attribute: Based on the Dina model. Psychological Reports, 2014, 114(3): 802-822.

Haertel E H. An application of latent class models to assessment data. Applied Psychological Measurement, 1984, 8(3): 333-346.

Haertel E H. Using restricted latent class models to map the skill structure of achievement items. Journal of Educational Measurement, 1989, 26(4): 301-321.

Hambleton R K, Swaminathan H, Rogers H J. Fundamentals of item response theory. Sage publications, 1991.

Han K T. Item Pocket Method to Allow Response Review and Change in Computerized Adaptive Testing. Applied Psychological Measurement, 2013, 37(4): 259-275.

Handel R W, Ben Y S, Walt M. Computerized adaptive assessment with the MMPI-2 in a clinical setting. Psychological Assessment, 1999, 11(3): 369-380.

Hartz S M. A Bayesian framework for the unified model for assessing cognitive abilities: Blending theory with practicality. (Unpublished Doctoral Dissertation). University of Illinois at Urbana-Champaign, 2002.

Hartz S, Roussos L. The fusion model for skills diagnosis: Blending theory with practicality. ETS Research Report, 2008.

Hartz S, Roussos L, Stout W. Skills diagnosis: Theory and practice. User Manual for Arpeggio software. Educational Testing Service, 2002.

Hautzinger M, Bailer M, Worall H, Keller F. Beck-Depressions-Inventar (BDI). Bern: Huber, 1995.

Hendrickson A. An NCME Instructional Module on Multistage Testing. Educational Measurement: Issues and Practice, 2007, 26(2): 44-52.

Henson R A, Douglas J. Test construction for cognitive diagnosis. Applied Psychological Measurement, 2005, 29(4): 262-277.

Henson R A, Templin J L. Large-scale language assessment using cognitive diagnosis models. Paper presented at the annual meeting of the National Council on Measurement in Education, 2007.

Holland P W, Wainer H. Differential item functioning. Hillsdale NJ: Erlbaum, 1993.

Holzinger K J, Swineford F. The Bi-factor method. Psychometrika, 1937, 2 (1): 41-54.

Hörhold M, Klapp B F, Schimmack U. Testungen der Invarianz und der Hierarchie eines mehrdimensionalen Stimmungsmodells auf der Basis von Zweipunkterhebungen an Patienten-und Studentenstichproben. Z med Psychol, 1993, 2(1): 27-35.

Hornke, Lutz F. Benefits from computerized adaptive testing as seen in simulation studies. European Journal of Psychological Assessment, 1999, 15(15): 91-98.

Hsu C L, Wang W C, Chen S Y. Variable length computerized adaptive testing based on cognitive diagnosis models. Applied Psychological Measurement, 2013, 37(7): 563-582.

Hu L T, Bentler P M. Cutoff criteria for fit indexes in covariance structure analysis: Conventional criteria versus new alternatives. Structural Equation Modeling A Multidisciplinary Journal, 1999, 6(1): 1-55.

Huebner A. An overview of recent developments in cognitive diagnostic computer adaptive assessments. Practical Assessment Research & Evaluation，2010，15(3)：7.

Jang E E. A framework for cognitive diagnostic assessment. In Chapelle C A，Chung Y R，Xu J(Eds.). Towards an adaptive CALL：Natural language processing for diagnostic language assessment. Ames，IA：Iowa State University，2008：117-131.

Jang E E. Cognitive Diagnostic Assessment of L2 Reading Comprehension Ability：Validity Arguments for Fusion Model Application to LanguEdge Assessment. Language Testing，2009，26(1)：31-73.

Jiang H. Applications of computational statistics in cognitive diagnosis and IRT modeling. University of Illinois at Urbana-Champaign，1996.

Jiang Y L. Estimating parameters for multidimensional item response theory models by MCMC methods. Ph. D. Thesis，East Lansing，MI：Michigan State University，2005.

Jimmy de la Torre. DINA model and parameter estimation：A didactic. Journal of Educational and Behavioral Statistics，2009，34(1)：115-130.

Jimmy de la Torre，Jeffrey A. Douglas. Higher-order latent trait models for cognitive diagnosis. Psychometrika，2004，69(3)：333-353.

Jones D H，Jin Z Y. Optimal sequential designs for on-line item estimation. Psychometrika，1994，59(1)：59-75.

Junker B W，Sijtsma K. Cognitive assessment models with few assumptions，and connections with nonparametric item response theory. Applied Psychological Measurement，2001，25(3)：258-272.

Kacmar K M，Farmer W L，Zivnuska S，Witt L A. Applying Multidimensional Item Response Theory Analysis to a Measure of Meta-Perspective Performance. The Electronic Journal of Business Research Methods，2006，4(1)：23-30.

Katon W，Ciechanowski P. Impact of major depression on chronic medical conditions. Journal of Psychosom Research，2002，53(4)：859-863.

Katon W，Sullivan M D. Depression and chronic medical illness. Journal of Clinical Psychiatry，1990，51 Suppl：3-11.

Kelderman H，Rijkes C P M. Loglinear multidimensional IRT models for polytomously scored items. Psychometrika，1994，59(2)：149-176.

Kim H，Plake B S. Monte Carlo simulation comparison of two-stage testing and computerized adaptive testing. Paper presented at the meeting of the National

Council on Measurement in Education, 1993.

Kim J, Chung H, Dodd B G, Park R. Panel Design Variations in the Multistage Test Using the Mixed-Format Tests. Educational and Psychological Measurement, 2012, 72(4): 574-588.

Kim S. A comparative study of IRT fixed parameter calibration methods. Journal of Educational Measurement, 2006, 43(4): 355-381.

Kingsbury G G. Adaptive item calibration: A process for estimating item parameters within a computerized adaptive test. In the GMAC conference on computerized adaptive testing, 2009.

Kingsbury G G. Item review and adaptive testing. Paper presented at the annual meeting of the National Council on Measurement in Education, 1996.

Kolen M J, Brennan R L. Test equating, scaling, and linking: Methods and practices (2nd ed.). New York, NY: Springer-Verlag, 2004.

Laux L, Glanzmann P, Schaffner P, Spielberger C D. Das State-Trait-Angstinventar. Beltz Test GmbH, G? ttingen, 1981.

Lee Y H, Ip E H, Fuh C D. A Strategy for Controlling Item Exposure in Multidimensional Computerized Adaptive Testing. Educational and Psychological Measurement, 2008, 68(2): 215-232.

Leighton J P, Gierl M J, Hunka S M. The attribute hierarchy method for cognitive assessment: A variation on Tatsuoka's rule-space approach. Journal of Educational Measurement, 2004, 41(3): 205-237.

Leung C K, Chang H H, Hau K T. Item selection in computerized adaptive testing: Improving the a-stratified design with the Sympson-Hetter algorithm. Applied Psychological Measurement, 2002, 26(4): 376-392.

Lewis C, Sheehan K. Using Bayesian Decision Theory to Design a Computerized Mastery Test. Applied Psychological Measurement, 1990, 1990(2): i-8.

Li Y H, Schafer W D. Trait parameter recovery using multidimensional computerized adaptive testing in reading and mathematics. Applied Psychological Measurement, 2005, 29(1): 3-25.

Linden W J v d, Glas G A W. Computerized adaptive testing: Theory and practice. New York: Kluwer Academic Publishers, 2000.

Linden W J, Adema J J. Simultaneous assembly of multiple test forms. Journal of Educational Measurement, 1998, 35(3): 185-198.

Liu H Y, You X F, Wang W Y, Ding S L, Chang H H. The Development of

Computerized Adaptive Testing with Cognitive Diagnosis for an English Achievement Test in China. Journal of Classification, 2013, 30(2): 152-172.

Lord F M. Estimating norms by item-sampling. Educational and Psychological Measurement, 1962, 22(2): 259-267.

Lord F M, Novick M R. Birnbaum A. Statistical Theories of Mental Test Scores. American Educational Research Journal, 1968, 6(1): 112.

Luecht R M. Multidimensional computerized adaptive testing in a certification or licensure context. Applied Psychological Measurement, 1996, 20(4): 389-404.

Luecht R M. Computer-assisted test assembly using optimization heuristics. Applied Psychological Measurement, 1998, 22(3): 224-236.

Luecht R M. Exposure control using adaptive multistage item bundles. Adaptive Testing, 2003.

Luecht R M, Nungester R J. Some practical examples of computer-adaptive sequential testing. Journal of Educational Measurement, 1998, 35(3): 229-249.

Luecht R M, Brumfield T, Breithaupt K. A testlet assembly design for adaptive multistage tests. Applied Measurement in Education, 2006, 19(3): 189-202.

MacCallum R C, Browne M W, Sugawara H M. Power analysis and determination of sample size for covariance structure modeling. Psychological Methods, 1996, 1(2): 130-149.

Macready G B, Dayton C M. The use of probabilistic models in the assessment of mastery. Journal of Educational Statistics, 1977, 2(2): 99-120.

Makransky G, Glas C A W. An automatic online calibration design in adaptive testing. Journal of Applied Testing Technology, 2010, 11(1): 29.

Mao X Z, Xin T. The application of the monte carlo approach to cognitive diagnostic computerized adaptive testing with content constraints. Applied Psychological Measurement, 2013, 37(6): 482-496.

Maris E. Estimating multiple classification latent class models. Psychometrika, 1999, 64(2): 187-212.

Masters G N. A rasch model for partial credit scoring. Psychometrika, 1982, 47(2), 149-174.

Marveled J M, Glas C A, Landeghem G V, Damme J V. Application of multidimensional item response theory models to longitudinal data. Educational and Psychological Measurement, 2006, 66(1): 5-34.

Masters G N, Wright B D. The essential process in a family of measurement models. Psychometrika, 1984, 49(4): 529-544.

McBride J R. Research antecedents of applied adaptive testing. Washington, DC, US: American Psychological Association, 1997: 47-57.

McDonald R P. Future directions for item response theory. International Journal of Educational Research, 1989, 13(2): 205-220.

McGlohen M, Chang H H. Combining computer adaptive testing technology with cognitively diagnostic assessment. Behavior Research Methods, 2008, 40(3): 808-821.

McGrath R E, Terranova R, Pogge D L, Kravic C. Development of a short form for the MMPI-2 based on scale elevation congruence. Assessment, 2003, 10(1): 13-28.

McKinley R L, Reckase M D. The Use of the General Rasch Model with Multidimensional Item Response Data. Goodness of Fit, 1982: 38.

Mead A D. An Introduction to Multistage Testing. Applied Measurement in Education, 2006, 19(3): 185-187.

Meijer R R, Nering M L. Trait level estimation for nonfitting response vectors. Applied Psychological Measurement, 1997, 21(4): 321-336.

Meijer R R, Nering M L. Computerized adaptive testing: Overview and introduction. Applied Psychological Measurement, 1999, 23(3): 187-194.

Meyer T D, Hautzinger M. Allgemeine Depressions-Skala (ADS). Diagnostica, 2001.

Michael C E, David B F, David T. Multistage Computerized Adaptive Testing With Uniform Item Exposure. Applied Measurement in Education, 2012, 25(2): 118-141.

Mislevy R J. Foundations of a new test theory. Ets Research Report Series, 1982, 1982(2): i-32.

Mulder J, van der Linden W J. Multidimensional adaptive testing with optimal design criteria for item selection. Psychometrika, 2009, 74(2): 273-296.

Mulder J, van der Linden W J. Multidimensional adaptive testing with Kullback-Leibler information item selection. New-York: Springer Science Business Media, 2009.

Muraki E. A generalized partial credit model: Application of an EM algorithm. Applied Psychological Measurement, 1992, 1992(1): i-30.

Muraki E, Carlson J E. Full-information factor analysis for polytomous item responses. Applied Psychological Measurment, 1995, 19(1): 73-90.

Muraki E, Engelhard G. Full-Information Item Factor Analysis: Applications of EAP Scores. Applied Psychological Measurement, 1985, 9(4): 417-430.

Muthén L K, Muthén B O. Mplus user's guide: The comprehensive modeling program for applied researchers, 2000.

Muthny F A. Lebenszufriedenheit bei koronarer Herzkrankheit: ein Vergleich mit anderen lebensbedrohlichen Erkrankungen. Lebensqualität bei kardiovaskulären Erkrankungen. Grundlagen, Messverfahren und Ergebnisse. Hogrefe, Göttingen, 1991: 196-210.

Nagelkerke N J D. A note on a general definition of the coefficient of determination. Biometrika, 1991, 78(3): 691-692.

Nichols P D. A Framework for Developing Cognitively Diagnostic Assessments. Review of Educational Research, 1994, 64(4): 575-603.

Nunnally J C. Psychometric theory. McGraw-Hill, New York, 1978.

Olea J O, Revuelta J, Ximénez M C, Abad F J. Psychometric and psychological effects of review on computerized fixed and adaptive tests. Psicológica, 2000, 21(1): 157-173.

Olsen L R, Jensen D V, Noerholm V, Martiny K, Bech P. The internal and external validity of the Major Depression Inventory in measuring severity of depressive states. Psychological Medicine, 2003, 33(2): 351-356.

Orlando M, Sherbourne C D, Thissen D. Summed-score linking using item response theory: application to depression measurement. Psychological Assessment, 2000, 12(3): 354-359.

Osman A, Downs W R, Barrios F X, Kopper B A, Gutierrez P M, et al. Factor structure and psychometric characteristics of the beck depression inventory-II. Journal of Psychopathology and Behavioral Assessment, 1997, 19(4): 359-376.

Owen R J. A bayesian sequential procedure for quantal response in the context of adaptive mental testing. Journal of the American Statistical Association, 1975, 70: 351-356.

Papanastasiou E C. A 'rearrangement procedure' for scoring adaptive tests with review options. Paper presented at the the National Council of Measurement in Education, New Orleans, LA, 2002.

Papanastasiou E C, Reckase M D. A 'rearrangement procedure' for scoring adaptive tests with review options. International Journal of Testing, 2008:

387-407.

Patsula L N，Hambleton R K. A comparative study of ability estimates from computer-adaptive testing and multi-stage testing. Paper presented at the annual meeting of the National Council on Measurement in Education，1999.

Quellmalz E S，Pellegrino J W. Technology and Testing. Science，2009，323 (5910)：75-79.

Quilty L C，Zhang K A，Bagby R M. The latent symptom structure of the Beck Depression Inventory-II in outpatients with major depression. Psychological Assessment，2010，22(3)：603-608.

Ramsay J O. TestGraf A Program for the Graphical Analysis of Multiple Choice Test and Questionnaire Data. Montreal：McGill University，1995.

Reckase M D. Unifactor latent trait models applied to multifactor tests：Results and implications. Journal of Educational and Behavioral Statistics，1979，4 (3)：207-230.

Reckase M D. The difficulty of test items that measure more than one ability. Applied Psychological Measurement，1985，9(4)：401-412.

Reckase M D. Multidimensional item response theory. New York：Springer，2009.

Reckase M D，McKinley R L. Some Latent Trait Theory in a Multidimensional Latent Space. Iowa City，IA：American College Service，1982.

Reckase M D，Mckinley R L. The discriminating power of items that measure more than one dimension. Applied Psychological Measurement，1991，15(4)：361-373.

Reise S P，Morizot J，Hays R D. The role of the bifactor model in resolving dimensionality issues in health outcomes measures. Quality of Life Research，2007，16(1)：19-31.

Robin F，Steffen M. Test Design for the GRE Revised General Test. In Wendler C，Bridgeman B(Eds.). The Research Foundation for the GRE revised General Test：A Compendium of Studies. Princeton，NJ：Educational Testing Service，2014：132-143.

Robin F，Steffen M，Liang L. The Multistage Test Implementation of the GRE Revised General Test. Educational Testing Service，2014.

Rose M，Hess V，Scholler G，Brähler E，Klapp B F. Mobile computerized psychometrical diagnostics - results concerning economic benefit and test reliability. PPmP - Psychotherapie • Psychosomatik • Medizinische Psychologie, 1999, 49: 202-207.

Samejima F. Estimation of latent ability using a response pattern of graded scores. Psychometrika, 1968, 1968(1): i-169.

Samejima F. Normal ogive model on the continuous response level in the multidimensional latent space. Psychometrika, 1974, 39(1): 111-121.

Santor D A, Coyne J C. Examining symptom expression as a function of symptom severity: item performance on the hamilton rating scale for depression. Psychological Assessment, 2001, 13(1): 127-139.

Schoeneich F, Rose M, Danzer G, Thier P, Weber C, Klapp B F. Narzissmusinventar-90 (NI-90). Psychother Psych Med, 2000, 50(9/10): 396-405.

Scholler G, Fliege H, Klapp B F. Fragebogen zu Selbstwirksamkeit, Optimismus und Pessimismus: Restrukturierung, Itemselektion und Validierung eines Instruments an Untersuchungen Klinischer Stichproben. Psychotherapie Psychosomatik Medizinische Psychologie, 1999, 49(8): 275-283.

Segall D O. Multidimensional Adaptive Testing. Psychometrika, 1996, 61 (2): 331-354.

Segall D O. Calibrating CAT pools and online pretest items using MCMC methods. Paper presented at the annual meeting of the National Council on Measurement in Education, 2003.

Segall D O. Principles of multidimensional adaptive testing. New York: Springer Science Business Media, 2010.

Seo D G. Application of the Bifactor Model to Computerized Adaptive Testing. Dissertations & Theses-Gradworks, 2011: 228.

Seo D G. Application of the Bifactor Model to Computerized Adaptive Testing. Dissertations & Theses-Gradworks, 2011: 228.

Shannon C E. A mathematical theory of communication. ACM SIGMOBILE Mobile Computing and Communications Review, 2001, 5(1): 3-55.

Shannon C E. A Mathematical Theory of Communication. Bell System Technical Journal, 1948, 27 (3): 379-423.

Silvey S D. Optimal Design. London: Chapman and Hall, 1980.

Snow R E, Mandinach E B. Integrating assessment and instruction: A research and development agenda. ETS Research Report Series, 1991, 1991(1):

i-176.

Steven L, Wise Sara J. Examinee Judgments of Changes in Item Difficulty: Implications for Item Review in Computerized Adaptive Testing. Applied Psychological Measurement, 1999, 12(2): 185-198.

Stocking M L. Scale drift in on-line calibration. Princeton, NJ: Educational Testing Service, 1988, 1988(1): i-122.

Stocking M L. An alternative method for scoring adaptive tests. Journal of Educational and Behavioral Statistics, 1996, 21(4): 365-389.

Stocking M L, Lewis C. Controlling item exposure conditional on ability in computerized adaptive testing. Journal Educational and Behavioral Statistics, 1998, 23(1): 57-75.

Stocking M L, Steffen M, Eignor D R. An exploration of potentially problematic adaptive tests. Princeton, NJ: Educational Testing Service, 2002.

Stocking M L. Revising answers to item responses in computerized adaptive tests: A comparison of three models. Applied Psychological Measurement, 1997, 21(2): 129-142.

Su Y H. A Comparison of Constrained Item Selection Methods in Multidimensional Computerized Adaptive Testing. Applied Psychological Measurement, 2016, 40(5).

Swaminathan H, Rogers H J. Detecting differential item functioning using logistic regression procedures. Journal of Educational Measurement, 1990, 27(4): 361-370.

Swanson L, Stocking M L. A model and heuristic for solving very large item selection problems. Applied Psychological Measurement, 1993, 17(2): 151-166.

Sympson J B, Hetter R D. Controlling item-exposure rates in computerized adaptive testing. Proceedings of the 27th Annual Meeting of the Military Testing Association, 1985.

Takane Y, Leeuw J D. On the relationship between item response theory and factor analysis of discretized variables. Psychometrika, 1987, 52(3): 393-408.

Tam S S. A comparison of methods for adaptive estimation of a multidimensional trait. New York: Columbia University, 1992.

Tambs K, Moum T. How well can a few questionnaire items indicate anxiety and depression?. Acta Psychiatrica Scandinavica, 1993, 87(5): 364-367.

Tatsuoka C. Data analytic methods for latent partially ordered classification models. Journal of the Royal Statistical Society, 2002, 51(3): 337-350.

Tatsuoka C, Ferguson T. Sequential classification on partially ordered sets. Journal of the Royal Statistics, 2003, 65(1): 143-157.

Tatsuoka K K. Rule space: An approach for dealing with misconceptions based on item response theory. Journal of Educational Measurement, 1983, 20(4): 345-354.

Tatsuoka K K. Toward an integration of item-response theory and cognitive error diagnoses. In Frederiksen N, Glaser R, Lesgold A, Shafto M C(Eds.). Diagnostic Monitoring of Skill and Knowledge Acquisition, 1990: 543-588.

Tatsuoka K K. Boolean algebra applied to determination of universal set of knowledge states. ETS Research Report Series, 1991, 1991(2): i-36.

Tatsuoka K K, Tatsuoka M M. Computerized cognitive diagnostic adaptive testing: effect on remedial instruction as empirical validation. Journal of Educational Measurement, 1997, 34(1): 3-20.

Tatsuoka K K. Architecture of knowledge structures and cognitive diagnosis: a statistical pattern recognition and classification approach. Cognitively Diagnostic Assessments, 1995: 327-359.

Tay, PoH Hua. On-the-Fly Assembled Multistage Adaptive Testing. Applied Psychological Measurement, 2015, 39(2): 104-118.

Thissen D, Wainer H. Test scoring. Mahwah, NJ: Lawrence Erlbaum Associates Publishers, 2001.

U. S. House of Representatives. No Child Left Behind Act of 2001, 2001.

van der Linden W J. Optimal assembly of psychological and educational tests. Applied Psychological Measurement, 1998, 22(3): 195-211.

van der Linden W J. Multidimensional adaptive testing with a minimum error-variance criterion. Journal of Educational and Behavioral Statistics, 1999, 24(4): 398-412.

van der Linden W J. Linear models for optimal test design. New York: Springer, 2005.

van der Linden W J, Chang H H. Implementing content constraints in alpha-stratified adaptive testing using a shadow test approach. Applied Psychological Measurement, 2003, 27(2): 107-120.

van der Linden W J, Glas C A W. Computerized adaptive testing: Theory and practice. Boston, MA: Kluwer. Academic Publishers, 2010.

van der Linden W J, Hambleton R K. Handbook of modern item response theory. New York: Springer-Verlag, 1997.

van der Linden W J, Hambleton R K. Handbook of Modern Item Response Theory. Berlin: Springer, 1996.

van der Linden W J, Jeon M. Modeling answer changes on test items. Journal of Educational and Behavioral Statistics, 2012, 37(1): 180-199.

van der Linden W J, Ren H. Optimal Bayesian Adaptive Design for Test-Item Calibration. Psychometrika, 2015, 80(2): 263-288.

Veldkamp B P, van der Linden W J. Multidimensional adaptive testing with constraints on test content. Psychometrika, 2002, 67(4): 575-588.

Vispoel W P, Clough S J, Bleiler T. A closer look at using judgments of item difficulty to change answers on computerized adaptive tests. Journal of Educational Measurement, 2005, 42(4): 331-350.

Vispoel W P, Clough S J, Bleiler T, Hendrickson A B, Ihrig D. Can examinees use judgments of item difficulty to improve proficiency estimates on computerized adaptive vocabulary tests?. Journal of Educational Measurement, 2002, 39(4): 311-330.

Vispoel W P, Henderickson A B, Bleiler T. Limiting Answer Review and Change on Computerized Adaptive Vocabulary Tests: Psychometric and Attitudinal Results. Journal of Educational Measurement, 2000, 37(1): 21-38.

Vispoel W P, Rocklin T R, Wang R, Bleiler T. Can examinees use a review option to obtain positively biased ability estimates on a computerized adaptive test?. Journal of Educational Measurement, 1999, 36: 141-157.

Waddell D L, Blankenship J C. Answer changing: A meta-analysis of the prevalence and patterns. Journal of Continuing Education in Nursing, 1994, 25(4): 155-158.

Wainer H. Computerized Adaptive Testing: A Primer, 2nd ed. Hillsdale, NJ: Erlbaum, 2000.

Wainer H, Kiely G L. Item clusters and computerized adaptive testing: A case for testlets. Journal of Educational Measurement, 1987, 24(3): 185-201.

Wainer H, Mislevy R J. Item Response Theory, Item Calibration and Proficiency Estimation. Bioresource Technology, 1990.

Wainer H, Bradlow E T, Du Z. Computerized adaptive testing: Theory and practice. Kluwer Academic Publishers, 2002: 245-269.

Wainer H, Dorans N J, Green B F, Steinberg L, Flaugher R, Mislevy R J, Thissen D. Computerized adaptive testing: A primer(second edition). Quality of Life Research, 2001, 10(8): 733-734.

Wainer H. Some practical considerations when converting a linearly administered test to an adaptive format. Educational Measurement: Issues and Practice, 1993, 12(1): 15-20.

Wang C. Multidimensional computerized adaptive testing: Early development and recent advancements. In Cheng Y, Chang H H(Eds.). Advances in modern international testing: Transition from summative to formative assessment. Charlotte, NC: Information Age, 2014.

Wang C. On Latent Trait Estimation in Multidimensional Compensatory Item Response Models. Psychometrika, 2015, 80(2): 428-449.

Wang C, Chang H H. Kullback-Leibler information in multidimensional adaptive testing: theory and application. University of Illinois at Urbana-Champaign, 2009.

Wang C, Chang H H. Item selection in multidimensional computerized adaptive testing-gaining information from different angles. Psychometrika, 2011, 76(3): 363-384.

Wang C, Chang H H, Boughton K A. Kullback-Leibler information and its applications in multidimensional adaptive testing. Psychometrika, 2011, 76(1): 13-39.

Wang C, Chang H H, Boughton K A. Deriving stopping rules for multidimensional computerized adaptive testing. Applied Psychological Measurement, 2013, 37(2): 99-122.

Wang C, Chang H H, Douglas J. Combining CAT with cognitive diagnosis: A weighted item selection approach. Behavior Research Methods, 2012, 44(1): 95-109.

Wang C, Chang H H, Huebner A. Restrictive stochastic item selection methods in cognitive diagnostic computerized adaptive testing. Journal of Educational Measurement, 2011, 48(3): 255-273.

Wang S. The accuracy of ability estimation methods for computerized adaptive testing using the generalized partial credit model. University of Pittsburgh, 1999.

Wang S D, Wang T Y. Precision of Warm's Weighted Likelihood Estimates for a Polytomous Model in Computerized Adaptive Testing. Applied Psychological

Measurement, 2001, 25(4): 317-331.

Wang S, Zheng Y, Zheng C, Su Y H, Li P. An Automated Test Assembly Design for a Large-Scale Chinese Proficiency Test. Applied Psychological Measurement, 2016, 40(3): 233-237.

Wang W C. Multidimensional Rasch models: Theories and applications. In Cheng Y, Chang H H(Eds.). Advances in modern international testing: Transition from summative to formative assessment. Charlotte, NC: Information Age, 2014.

Wang W C, Chen P H. Implementation and measurement efficiency of multidimensional computerized adaptive testing. Applied Psychological Measurement, 2004, 28(5): 295-316.

Ward L C. Comparison of factor structure models for the Beck Depression Inventory-II. Psychological Assessment, 2006, 18(1): 81-88.

Ware J J, Bjorner J B, Kosinski M. Practical implications of item response theory and computerized adaptive testing: a brief summary of ongoing studies of widely used headache impact scales. Medical Care, 2000, 38(9 Suppl): 73-82.

Warm T A. Weighted likelihood estimation of ability in item response theory. Psychometrika, 1989, 54(3): 427-450.

Weiss D J, Gibbons R D. Computerized adaptive testing with the bifactor model. In Weiss D J(Ed.). Proceedings of the 2007 GMAC Conference on Computerized Adaptive Testing, 2007.

Weissman A. IRT-Based Multistage Testing. (in): Yan D I, Davier A v, Lewis C (Eds.). Computerized Multistage Testing: Theory and Applications. New Jersey, Princeton: Educational Testing Service, 2014: 153-168.

Whitely S E. Multicomponent latent trait models for ability tests. Psychometrika, 1980, 45(4): 479-494.

Wise S L, Finney S J, Enders C K, Freeman S A, Severance D D. Examinee judgments of changes in item difficulty: Implications for item review in computerized adaptive testing. Applied Measurement in Education, 1999, 12(2): 185-198.

Xu X, Douglas J. A simulation study to compare CAT strategies for cognitive diagnosis. Paper presented at the Annual Meeting of the American Educational Research Association, 2003.

Yan D, Davier A A v, Lewis C. Computerized Multistage Testing: Theory and Applications. Boca Raton: CRC Press, 2014.

Yang X, Embretson S. Construct validity and cognitive diagnostic assessment. In Leighton J P, Gierl M J (Eds.). Cognitive Diagnostic Assessment for Education: Theory and Applications. Cambridge: Cambridge University Press, 2007.

Yang Y B, Sun Y F, Zhang Y, Jiang Y, et al. Bifactor Item Response Theory Model of Acute Stress Response. PLoS One, 2013, 8(6).

Yao L H. Multidimensional CAT item selection methods for domain scores and composite scores: Theory and applications. Psychometrika, 2012, 77(3): 495-523.

Yao L H. Comparing the performance of five multidimensional CAT selection procedures with different stopping rules. Applied Psychological Measurement, 2013, 37(1): 3-23.

Yao L H. Multidimensional item response theory for score reporting. In Cheng Y, Chang H H (Eds.). Advances in modern international testing: Transition from summative to formative assessment. Charlotte, NC: Information Age, 2014.

Yao L H. Multidimensional CAT item selection methods for domain scores and composite scores with item exposure control and content constrains. Journal of Educational Measurement, 2014, 51(1): 18-38.

Yao L H, Schwarz R D. A multidimensional partial credit model with associated item and test statistics: An application to mixed-format tests. Applied Psychological Measurement, 2006, 30(6): 469-492.

Yen W M. Scaling performance assessments: Strategies formanaging local item dependence. Journal of Educational Measurement, 1993, 30: 187-214.

Yen Y C, Ho R G, Liao W W, Chen L J. Reducing the Impact of Inappropriate Items on Reviewable Computerized Adaptive Testing. Educational Technology & Society, 2012, 15(2): 231-243.

Yi Q, Chang H H. a-Stratified CAT design with content blocking. British Journal of Mathematical and Statistical Psychology, 2003, 56(2): 359-378.

Ying Z L, Wu C F J. An asymptotic theory of sequential designs based on maximum likelihood recursions. Statistica Sinica, 1997, 7(1): 75-92.

Zhang B, Stone C A. Evaluating item fit for multidimensional item response models. Educational and Psychological Measurement, 2008, 68(2): 181-196.

Zheng C. Some practical item selection algorithms in cognitive diagnostic computerized adaptive testing: smart diagnosis for smart learning. University of Illinois at Urbana-Champaign, 2015.

Zheng Y. New Methods of Online Calibration for Item Bank Replenishment. University of Illinois at Urbana-Champaign, 2014.

Zheng Y. Exploring online calibration of polytomous items in computerized adaptive testing. Paper presented at the 80th Annual Meeting of the Psychometric Society, 2015.

Zheng Y. Online calibration of polytomously scored items. Applied Psychological Measurement, 2016, 40(6): 434-450.

Zheng Y, Chang C H, Chang H H. Content-balancing strategy in bifactor computerized adaptive patient-reported outcome measurement. Quality of Life Research, 2012, 22(3): 491-499.

Zheng Y, Chang C H, Chang H H. Content-balancing strategy in bifactor computerized adaptive patient-reported outcome measurement. Quality of Life Research, 2013, 22(3): 491-499.

Zheng Y, Chang H H. On-the-Fly Assembled Multistage Adaptive Testing. Applied Psychological Measurement, 2015, 39(2): 104-118.

Zheng Y, Wang C, Culbertson M J, Chang H H. Overview of Test Assembly Methods in Multistage Testing. In Yan D l, Davier A V, Lewis C(Eds.). Computerized multistage testing: Theory and applications, Chapman and Hall/CRC, 2014: 87-99.

Zhu R C. Implementation of Optimal Design for Item Calibration in Computerized Adaptive Testing(cat). University of Illinois at Urbana-Champaign, 2006.

Zumbo B D. A Handbook on the Theory and Methods of Differential Item Functioning (DIF): Logistic Regression Modeling as a Unitary Framework for Binary and Likert-Type (Ordinal) Item Scores. Ottawa National Defense Headquarters, 1999.